GRANDE HISTÓRIA UNIVERSAL

O Império Romano

O IMPÉRIO ROMANO

folio

Coordenação de textos:
Elisabetta Bovo

Textos:
Elisabetta Bovo
Alfredo Buonopane (volume V)

Coordenação editorial:
Flavio Ermini

Redação:
Carlo Delle Cese
Giuseppe Parisi
Sergio Scardoni
Maria Luisa Viviani

Colaborãçao de redação:
Renato Fianco
Gabriella Ghio
Studia Carma, Milão

Director de arte:
Giorgio Seppi

Projeto gráfico:
Ugo Guidolin

Maqueta:
Elena Dal Maso
Ugo Guidolin

Secretária de redação:
Elda Scarsetto

Documentação iconográfica:
Luisa Ricciarini, Milão
Studio Icona, Roma

Comité científico:
Amilcare Bardi
(Arte e literatura)
Emma Bas
(Religião)
Fabio Destefani
(Economia e sociedade, Ciência e técnica)
Francesco Massoni
(Acontecimientos)
Fausta Orlandi
(Arquitetura e urbanismo)

Rambla de Catalunya, 135
08008 Barcelona

ISBN: 84-413-2299-6 (O.C.)
84-413-2304-6 (Volumen V)

D.L.: TO-949-2006

Impressão:
Artes Gráficas Toledo, S.A. (España)

SUMÁRIO

Durante os séculos I e II antes de Cristo ocorre, tanto na Europa como na Ásia, a rápida ascensão de alguns estados, levando ao controle econômico e militar de uma importante parte das regiões geográficas. Neste período será criado um reino de grandes dimensões que superará as fronteiras étnicas e submeterá os outros povos.

No Ocidente, Roma detém o poder depois da sua vitória na batalha contra Cartago e consegue governar, durante meio século, em todo o Mediterrâneo e faz dele o «mar interior» do reino romano, o Mare Nostrum.

Desta maneira, Roma consolida seu poder em grande parte da Hispânia, no sul da França, na costa oeste do Mediterrâneo africano e na zona do sudoeste dos Balcãs.

Com a conquista do reino de Pérgamo, consegue que sua influência se estenda até as regiões mais ricas do Oriente. Nos dois séculos seguintes, os romanos penetram no noroeste e no centro da Europa. Ao mesmo tempo, as afastadas áreas do este do Mediterrâneo se enchem de milícias e se convertem em províncias romanas ou em estados vassalos. Em fins do século I a. C. se impõem no Império Romano conceitos helênicos de governo, depois da república chega o império.

Neste período, o reino de Pártia do Oriente Próximo, sob o poder da dinastia dos Arsácidas, tem a hegemonia em todo o país. Durante o século I a. C., Pártia teve uma grande influência no comércio entre a Índia e a área do Mediterrâneo e se converteu no único adversário sério do Império Romano. No final deste século, as duas potências entram em conflitos militares.

Por outro lado, com o final da dinastia Maurya, começa na Índia um período de declínio.

No início do século II a. C., alguns povos, segundo a literatura indiana chamados Yavana, saíram da província de Bactriana e se estenderam pelas zonas de cultura grega, impondo seu poder pelo norte da Índia.

Uns 200 anos depois, os Kushana (originários do centro da Ásia) se expandiram para o sul, estabelecendo um reino no sul da Índia. Nesse momento, as relações comerciais entre a Índia e o Império Romano eram muito importantes.

Durante este período (princípio do século II a. C.), a China está sob o comando da dinastia Han.

A vitória em batalhas contra os povos nômades no norte e noroeste, aliada à considerável extensão do reino no sul, determinou o desenvolvimento político neste período, que é acompanhado por um avanço cultural.

No noroeste da África, a derrota de Cartago na Segunda Guerra Púnica abre aos romanos a possibilidade de, pela primeira vez, se integrarem na zona costeira da Mauritânia até a Cirenaica. Paralelamente, o Egito, sob o comando de Ptolomeu, perde grande parte de seu poder e, durante o século I a. C., começa a cair sob a influência de Roma, até que, no ano 27 a. C., é dominado pelo Império Romano.

Na América cabe destacar a diferença cultural entre América Central e América do Sul, por um lado, e, por outro, América do Norte. No século II a. C., enquanto no norte da América ainda não foi feita a transição da sociedade arcaica para uma sociedade mais rural, continuando a prática da caça e da pesca, as culturas maias e zapotecas da América Central são civilizações muito mais avançadas.

Na Europa e na Ásia, os fatos históricos e culturais que aconteceram nessa época têm como base alguns escritos que foram muito criticados. Contudo, e contrastando com isso, existem grandes descobrimentos literários e arqueológicos sobre as culturas africana e americana. Em alguns casos, devido à pobreza dos testemunhos da época, só podemos supor o que aconteceu em certas regiões graças aos acontecimentos que se desenvolveram em cidades vizinhas.

Área Geográfica	Acontecimentos	Economia e Sociedade	Ciência e Técnica
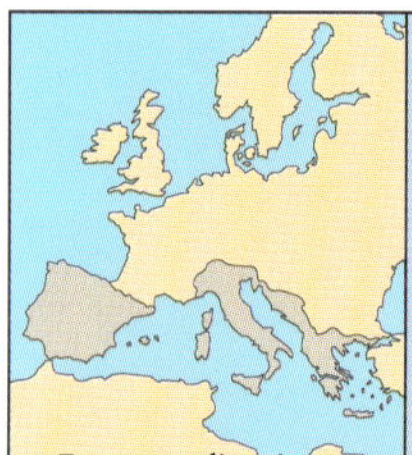 Europa mediterrânea	• Expansão romana no Mediterrâneo. Destruição de Corinto (146 a. C.) • As reformas dos Gracos • Guerra social e guerra servil • Júlio César (110-44 a. C.). Da república ao principado • Augusto (163 a. C.-14 d. C.) e o nascimento do principado • Dinastias júlio-cláudia (14-68 d. C.) e flávia (69-96 d. C.) 	 • Economia baseada na exploração da mão-de-obra servil • Difusão do latifúndio • Incremento do comércio com as zonas periféricas do império • Nova ordem social: oligarquia nobiliária, ordem eqüestre, plebe, libertos	• Desenvolvimento da geografia e cartografia • Obras enciclopédicas (*Naturalis Historia* de Plínio, *o Velho*) • Melhoria das técnicas de construção • Aquecimento dos edifícios com o sistema do hipocausto • Aperfeiçoamento das máquinas de guerra e das edilícias 
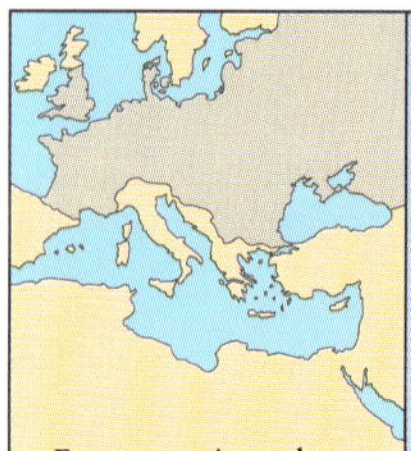 Europa continental	 • Conquista romana da Gália (58-50 a. C.), obra de Júlio César. A revolução de Vercingetorige e a queda de Alésia (52 a. C.) • Tentativas de penetração na Germânia com Augusto e derrota de Varo (9 d. C.) • Instituição de duas províncias sob o mandato de Domiciano (c. 90 d. C.): *Germânia Superior* e *Germânia Inferior* • Conquista romana da Bretanha (43-47 d. C.). Rebelião da rainha Budicca (61 d. C.) • Expansão do Império Romano na Europa central e oriental	 • Fortes relações comerciais com a Itália: importações de produtos alimentícios (vinho e azeite) e artesanais (cerâmicas, vidros, bronzes) • Desde o século I d. C. essas regiões se tornam auto-suficientes e, por sua vez, exportam para a Itália	 • Progressos nas técnicas d fusão e elaboração do fe • Técnicas de elaboração d vidro, da madeira e da cerâmica • Máquinas agrícolas (ara ceifeira gálica)
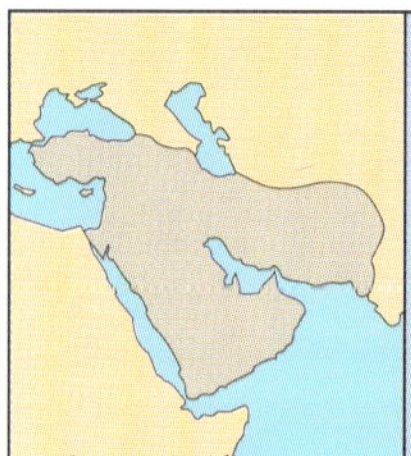 Oriente Médio	 • Das monarquias helenísticas à dominação romana • Levantamentos na Judéia, destruição de Jerusalém (70 d. C.) e diáspora dos hebreus • Expansão do império parto sob os arsácidas	• Difusão do latifúndio na Ásia Menor • Extração e exportação de minerais preciosos e de mármores • Prosperidade da agricultura síria • Intenso tráfico de caravanas, com intercâmbio de mercadorias entre Oriente e Ocidente (pérolas, incenso, especiarias, tecidos, vinho, azeite, escravos)	• Evolução da ciência médica: Asclepíades de Prusa, Temíson de Laodicéia, Cláudio Agatino • Adoção de técnicas construtivas romanas • Novos sistemas de extração e transporte dos mármores 
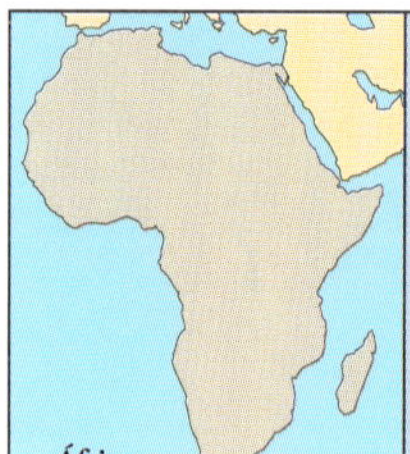 África	 • Destruição de Cartago (146 a. C.): guerra contra Jugurta (118-104 a. C.) • Romanização das zonas setentrionais, desde o Atlântico até Sirenaica • Após a batalha de Actium (31 a. C.), o Egito governado pela dinastia dos Ptolomeus converte-se em província imperial • O reino de Kush (Méroe) e o reino de Axum	 • Exploração agrícola das zonas setentrionais: cereais, azeite e vinho • Exportação de cerâmicas, mármores, púrpura, escravos, animais selvagens • Ouro, marfim e pedras preciosas desde a África central para as regiões do Mediterrâneo; vinho, barro cozido e objetos de vidro desde a costa para o interior • Prosperidade do reino de Kush: gado, minas de ouro, comércio, trabalho do ferro	 • Realização de imponentes obras hidráulicas • As engenhosas máquinas hidráulicas e pneumáticas de Héron • Progressos da medicina • A escola filosófica alexandrina
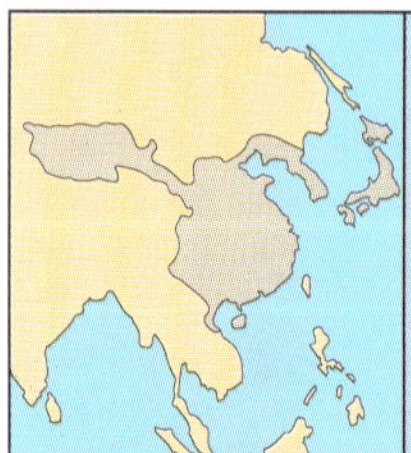 Extremo Oriente	• Dinastia dos Han ocidentais (206 a. C.-8 d. C.) • Política expansionista de Wu-Di (141-87 a. C.) • Dinastia dos Han orientais (25-220 d. C.) • Japão: a cultura yayoi e a cultura dos túmulos 	• Incremento das relações comerciais com o Ocidente e primeiros contatos com o Império Romano • Elaboração e comércio da seda • Agricultura: grandes trabalhos e sistematização hidrogeológica • Distúrbios devido à política fiscal da dinastia dos Han ocidentais 	• Grande desenvolvimento tecnológico com a invenção e aperfeiçoamento de máquinas hidráulicas, bélicas (besta), instrumentos de medição (mira, sismógrafo) • Introdução do arreio para os cavalos • Novos procedimentos de elaboração da laca • Estudos de matemática, química e farmacologia 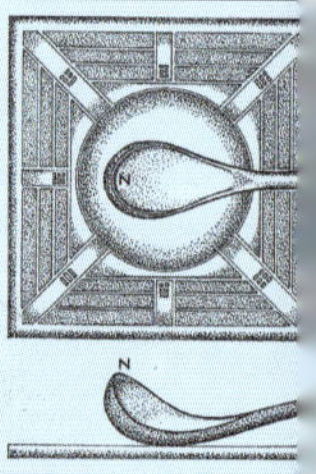
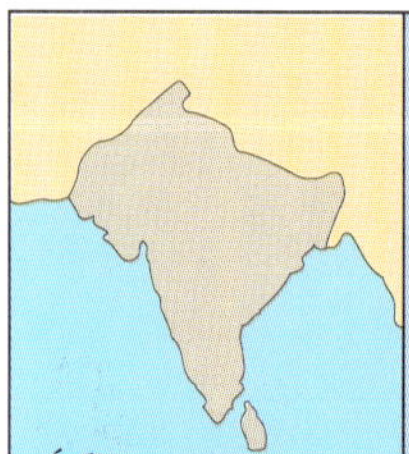 Índia	 • Queda do império maurya (185 a. C.). Consolidação de dinastias indo-gregas e nascimento de estados independentes • Ascensão e declínio do reino dos saka • Início do reino do kusana. Um grande soberano: Kaniska	 • Ativo intercâmbio comercial com o Ocidente e com o Extremo Oriente, favorecido a partir do séc. I a. C. pela exploração das monções • Grande importância do comércio de trânsito na Índia setentrional	 • Desenvolvimento da matemática e d estudo dos fenômenos naturais. Exploração das monções para a navegação • Inovações nas técnicas de irrigação • Medicina: o alto nível alcançado pel cirurgia indiana
 América	• Desenvolvimento de culturas locais na América do Norte (Hopewell, Hohokam, cesteiros) • Área centro-americana: florescimento das civilizações dos zapotecas e dos maias • Região andina: início das culturas mochica e nasca	• América setentrional: evolução de uma economia de caça e colheita para uma economia agrícola. Cultivo de milho, legumes e cucurbitáceas e criação de perus • As sociedades Hopewell importam matérias-primas apreciadas e de uso comum • Área centro-americana: difusão do cultivo de milho e comércio de produtos exóticos • Região andina, entre os mochicas: irrigação, agricultura intensiva e pastoril 	• América do Norte: técnicas de irrigação e de nivelação das zonas em aclive • América Central: progressos na escrita, na astronomia e na matemática • Região andina: técnicas refinadas na arte da cerâmica e na tecelagem 

Arquitetura e Urbanismo	Arte e Literatura	Religião
rande desenvolvimento da construção pública m intervenções importantes na ordem banística dos principais centros templo da Fortuna em Preneste na criação arquitetônica original: o anfiteatro cidades mais ricas constroem novos foros onstrução de termas, pontes, ruas e aquedutos. olução da edificação privada. As *insulae* quitetura funerária ndação de cidades em planta quadrangular 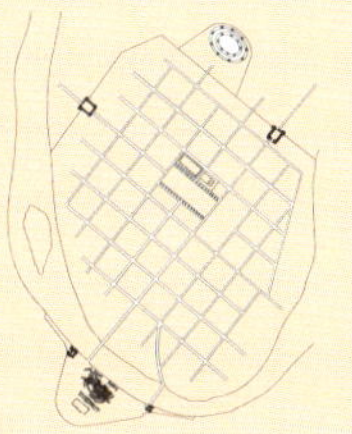	• Obras de arte figurativa de inspiração grega • Escultura: o classicismo neo-ático (Ara Pacis) • Pintura: os quadro estilos pompeanos • A cerâmica aretina • Península Ibérica: desenvolvimento de uma original arte romano-ibérica • Esplendor da literatura latina: teatro (Terêncio), poesia (Lucrécio, Catulo, Horácio, Virgílio), prosa (Cícero, César, Salústio, Lívio, Petrônio, Sêneca) 	• Roma: o culto dos doze deuses • Introdução de cultos de origem oriental e egípcia • Amplo recurso a práticas mágicas e supersticiosas • Difusão do estoicismo • Restauração religiosa de Augusto. Introdução do culto do imperador • Predicação do cristianismo e primeiras perseguições 
 • Difusão de um novo tipo de assentamento fortificado: o *oppidum* • Gália: muitos centros nativos habitados se transformam em cidades com uma base urbanística articulada • Desenvolvimento de uma arquitetura galo-romana com criação de teatros, anfiteatros, portos, aquedutos	 • Nas áreas romanizadas: da mistura de elementos locais com modelos helenístico-romanos nasce e se desenvolve a chamada «arte provincial» • Na escultura é privilegiada a representação da figura humana • Nas zonas orientais: últimas fases da arte citia	 • Gália: a classe sacerdotal dos druidas • Bretanha: a religião romana se une aos cultos locais ou os substitui • Cresce a influência dos cultos egípcios e orientais • Divindade e mitos da religião germana
tegração de esquemas helenísticos com odelos romanos: novas soluções banísticas e arquitetônicas esenvolvimento da edificação pública: ifícios de espetáculo, termas, aquedutos dra: edifícios monumentais escavados na cha riedade de soluções na arquitetura nerária 	• Na Ásia Menor: alto nível artístico da escultura que reinterpreta os tipos clássicos e helenísticos. A escola de Afrodísia • Originalidade da arte palmirena e parta • Intensa atividade cultural: filosofia (Panécio, Possidônio, Filodemo), história (Dionísio de Alicarnasso, Josefo Flávio), geografia (Estrabão) 	• Cultos de Cibele e Átis (península anatólica), Atárgatis (Síria), Ádon (área fenícia) • Helenização e difusão do culto de Mitra • Seitas hebraicas: fariseus, saduceus, essênios, zelotes • Jesus Cristo. Predicação e difusão do cristianismo. São Paulo 
 • Urbanização da África noroeste: ampliação ou reconstrução de velhos assentamentos (Sabratha, Leptis Magna, Cartago); fundação de novas cidades (Timgad) • Egito: Alexandria é ampliada e enriquecida com edifícios civis e religiosos • Esplendor da arquitetura meroíta: os templos	 • Persistência das tradições artísticas locais na África noroeste e no Egito • Na Alexandria, uma das capitais culturais do mundo, desenvolvimento da «arte alexandrina» (escultura, pintura, joalharia, torêutica) • Influências helenísticas na tradição artística do reino de Kush • Florescimento da arte nok na atual Nigéria	 • África noroeste: sobrevivência dos cultos nativos que se misturam com os da religião oficial romana • Desde Alexandria se estende o culto da tríade egípcia Serápis-Ísis-Apócrates • Egito: forte presença do judaísmo • Rápida consolidação do cristianismo
Chanangan, a capital dos Han anteriores Modelos de edifícios em barro cozido. Documentos nsubstituíveis para o conhecimento da arquitetura ivil chinesa da época. Finalização e aperfeiçoamento da Grande Muralha Arquitetura funerária 	 • China: florescimento de uma arte naturalista • Difusão de um artesanato de elevado nível que produz cerâmicas, objetos lacados, bronzes. Elaboração do jade (roupagens funerárias) • Desenvolvimento da caligrafia • Intensa atividade filológica (com reconstrução dos textos antigos) e historiográfica	• China: persistência dos cultos tradicionais, tanto entre o povo como entre as classes aristocráticas • Amplo recurso a práticas mágicas e de adivinhação • O confucianismo adquire prestígio e se converte, pouco a pouco, na religião oficial e predominante do Império Chinês • Penetração do budismo no último período dos Han 
 • Evolução da arquitetura rupestre: construção de *caitya* e de *viara* • Apogeu da arquitetura monumental religiosa: grandes conventos em alvenaria, *stupa* e *vrkscaitya*	 • Pinturas parietais nas covas de Ajanta • Influências helenísticas e romanas na arte do Gandhara. Buda começa a ser representado com formas humanas	 • Com a dinastia Sunga, notável apogeu do bramanismo • Continua a consolidação do budismo e do jainismo • Entre as castas mais humildes e entre os estrangeiros penetra o bhagavatismo • Penetração de crenças e cultos estrangeiros, entre os quais o cristianismo • Concílio budista durante o reinado de Kaniska: nasce o budismo maaiana
América Setentrional: povos Hopewell e *mounds*. Pequenos entros transformados em idades, seguindo um plano rbanístico e com grandes omplexos monumentais (Monte Albán, Teotihuacán) Aparição de cidades de planta rticulada e complexa na América Central Área andina: pirâmides, ortalezas, aquedutos 	• América Setentrional: objetos de alto nível artesanal produzidos pelas culturas Hopewell (pedras-pássaro, cachimbos) e cesteiros (esteiras, cestos decorados com desenhos policromáticos) • América Central: obeliscos em pedra decorados com baixos-relevos, túmulos e urnas funerárias pintadas • Região andina: cerâmica mochica (vasos-retrato e vasos-indivíduo) e cerâmica nasca 	• América Setentrional: significado religioso das terraplenagens *(mounds)* em imagens. Testemunhos relativos ao culto dos mortos • Politeísmo das religiões centro-americanas • Região andina: o panteão mochica e o dos nascas 

Logo ao terminar a Segunda Guerra Púnica com a derrota de Cartago (202 a. C.), o estado romano começou a aplicar uma **decisiva política de expansão.** No norte da Itália, os povos celtas e as tribos lígures que haviam apoiado Aníbal foram rapidamente vencidos e submetidos e em seus territórios foram fundadas colônias de direito romano ou latino. As colônias mais antigas, como Cremona e Piacenza, que foram reforçadas (190 a. C.), se somaram outras novas, como Módena e Parma (183 a. C.), Aquiléia (181 a. C.) e Luna (177 a. C.). Com o troço da Via Emília entre Piacenza e Rímini e a construção da Via Postúmia entre Gênova e Aquiléia se melhorou o sistema viário, eixo da romanização.

Por outro lado, a leste, Roma tropeçou com o poderoso estado da Macedônia, encabeçado por Filipe V, que já durante a Segunda Guerra Púnica havia procurado ajudar Aníbal várias vezes, com a intenção de limitar os alvos expansionistas de Roma. Em 197 a. C., em Cinoscéfalos (Tessália), o cônsul **Tito Quíncio Flaminino,** com o apoio da Liga Etólia, Rodes e Pérgamo, se sublevou, tendo uma vitória decisiva. Filipe V teve que renunciar às conquistas anteriores, pagar uma pesada indenização de guerra e entregar a frota.
Em Corinto, um ano mais tarde, por ocasião dos jogos ístmicos, Flaminino proclamou a liberdade de toda Grécia. A situação se agravou com a subida ao trono macedônio de Perseu, filho de Filipe V, que sentia animosidade pelos romanos. A guerra foi inevitável e terminou em Pidna (168 a. C.), com a vitória do cônsul Lúcio Emílio Paulo. Vinte anos depois, por causa de uma rebelião capitaneada por um tal Andrisco, Roma interveio novamente e a Macedônia foi convertida em província romana. Em 146 a. C., depois da rebelião da Liga Aquéia, a Grécia foi incorporada a esta província.

Naquele período, os **povos ibéricos** das duas províncias de Espanha (Citerior e Posterior, criadas pelo senado romano em 197 a. C.) **se revoltaram,** aproveitando as campanhas militares de Roma na África e Grécia. Os lusitanos, guiados por Viriato, um audaz chefe militar, derrotaram várias vezes os generais romanos, até que

***Acima:** mapa temático da ampliação do Império Romano no transcurso do século I a. C.*
***Esquerda:** baixo-relevo com cena de um combate de gladiadores. Na escola de gladiadores de Cápua começou a guerra servil, conhecida também como rebelião dos escravos.*
***Direita:** mosaico com cena da distribuição do trigo para a plebe (Óstia, Piazzale delle Corporazioni). As guerras de conquista do século II a. C. foram nefastas para a agricultura itálica (Museu Nacional Romano, Roma).*

Direita: escultura em mármore da cabeça de Caio Mário (157-86 a. C.) conservada nos Museus do Vaticano, em Roma. Mário, um chefe militar hábil, realizou em 107 a. C. uma reforma profunda do exército, recrutando pela primeira vez na História os pobres e os itálicos.
Abaixo: estela funerária de Flávio Baso (Museo della Civiltà Romana, Roma). Entre os romanos a escultura gozava de uma grande popularidade.

em 140 a. C. obtiveram a paz e o seu reconhecimento como aliados do povo romano. Mas o assassinato à traição de Viriato (138 a. C.) os obrigou a renderem-se. Por outro lado, os celtiberos, que haviam se fortalecido na cidadela de Numância, foram derrotados definitivamente em 133 a. C. por Cipião Emiliano, depois de um longo assédio. Mas as guerras e conquistas da primeira metade do século II a. C. causaram transtornos graves no estado romano. A invasão de Aníbal e a longa permanência no serviço militar de muitos pequenos proprietários de terras arruinaram a agricultura italiana, provocando, por um lado, a expansão do latifúndio e, por outro, o êxodo para Roma de grandes massas de camponeses. Além disso, a grande afluência de escravos, que na sua maioria trabalhavam nos latifúndios em condições sub-humanas, logo causou graves desordens públicas que, amiúde, desembocaram em rebeliões declaradas, como a que explodiu na Sicília, encabeçada pelo sírio Êunoo. **Tibério Semprônio Graco** fez uma primeira tentativa de solucionar a situação caótica e em 133 a. C. propôs uma **reforma agrária.** A reforma, que não suprimiu a propriedade privada e procurou favorecer a classe dos pequenos proprietários, chocou com a tenaz resistência da oligarquia romana e acabou degenerando em desordens, durante as quais Tibério Graco e muitos de seus seguidores encontraram a morte. Dez anos depois, Caio Semprônio Graco procurou completar o trabalho que seu irmão havia começado, mas envolvendo-o com uma série de iniciativas de maior envergadura para as quais pretendia contar com a aprovação de uma parte da plebe, dos patrícios e dos itálicos. Foi precisamente o projeto de concessão de **cidadania** aos itálicos que desencadeou a reação do senado, que conseguiu isolar politicamente Graco. Em 121 a. C., durante os violentos choques entre as facções opostas, Caio Graco e uns 3000 seguidores perderam a vida.

A guerra contra Jugurta na África e a invasão dos povos bárbaros – teutões e cimbros – que haviam se deslocado desde Jutlândia até o sul da Gália e norte da Itália puseram em primeiro plano a figura de **Caio Mário,** representante do partido popular e hábil chefe militar. Ele foi o artífice de uma **reforma do exército** (c. 107 a. C.) que teve conseqüências importantes; com efeito, recrutou também os pobres e os itálicos, aos quais concedeu um pagamento e o direito a uma parte dos despojos de guerra. Desta forma, produziu-se uma transformação radical na composição do exército, que se tornou profissional, mais vinculado a seu chefe, que o recrutava e mantinha economicamente, do que às instituições do estado.

Por não se solucionar o problema da concessão de cidadania aos itálicos, que já havia sido abordado na época dos Gracos sem nenhum êxito, em 91 a. C. explodiu um confronto armado (**guerra social**) entre Roma e seus antigos aliados *(socii).* Estes formaram uma liga cuja capital estava perto da cidade de Corfínio, nos atuais Abruzos, rebatizada com o nome de Itálica. Após sofrer numerosas derrotas, Roma aplicou uma política de concessões diferenciadas de cidadania, que debilitou a união de seus adversários. A guerra terminou em 89 a. C. Em linhas gerais, os povos itálicos conseguiram os direitos que pediam. Em 82 a. C., após uma inflamada e sangrenta guerra civil, primeiro contra Caio Mário e, depois da sua morte, contra seus seguidores, subiu ao poder **Lúcio Cornélio Sila,** que se fez nomear ditador vitalício e desencadeou uma feroz repressão contra os partidários de Mário. Para isso se valeu de umas **listas de proscrição** nas quais apareciam os nomes daqueles que deviam ser condenados à morte, cujos bens seriam confiscados. No terreno político procurou reforçar o poder do senado e diminuir o dos tribunos da plebe e o dos patrícios. Além disso, estabeleceu limites mínimos de idade para acesso a várias magistraturas e a hierarquia com que deviam ser preenchidos os lugares. Em 79 a. C. Sila abdicou e se retirou para Cumas, onde morreu no ano seguinte.

Os anos imediatamente posteriores se caracterizaram por duas graves tentativas de rebelião. A primeira aconteceu em Hispânia, onde os lusitanos se revoltaram novamente, encabeçados por Quinto Sertório, um general partidário de Mário, que após uma série de êxitos contra os exércitos romanos apoderou-se de grande parte da Península Ibérica. Roma enviou Cneu Pompeu para combatê-lo, um jovem procônsul que já tinha se distinguido ao serviço de Sila. Pompeu aproveitou as desavenças surgidas entre os rebeldes e se viu favorecido pelo assassinato de Sertório às mãos de Perpena, outro chefe dos rebeldes. Com grandes dificuldades, em 71 a. C. conseguiu restabelecer a ordem. A segunda rebelião (**guerra servil**) foi encabeçada por um grupo de escravos que treinavam na escola de gladiadores de Cápua, aos quais em pouco tempo se uniram milhares de escravos fugitivos. Guiados por **Espártaco**, durante mais de dois anos venceram os exércitos romanos e saquearam a

Itália, até que o comando das operações recaiu em **Marco Licínio Crasso.** Este foi limitando o campo de ação dos rebeldes e conseguiu derrotá-los em Apúlia. Espártaco foi morto na batalha e aproximadamente 6000 dos seus companheiros foram crucificados ao longo da Via Ápia. Os sobreviventes se dirigiram para o norte e foram aniquilados pelo exército de Pompeu, que voltava da Hispânia. Aproveitando o descontentamento de boa parte da população romana, **Lúcio Sérgio Catilina,** um patrício que tinha sido lugar-tenente de Sila e por duas vezes havia tentado ser cônsul, sem o conseguir, organizou em 62 a. C. uma conspiração que, mal organizada, foi frustrada pelo cônsul e famoso orador **Marco Túlio Cícero.** Muitos dos conjurados foram detidos e julgados de forma sumária. Catilina, que havia se unido na Etrúria a um exército de revoltosos, morreu na batalha de Pistóia (62 a. C.)

Em 60 a. C. os três homens mais poderosos de Roma – **Crasso, César** e **Pompeu** – assinaram um acordo particular de aliança (o **primeiro triunvirato**). Graças a ele, César chegou a cônsul e, no ano seguinte, obteve o governo da Gália Cisalpina e da Gália Narbonense, permanecendo cinco anos no cargo. Esta circunstância lhe permitiu ocupar o único posto de comando militar que podia levá-lo a tomar o poder. Em Luca, em 56 a. C., numa nova reunião, César viu prorrogado por três anos o seu mandato sobre a Gália, enquanto que a Pompeu e Crasso corresponderam respectivamente a Hispânia, a Síria e a África. A morte de Crasso em mãos dos partos, na batalha de Carras, agudizou a rivalidade entre César e Pompeu. Em 49 a. C. Pompeu conseguiu que o Senado lhe desse poderes extraordinários, enquanto que a posição política de César se tornou cada vez mais precária. Vendo que toda tentativa de pacto com Pompeu e o Senado era inútil, César decidiu atravessar o rio Rubicão, fronteira entre a Gália Cisalpina e a Itália, e marchar para Roma (49 a. C.). Pompeu e a maioria dos senadores, surpreendidos por esta jogada, fugiram para a Grécia, para depois dirigir-se ao Oriente. O choque final teve lugar em Farsália, Tessália, em 48 a. C. Pompeu, vencido, buscou refúgio no Egito, na corte do muito jovem Ptolomeu XII, que o mandou matar. César voltou a Roma e empreendeu algumas reformas, mas despertou suspeitas de pretender a restauração da monarquia. Em 15 de março de 44 a. C. (**idos de março**) caiu vítima de uma conjura urdida por elementos republicanos, chefiados por Bruto, seu filho adotivo.

Os anos seguintes foram marcados pelos confrontos entre os dois sucessores de César, **Marco Antônio** e **Caio Otávio,** também filho adotivo de César e que com a adoção havia passado a chamar-se **Caio Júlio César Otaviano.** Ambos chegaram a um primeiro acordo em Bolonha, onde em companhia de **Marco Emílio Lépido** formaram um triunvirato que oficialmente propunha a reorganização do Estado. Após terem derrotado em Filipos os assassinos de César, os triúnviros repartiram os territórios do Estado Romano. Otaviano ficou com a Itália e a Hispânia, Lépido com a África e Marco Antônio com a Gália e o Oriente. Cedo Lépido foi afastado e, a partir de 36 a. C., Otaviano e Marco Antônio governaram, respectivamente, o Ocidente e o Oriente. A intenção de Antônio de criar no Oriente, com a ajuda da rainha egípcia Cleópatra, uma monarquia de modelo helenístico foi habilmente explorada com fins propagandistas por Otaviano, que se proclamou único defensor dos antigos costumes romanos.

Conseguiu assim que o Senado declarasse guerra a Cleópatra e em 31 a. C., nas águas do Actium, a frota de Otaviano venceu Marco Antônio e Cleópatra, que se suicidaram para não serem capturados. Otaviano, depois de tomar as rédeas do poder romano em 27 a. C., devolveu ao Senado e ao povo os poderes especiais que lhe haviam concedido. Seu poder, na aparência igual ao de qualquer outro magistrado, na realidade era superior, graças ao seu prestígio pessoal. À medida que os anos foram passando, Otaviano foi acumulando cargos, convertendo-se no único árbitro da situação *(princeps)*, ainda que, formalmente, tenha continuado a respeitar os princípios republicanos. Para que seu poder também tivesse um aspecto religioso, lhe foi outorgado o título de **Augusto** e desempenhou certas funções sacerdotais, como a de **pontífice máximo.**

Esquerda: cabeça de Cneu Pompeu Magno, valente general romano (106-48 a. C.), numa cópia da época cláudia (Museu Arqueológico, Veneza).
Abaixo: columbário dos libertos da casa Júlio-Cláudia (primeira metade do século I), Vigna Codino, Roma.
Direita: estátua de mármore do imperador Augusto (Museus do Vaticano, Roma).
Página seguinte, acima: pessoas surpreendidas pela morte num porão durante a trágica destruição de Pompéia pela erupção do Vesúvio em 79 a. C.
Direita: um denário com o busto de Tibério (34-47 d. C.).

Augusto conquistou a parte setentrional da Península Ibérica e criou a nova província da Lusitânia. Ampliou o território da província Hispânia Citerior, que passou a chamar-se Tarraconense, e, juntamente com a Lusitânia, ficou sob seu controle. Em troca, a Espanha Ulterior, com o novo nome de Bética (Andaluzia), ficou sob o controle do Senado. Estas províncias, nas quais se fundaram novas colônias, estavam subdivididas em assembléias jurídicas *(conventtus)* que abarcavam numerosas comunidades urbanas onde se desenvolveu um culto autônomo ao imperador.

Para assegurar o trânsito pelos Alpes e prevendo futuras campanhas militares para expansão até a Europa Central, entre 25 e 9 a. C., Augusto dominou vários povos alpinos que, graças ao escarpado da região, tinham conseguido se manter independentes. Tibério e Druso, enteados de Augusto, distinguiram-se nesta campanha. Na política interna, Augusto empreendeu a reorganização do exército, convertido em permanente, da frota, que atracou nos portos de Ravena e cabo Miseno, da burocracia e das emissões monetárias. Além do fisco, do tesouro pessoal do imperador (distinto do erário) e do tesouro do Estado, em 6 d. C. foi criado o erário militar para aliviar o passivo originado pelos gastos militares. Além disso, Augusto promulgou uma

série de disposições para proteger a moralidade dos costumes, como a lei sobre o adultério, e para estimular o crescimento demográfico, como os impostos que taxavam os solteiros, viúvos, divorciados e casais sem filhos, ao lado de facilidades e honras para aqueles que tinham três filhos ou mais. Por último, fez uma nova organização da cidade de Roma, dividida em 14 distritos, e da Itália, cujo território foi dividido em 11 regiões.

Em 14 d. C. Augusto morreu sem deixar herdeiros, já que todos os sucessores por ele designados desapareceram um atrás do outro. **Tibério,** da família dos Cláudios e filho do primeiro casamento de Lívia, sua terceira esposa, foi seu sucessor. No princípio, Tibério seguiu uma trajetória política moderada, procurando conter os gastos e reforçar as fronteiras do Império, mas depois, devido a algumas dificuldades na administração do Estado e à reduzida aprovação que encontrou entre seus súditos – foi acusado de ter matado seu sobrinho Germânico em 19 d. C. –, foi endurecendo sua postura. Vários anos depois, em 27, talvez devido aos atentados contra sua vida, se exilou na ilha de Capri. O afastamento voluntário do imperador aumentou em Roma o poder do cônsul e prefeito do pretório Sejano, que em 31 tentou tomar o poder com um golpe de estado. Tibério descobriu a conspiração e fez com que Sejano fosse executado.

Em 37 Tibério morreu e foi aclamado seu sucessor o jovem filho de Germânico, Caio César, chamado Calígula. Ele tratou de abandonar a forma de principado criada por Augusto para instaurar, através do terror, uma **monarquia absoluta** do tipo oriental. Em 41, depois de somente quatro anos de reinado, encontrou a morte, junto com sua esposa e a única filha, em mãos dos pretorianos, que proclamaram Cláudio, irmão de Germânico, como imperador. Cláudio ampliou e reforçou o domínio de Roma e concedeu a cidadania romana aos membros mais importantes das populações das províncias. Para facilitar a administração do Império, concentrou o aparelho burocrático imperial em vários departamentos, neles colocando os seus fiéis libertos, o que lhe valeu a má vontade da aristocracia. Também se deve a ele uma intensa política de **obras públicas,** às vezes de grande envergadura, como a construção do porto de Óstia e a secagem do lago Fucino. Em 48 mandou executar a sua terceira esposa, Messalina, acusada de adultério e de conspirar contra ele, e se casou com Agripina, que o convenceu a adotar seu filho **Nero.** Cláudio morreu repentinamente em 54, talvez assassinado por sua mulher, que convenceu os pretorianos a reconhecer Nero como imperador. Nos primeiros anos de seu reinado, o jovem imperador foi assistido por sua mãe e prestigiosos conselheiros, como o filósofo Sêneca e o chefe dos pretorianos, Afrânio Burro. Sua política era moderada e conciliadora com os senadores. O assassinato de sua mãe em 59, organizado por ele mesmo, coincidiu com profundas mudanças na política econômica, como a revalorização das moedas de prata em relação às de ouro para favorecer as classes inferiores, e com a tentativa de instaurar a monarquia

absoluta. Em 64, um violento incêndio, que destruiu grande parte de Roma, serviu de pretexto para ser desencadeada a primeira perseguição contra os cristãos. Nos anos seguintes, Nero esmagou duas tentativas de conspiração, em conseqüência das quais se suicidaram intelectuais como Sêneca, Lucano e Petrônio. Em 68, na Hispânia, Galba e Otão, governadores das províncias Tarraconense e Lusitânia, respectivamente, se sublevaram e marcharam sobre Roma com suas legiões. Nero, após uma tentativa frustrada de fuga, fez com que um escravo o matasse. Entre 68 e 69 se sucederam três imperadores (Galba, Otão e Vitélio), até que Flávio Vespasiano, chefe das tropas que estavam lutando na Palestina contra a rebelião judia, tomou o poder. Aplicou uma rígida política de saneamento financeiro do Estado, mas também impulsionou obras públicas grandiosas, como o Anfiteatro Flávio, que depois seria chamado de Coliseu. Com sua morte, em 79, sucedeu-lhe seu filho Tito. Durante seu reinado aconteceram duas grandes calamidades: a **erupção do Vesúvio,** que destruiu as cidades de Pompéia, Herculano e Estábias (79), e um grande incêndio seguido de uma epidemia, que assolaram Roma (80).

SUETÔNIO: *VIDA DOS DOZE CÉSARES*

O historiador Suetônio fez um retrato particular de Augusto que contrasta singularmente com as representações oficiais: «Prestava pouca atenção à comida e tinha gostos corriqueiros. Agradava-lhe sobretudo o pão de qualidade comum, os peixes, o queijo de leite de vaca feito à mão, os figos tenros ou não [...] Por sua natureza era muito moderado no beber. Cornélio Nepote nos conta que no acampamento de Módena não acontecia de beber mais de três vezes em cada refeição [...] ele gostava muito de vinho rético, mas nunca o bebia durante o dia.

Se tinha sede, em vez de beber, tomava pão empapado em água fresca, ou uma rodela de pepino, ou uma folha de alface, ou alguma fruta de suco ácido e vinhoso. Depois de comer descansava um pouco sem desnudar-se nem descalçar-se, destapando as pernas e protegendo os olhos com as mãos; depois de cear se retirava para seu leito de trabalho, onde ficava até tarde despachando todos os assuntos daquele dia, ou grande parte deles. Depois ia para seu dormitório e não dormia mais de sete horas, e freqüentemente nem sequer seguidamente, porque acontecia despertar três ou quatro vezes [...] Equilibrava-se mal com a bacia, o músculo e a perna esquerda, de modo que, às vezes, coxeava e se curava com banhos de lama e areia. Todos os anos, periodicamente, padecia de várias doenças. Geralmente se sentia mal nos dias anteriores ao seu aniversário; e no começo da primavera lhe inchava a barriga, enquanto que quando soprava o siroco sentia a cabeça pesada [...] No inverno se protegia do frio agasalhando-se com uma toga e quatro túnicas; além dos calções e meias grossas, vestia uma camisa e um colete de lã.

No verão dormia com as portas da alcova abertas, e às vezes também dormia no peristilo, junto ao jorro de uma fonte ou fazendo com que alguém o abanasse. Não podia suportar o sol, nem no inverno, e nunca saía ao exterior sem chapéu, nem sequer no pátio de sua casa.

Suetônio, Vida dos doze Césares, vol. II, pp. 76-78 e 81-82.

Os romanos já começaram a dar mostras de interesse pela Gália em 154 a. C., quando intervieram para proteger a cidade de Massália (Marselha), sua antiga aliada, dos ataques das tribos lígures, galas e alpinas. Em 125 a. C. **Sêxtio Calvino** destruiu sua fortaleza e fundou a cidade de Aquae Sextiae (a atual Aix-en-Provence), obrigando seu rei a buscar refúgio entre os alóbrogos. Pouco depois, uma coalizão formada por estes povos foi derrotada por **Cneu Domício Aenobarbo** e **Quinto Fábio Máximo.** A seguir, em 121 a. C., o território compreendido entre os Alpes e Cévenne foi anexado ao Estado Romano como província, e em 118 a. C. se fundou nesta zona a colônia de Narbo Martius (Narbona), a atual Provença. Entre 110 e 111 a. C. irromperam na Gália as populações de cimbros e teutões e, inutilmente, Roma enviou contra eles vários exércitos dirigidos por cônsules que, repetidamente, foram vencidos, com grandes perdas de homens e material bélico. Em 101 a. C. os romanos sofreram a derrota mais grave, em Aráusio (Orange). Em 104 a. C. o cônsul general Caio Marco se mudou para Gália, onde esteve um ano esperando a invasão de seus inimigos. Para que as tropas não permanecessem ociosas, fez com que escavassem um canal artificial, a **Fossa Mariana**, pela qual se podia chegar ao Ródano desde o mar. Em 102 a. C. o general romano logrou por fim derrotar os teutões em Aquae Sextiae.

Apesar destas vitórias, durante cerca de quarenta anos Roma renunciou a estender seu domínio sobre o resto da Gália, não só devido aos graves problemas políticos internos que assolavam o Estado Romano, como também pela difícil situação interna daquele país, onde diferentes povos celtas se enfrentavam. A única exceção foi um pacto de aliança com os **éduos.** Em 61 a. C., a rebelião de uma tribo da Gália Narbonense, os alóbrogos, por causa das molestações dos romanos, foi reprimida duramente por C. Pomptino. Nestes anos se agudizou o conflito entre os éduos e os arvernos pelo predomínio na Gália Central. Os demais povos (aquitanos, armóricos e belgas) preferiram manter-se à margem. A situação se complicou quando os séquanos, uma tribo vizinha dos éduos, pediram ajuda a Ariovisto, chefe do grupo de germânicos estabelecidos do outro lado do Reno. Na batalha de Admagetóbriga, os éduos sofreram uma dura derrota. Ariovisto, que havia pedido ajuda aos romanos, recebeu deles o título de amigo e aliado, em troca de se comprometer a respeitar os éduos. Assim se iniciou o processo que desembocou na **intervenção de César na Gália.** A situação aproveitada foi uma tentativa de violação da fronteira por parte dos helvécios que, empurrados desde o noroeste por algumas populações germânicas, buscavam novos lugares, talvez na província Narbonense. César impediu militarmente o êxodo e estabeleceu que uma parte dos helvécios permanecesse em territórios cedidos pelos éduos e outra parte voltasse para sua região de procedência. Em seguida, a tentativa de limitar o poder de Ariovisto desembocou num conflito aberto. César penetrou no território dos séquanos e na Alsácia, venceu os germânicos e os fez retroceder até o outro lado do Reno.

Em 57 a. C., César pôs em prática seu plano de conquistar toda a Gália e marchou sobre o norte, contra as tribos dos belgas, contando para isto com a aliança com os remos (um povo estabelecido na zona da atual Reims). Os belgas, depois de uma resistência feroz, foram derrotados, apesar de uma última tentativa dos nérvios, seus aliados, que também foram vencidos. Por causa destas vitórias foram submetidas as tribos da costa setentrional da Gália, como os armóricos, os vênetos e os aquitanos. **Toda a Gália,** do Reno ao Garona, **caiu sob o domínio romano,** se bem que a situação não fosse segura nem definitiva. Com efeito, depois de uma primeira sublevação dos vênetos, esmagada sem contemplações em 56-55 a. C., explodiu uma segunda revolta a partir de 54, enquanto César regressava da vitoriosa campanha da Britânia. **Vercingetorige**, rei dos arvernos, se fez líder e conseguiu unir grande parte dos povos de Gália, sobretudo depois de vencer os romanos em Gergóvia. Depois de várias peripécias, nas quais César deu mostras de uma grande capacidade como estrategista, Vercingetorige se viu obrigado a se refugiar em Alésia, cercada pelos romanos. Apesar da chegada de um grande exército de gauleses para libertar os assediados, a cidade caiu (52 a. C.) e Vercingetorige se rendeu. Foi julgado em Roma seis anos depois. Após a anexação da Gália pelo Estado Romano, passaram-se muitos anos sem que houvesse sublevações.

O sul da Gália, convertido em província em 121 a. C., passou a ser província senatorial com o nome de Gália Narbonense na época de Augusto, enquanto que o resto do país (Gália Comata) foi primeiro província imperial e depois dividida em três províncias (Aquitânia, Lugdunense e Bélgica). A romanização se impôs rapidamente, ainda que não faltassem ameaças de revolta, como a de 21 a. C., liderada por Júlio Sacrovir e Júlio Floro, que canalizaram o desagrado geral pela opressão romana, sobretudo no campo financeiro. Os rebeldes conseguiram ocupar a cidade de Augustodunum (Autun), mas o movimento não teve muito eco e foi abafado. Durante o império de Cláudio, novas colônias foram fundadas, muitas comunidades receberam o direito latino e

muitas pessoas obtiveram a cidadania romana. Em 48 a. C., alguns éduos notáveis ingressaram no Senado. Em 68, Júlio Víndex, legado de Lugdunense, se revoltou contra Nero, apoiando uma eventual eleição de Sérvio Sulpício Galba, como imperador. Só conseguiu apoio de parte do povo gaulês, enquanto que o resto permaneceu fiel a Nero. Na batalha de Vespontium (Besançon) foi derrotado pelas tropas do imperador, acantonadas na Germânia, sob o comando de Virgínio Rufo, e se suicidou. Os tréveros fizeram uma última tentativa em 69-70 d. C., aproveitando as lutas internas do Império. Sua tentativa fracassou por falta de apoio dos outros povos gauleses.

Com a conquista da Gália e a derrota do germano Ariovisto por parte de César, o Reno se converteu de fato na fronteira entre o Império e os bárbaros, vigiada por tropas romanas e contingentes indígenas fiéis a Roma. Entre 12 e 9 a. C. um corpo expedicionário sob o comando de Druso entrou na Germânia, enfrentando muitas dificuldades, tanto por sua preparação logística escassa como pela forte resistência dos habitantes. De qualquer modo, conseguiu chegar primeiro até o rio Véser e depois ao Elba. Em 9 a. C., Druso morreu de uma queda de cavalo e foi substituído por Tibério, que terminou a campanha. Em 4 e 5 d. C., com a revolta de algumas tribos indígenas, Tibério voltou a intervir e avançou até o Elba, onde se reuniu com uma frota enviada a explorar o mar do Norte e Jutlândia. Em 9 d. C., Armínio, chefe dos queruscos, que tinha militado nas frotas auxiliares de Roma, tentou expulsar os romanos. Com a falsa notícia de uma rebelião, armou uma emboscada no bosque de Teutoburgo a três legiões enviadas por Públio Quintílio Varo. Os romanos, colhidos de surpresa, foram derrotados, e Varo se suicidou para não cair em mãos do inimigo. Depois desta vitória, os germanos conquistaram com grande facilidade todas as posições romanas situadas a este do Reno. Os romanos tardaram vários anos a recomeçar suas operações em grande escala. **Júlio César Germânico,** filho adotivo do imperador Tibério, dirigiu uma série de expedições, a partir de 14 d. C., contra as tribos germânicas e Armínio. Enfrentou muitas dificuldades e seus fracassos se alternaram com importantes vitórias, como a de Idistaviso, que entretanto não chegaram a ser definitivas. Por esta razão, Tibério considerou que os resultados tinham um custo muito elevado em homens e material, e em 17 d. C. fez seu enteado voltar a Roma, renunciando, na prática, aos seus planos de invadir a Germânia.

Um dos pilares da política expansionista, graças ao qual Roma dominou o mundo antigo, foi a conquista da Gália (mapa junto a estas linhas). Grande parte da anexação territorial se deveu à campanha militar de Júlio César, político e escritor romano que desempenhou vários cargos públicos até ser nomeado ditador em 48. Nos idos de março de 44 foi assassinado por causa de uma conspiração. Acima: cerco de uma cidade (Santa Maria Maior, Roma). Página anterior, acima: Mausoléu dos Júlios, em Saint-Rémy-de-Provence. Esquerda: denário de prata com a efigie de Caio Júlio César (Museo Nazionale delle Terme, Roma). Direita: estátua de legionário romano (Museo della civiltà romana, Roma).

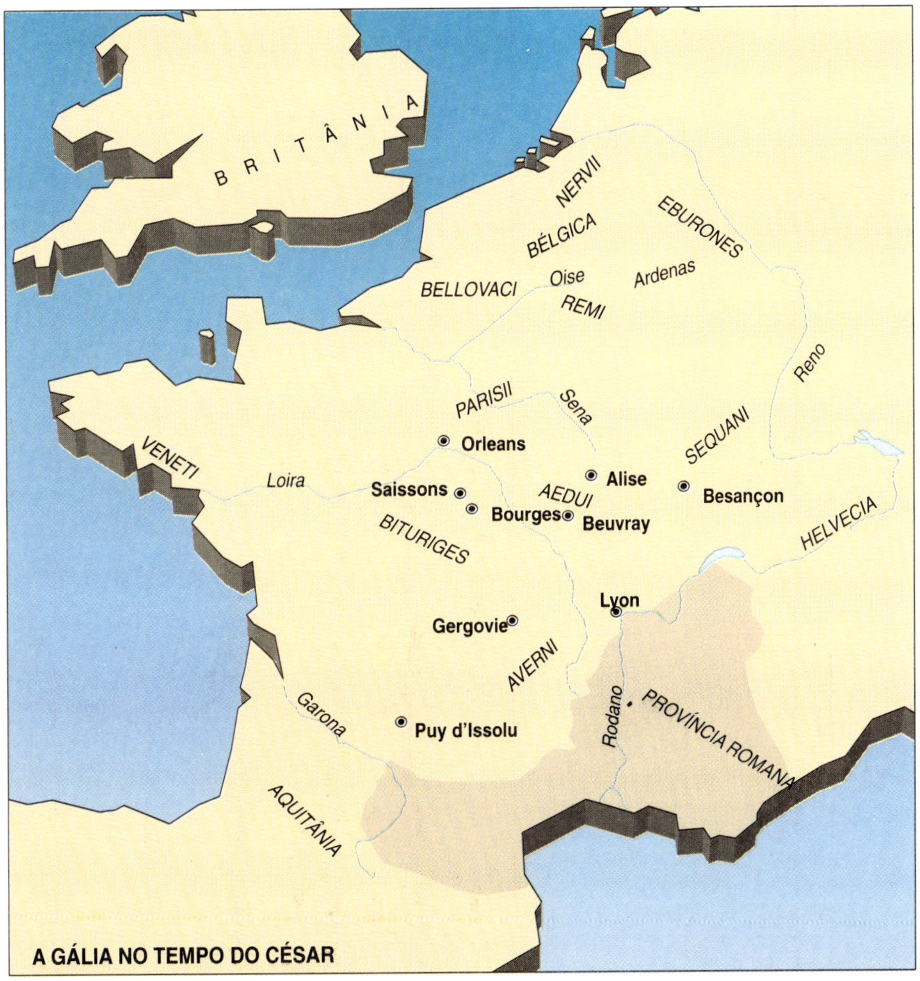

As lutas internas entre as tribos germânicas e o assassinato de Armínio pelos seus próprios parentes em 19 d. C. demonstram a clarividência de Tibério. Foi necessário esperar a dinastia dos Flávios, primeiro com **Vespasiano** e depois com **Domiciano,** para que se fizesse uma nova tentativa de penetrar profundamente na Germânia. Acredita-se que nesse período se anexaram alguns territórios situados a este do rio Reno, habitados por povos indígenas e imigrantes gauleses. As fontes históricas chamam a estes territórios de *agri decumanes,* termo de significado pouco claro que em geral se interpreta como território formado por dez cantões. Em 83, Domiciano liderou uma grande expedição militar contra a poderosa tribo germânica dos catos, que ameaçava a fronteira da Gália Com um forte desdobramento de tropas conseguiu obter alguns resultados importantes, ainda que não chegasse ao confronto definitivo em campo aberto porque se aproveitava habilmente das características físicas do território. Nos anos seguintes o imperador construiu mais além do Reno um **sistema defensivo** que ia do rio Lahn ao Main, formado por torres de vigia, fortificações e castelos comunicantes entre si por uma rede de calçadas pelas quais acorriam as tropas de intervenção. Por volta do ano 90 d. C., Domiciano criou duas províncias: a Germânia Superior, ao sul, e Germânia Inferior, ao norte.

No começo do século I a. C., algumas tribos celtas procedentes da Gália belga penetraram na zona meridional da **Britânia,** onde se estabeleceram. Parece que alguns chefes da Gália exerciam certa influência política sobre essas tribos. Em 57 a. C. César enviou uma tropa de avanço às costas da Britânia, sob o comando do legado Públio Licínio Cássio, visando uma invasão. Dois anos depois, Comm, rei dos atrébates, foi enviado em **missão diplomática à Britânia,** com o encargo de persuadir as tribos locais a que se submetessem a Roma. Sua missão fracassou e ele mesmo foi feito prisioneiro. Então César, com a frota e duas legiões, zarpou de Gesoriacum (Boulogne-sur-Mer) e desembarcou em Cantium (Kent), apesar da tenaz oposição dos britânicos. Uma tempestade, que dispersou as naves nos dias seguintes, e a resistência encontrada fizeram com que César desistisse de seu empenho e se retirasse, mas não sem ter conseguido a submissão das tribos locais e a libertação de Comm. No ano seguinte, com um exército mais numeroso (cinco legiões reforçadas com 2000 cavaleiros gauleses), César voltou a desembarcar em Kent e avançou até o norte, sem encontrar muita resistência.

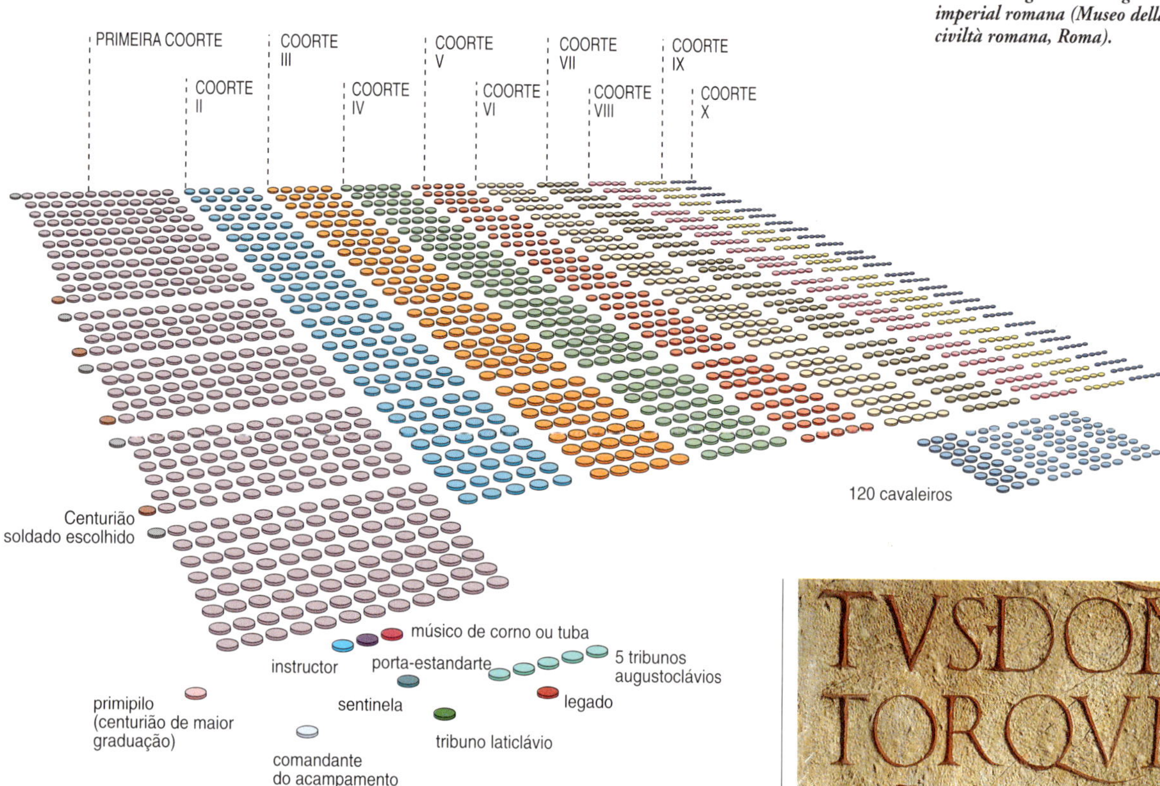

Esquerda: estrutura da legião romana durante a época imperial.
Naquele período, por causa de várias reformas, a legião se dividia em coortes, formadas por ordem de idade e instrução militar dos soldados. No comando da legião havia cinco tribunos militares e seu símbolo era a águia.,
Abaixo: insígnia da XX legião imperial romana (Museo della civiltà romana, Roma).

Só então as tribos britânicas, que até esse momento tinham estado divididas, elaboraram um plano unitário de defesa e nomearam chefe o rei Casivelauno, que tentou conter o avanço romano recorrendo, acima de tudo, à guerrilha. Esta resistência e a grave revolta que paralelamente havia explodido na Gália fizeram com que César **abandonasse a Britânia,** depois de conseguir que sua população se comprometesse a pagar um tributo, ainda que nunca tenham cumprido o acordo. Na ilha não ficou nenhuma guarnição romana.

Posteriormente, tanto Augusto como Calígula planejaram uma nova invasão à Britânia. Mas o primeiro se inclinava mais por uma penetração gradual da civilização romana, em vez de uma ocupação militar. Por outro lado, Calígula, em 40 d. C., avançou com um corpo expedicionário até a margem do canal da Mancha, mas logo renunciou, talvez por temor das conseqüências de uma ausência prolongada de Roma. Entretanto, a situação política na Britânia havia evoluído. Tasciovano, filho de Casivelauno, em torno de 20 d. C. submeteu os trinobantos, uma tribo de estirpe não belga e aliada de Roma, fundando sua nova capital em seu território. Enquanto isso, o rei Comm, que durante a sublevação de Vercingetorige se havia juntado aos gauleses, para evitar o castigo de César fugiu para a Britânia, onde fundou o reino dos atrébates britânicos. Por fim, em 43 d. C., a campanha militar empreendida pelo imperador Cláudio teve êxito. As legiões, sob o comando de Aulo Plúncio, atravessaram vitoriosas o Tamisa, conquistaram o sul da Britânia e fundaram Londinium (Londres). A Britânia se converteu assim em província romana, e seu primeiro governador foi o próprio Aulo Plúncio. Quando em 47 d. C. lhe sucedeu **Ostório Escápula,** toda a Britânia habitada pelos povos de origem belga estava submetida. A romanização avançou em grandes passos. Em Camalodunum (atual Colchester) foi fundada uma colônia, e a população de Londinium, nas margens do Tamisa, teve cada vez mais importância comercial. Em 61, após a morte de Prasatago, que havia sido entronizado pelos romanos na chefia dos icênios como rei cliente, sua esposa, Budica, privada de direitos sucessórios pelos romanos, liderou uma revolta de seu povo, à qual se juntaram os trinobantos. Algumas cidades, como Camalodunum e Verulamium, foram saqueadas, e o exército romano se encontrou mais de uma vez em apuros, até que num encontro definitivo as tropas de Suetônio Paulino venceram os revoltosos e a rainha, para não ser presa, se envenenou. A penetração até o norte se intensificou sob a dinastia dos Flávios, em especial a partir

OS GERMANOS

Com mal disfarçada admiração e uma precisão confirmada por outras fontes, o historiador romano Públio Cornélio Tácito descreve os costumes dos germanos, contrapondo-os aos costumes corrompidos da sociedade romana de seu tempo:

«Os casamentos dos germanos são austeros, e nenhum outro aspecto de seus costumes mereceria maior elogio. Com efeito, quase somente a eles, entre os bárbaros, basta uma só consorte [...] Não é a esposa que dá o dote ao marido, e sim o marido à esposa. Participam pais e parentes, que avaliam os presentes. Estes não estão destinados aos refinamentos femininos nem a adornar a nova esposa, pois se trata de um par de bois, um cavalo com arreios e um escudo com pica e espada. Com estes presentes se toma a esposa, e esta por sua vez dá umas armas para o marido [...] Durante as cerimônias do iminente casamento advertem a noiva de que se converte em companheira de fadigas e perigos e que na paz e na guerra afrontará e enfrentará as mesmas coisas; disto são símbolos os bois ungidos, o cavalo com arreios e as armas presenteadas [...] Vivem portanto em rigorosa castidade, sem serem corrompidas pela atração dos espetáculos nem pela excitação dos banquetes [...] Com efeito, entre eles ninguém aprova sorrindo os vícios, nem o fato de corromper e ou ser corrompido é visto como um sinal dos tempos. Melhor ainda, em aquelas tribos somente as virgens se casam e assim só uma vez se cumprem a esperança e o desejo do casamento. Recebem assim um só marido, como receberam um só corpo e uma só vida, para que não tenham nenhum outro pensamento posterior, e não amem a seu marido como tal, senão como símbolo do casamento. Consideram delito limitar o número de filhos ou suprimir os nascidos depois do primogênito. Entre eles os bons costumes têm mais valor que em outras partes as boas leis.»

Tácito, Germânia

de 77 d. C., com o novo governador **Cneu Júlio Agrícola.** Este **dirigiu** várias **expedições até a Escócia,** levando a fronteira até a linha que separa Clyde de Forth e avançando até o norte para enfrentar-se com os caledônios, que tinham se unido sob o comando de Calcacus. Depois de vencê-lo na batalha dos montes Grampianos, chegou até a atual Aberdeen.

Com **a fundação no Alto Adriático da colônia de Aquiléia** em 181 a. C., os romanos assentaram as bases para sua expansão em Nórica, Ilíria e Panônia, territórios que lhes interessavam por seus recursos econômicos. Algumas expedições militares que tiveram lugar entre 156 e 129 a. C. se limitaram a afastar os povos alpinos que tendiam a invadir a Itália, sobretudo os lauriscos e os iapodos, enquanto que numerosas campanhas lideradas por cônsules e procônsules acabaram com o problema que representavam os piratas ilírios. Com o fracionamento do poderoso reino dos dácios em torno de 44 d. C. devido ao assassinato do rei Burebista, o acesso à Macedônia a partir da Itália ficou desimpedido. Em 35, Octaviano penetrou na Ilíria e conquistou a cidade de Síscia e dois anos depois conseguiu submeter os dálmatas. Em 27 a. C., a Ilíria se converteu em província senatorial. Poucos anos depois, Marco Licínio Crasso conquistou Dobruja, e Roma obteve o domínio da zona central dos Balcãs. Depois da guerra contra os povos alpinos, em 16 a. C. o reino de Nórica (a atual região que compreende a Baviera e a Áustria) foi admitido no Império Romano, enquanto que a **guerra contra as tribos de Panônia e Mésia,** dirigida por Tibério entre 13 e 19 a. C., permitiu a ocupação da zona compreendida entre o Drava e o Sava. Uma revolta dos breucos e dos desiciatos, povos que habitavam no vale de Sava e na Bósnia, provocou uma nova intervenção de Tibério e em 9 d. C. foram criadas as duas províncias da Ilíria, chamadas Dalmácia e Panônia. Enquanto isso, a tribo dos marcomanos emigrou do sul da Germânia para a atual Boêmia, guiada por seu rei Marobodo. Ali o rei conseguiu formar um extenso reino que compreendia também povos germânicos da Saxônia e Silésia, mas em 19 d. C. seu exército foi derrotado por Armínio, rei dos queruscos.

O poder dos dácios, que devido à morte de Burebista tinha-se debilitado muito por uma série de lutas internas, ressurgiu graças ao rei **Decébalo.** Em 85 d. C. os dácios penetraram na Mésia, vencendo as guarnições romanas ali acantonadas. O próprio governador, Ópio Sabino, morreu na batalha. O imperador Domiciano enviou, então, uma expedição de castigo, sob o comando do prefeito pretoriano Cornélio Fusco, que atravessou o Danúbio e entrou em território inimigo, mas logo foi atacado e derrotado numa batalha em que também perdeu a vida. Domiciano insistiu e em 89, em Tapae, os dácios foram derrotados. Contudo, a difícil situação criada por uma rebelião contra o imperador diminuiu a importância da vitória. Chegou-se, dessa forma, à assinatura de uma paz que reconhecia a situação de fato e Decébalo se converteu em rei cliente.

As vitórias, tanto verdadeiras como imaginárias, são uma constante na iconografia dos «triunfos» dos imperadores de Roma. Um exemplo é este baixo-relevo da época imperial, no quadro junto a estas linhas, onde vemos prisioneiros bárbaros. Direita: busto de Cláudio Nero Tibério, imperador romano (42 a. C.-37 d. C.), já na idade madura (Museu Arqueológico, Nápoles).

A invasão romana do Oriente Próximo começou com a batalha de Magnésia (190 a. C.) e a Paz de Apaméia (188 a. C.) foi concluída com Antíoco III, rei da Síria, mas esta intervenção militar favoreceu a consolidação do reino de Pérgamo, que reforçou seu domínio. Em 133 a. C. o último rei de Pérgamo, Átalo III, em troca da ajuda prestada pelos romanos por ocasião da rebelião capitaneada por seu irmão adotivo Aristônico, deixou seu reino de herança a Roma. Nasceu assim a **nova província da Ásia,** que por suas riquezas logo foi objeto de latrocínio por parte dos governadores e publicanos romanos. Aproveitando o descontentamento gerado por este fato, o rei de Ponto, Mitridates VI Eupator, aparentemente subjugado, mas na realidade preparado para a guerra, invadiu a província, expulsando ou aniquilando os romanos e itálicos que haviam ali se instalado, e liderou uma poderosa coalizão anti-romana. Entre 88 e 63 a. C. os exércitos romanos enviados a esta província, sob o comando de chefes prestigiosos como Sula, Lúculo e Pompeu, combateram, com resultados variáveis, contra Mitridates e seus aliados. Somente o suicídio do rei inimigo, traído por seu filho Fárnaces, inclinou a balança para o lado romano. Neste período e nos anos imediatamente posteriores, foram criadas as províncias da Bitínia, Ponto (que mais adiante se uniria a Bitínia), Cilícia e Síria.

A história do povo judeu e da Palestina esteve estreitamente relacionada com as vicissitudes das últimas monarquias helenísticas da Ásia Menor e seu confronto com os romanos. A princípio, a Palestina foi anexada por Antíoco III, que quis introduzir nela os costumes helenísticos. Isto desencadeou uma revolta liderada por **Judas Macabeu,** que buscou o apoio dos romanos. Nos anos seguintes (141-104 a. C.), aproveitando o enfraquecimento da Síria, a Palestina conseguiu a independência. Um membro da dinastia dos Asmoneus, Simeão, foi eleito sumo sacerdote e rei, e o seu sucessor, João Hircano, conseguiu ampliar as fronteiras do Estado. Mas a situação interna piorou devido a fortes tensões de caráter religioso e político que desembocaram no aparecimento de dois grupos, os **fariseus** e os **saduceus.** Os primeiros, conservadores e tradicionalistas no campo religioso, se opunham a qualquer relação com os estrangeiros. Os segundos, romanófilos em política, eram partidários de uma observância menos restrita dos preceitos religiosos. Esta divisão também se transladou para a dinastia dos asmoneus e o confronto entre os irmãos Aristóbulo e Hircano, o primeiro fariseu e o segundo saduceu, pretendentes ao trono com a morte da mãe, a rainha Salomé Alexandra, propiciou a intervenção de Pompeu em apoio a Hircano. Os romanos conquistaram Jerusalém em 63 a. C. e fizeram da Judéia um protetorado romano. Salvo um curto período, entre 40 e 37, em que Antígono, um rei contrários aos romanos, foi elevado ao trono, a Palestina foi governada por monarcas apoiados por Roma. O mais famoso de todos foi **Herodes, *o Grande*.** Mas a situação interna continuou sendo crítica. A rebelião explodiu em 66 d. C., instigada pela seita dos zelotes, liderados por João de Giscala e Simeão de Giora. A repressão romana foi duríssima. Nero enviou o general Vespasiano, que no fim de três anos abandonou a região, quando foi aclamado imperador pelas suas legiões e empreendeu seu regresso à Itália. O comando passou então para seu filho Tito, que em 70 tomou Jerusalém e desencadeou uma repressão terrível. O templo de Salomão foi despojado de seus tesouros e destruído, e todos os habitantes foram crucificados ou deportados como escravos. A campanha militar terminou em 73 com a queda da fortaleza de Massada, o último refúgio dos zelotes guiados por Eliezer. O assédio tinha durado seis meses. Todos os que aí se haviam refugiado, exceto duas mulheres e cinco meninos, se suicidaram para não cair em mãos dos romanos. Assim começou a dispersão dos judeus (**diáspora**), à que se seguiu a imposição de um tributo especial a todos os judeus do mundo romano *(fiscus iudaicus).*

Junto a estas linhas: busto de Mitridates VI Eupator, rei de Ponto. Entre 88 e 63 a. C., ano de seu suicídio, liderou uma poderosa coalizão anti-romana.
Abaixo: louça de sarcófago hebreu com o candelabro de sete braços, símbolo da fé judia.
À direita, acima: moeda romana cunhada entre 69 e 70 d. C. para comemorar a conquista de Jerusalém. Num lado aparece o imperador Vespasiano, e no outro, uma mulher chorando debaixo de uma palmeira, símbolo da Judéia vencida. IVD CAP significa «Judéia conquistada» e SC «por decreto do Senado».
À direita, abaixo: busto de Átalo III, do século II a. C. (Glipoteca, Copenhague).

No Oriente Médio, sob a direção dos monarcas da dinastia arsácida – sobretudo Mitridates I (174-138 a. C.), os partos formaram um vasto império que abarcava desde a Mesopotâmia até a Índia, com uma série de estados vassalos dominados pela Pártia propriamente dita. Graças à posição estratégica das regiões que ocupavam, os partos controlavam o intenso tráfico terrestre entre o Oriente (em especial China e Índia) e o Ocidente, cujo percurso principal era a famosa **rota da seda.** Em 53 a. C. os romanos foram derrotados pelos partos na batalha de Carras, na qual, além de perderem até as insígnias, morreu o governador da Síria, Marco Licínio Crasso. Depois desta batalha o império dos partos se converteu na única potência capaz de se opor a Roma e de concitar os sentimentos anti-romanos dos povos submetidos.

Visto que era impossível dar uma solução militar ao problema, os imperadores romanos, de Augusto a Cláudio, ensaiaram a via diplomática, chegando a acordos sobre questões concretas ou instigando as lutas internas entre os aspirantes ao trono parto e apoiando os partidários de Roma. Assim, em 20 a. C., os romanos reconquistaram as

insígnias perdidas em Carras e em 9 d. C. conseguiram que Vonones I subisse ao trono dos partos. Este rei romanófilo foi derrotado em poucos anos por **Artabano III**, que procurou restabelecer as antigas tradições iranianas.
A capital foi trasladada de Selêucia para Ctesifonte, nas margens do Tigre, situada a uma centena de quilômetros da Babilônia. O imperador Tibério enviou Germânico para combater a Artabano, mas não conseguiu nenhum resultado prático, salvo o controle do estado tampão da Armênia, instalando ali um rei aliado. Com a subida ao trono do rei **Vologeso I** (51-80 d. C.), se retomou a política nacionalista e anti-romana, cuja eficácia se viu freada pelas tendências separatistas de algumas regiões do Império, como a Hircânia, que se aliou com Roma.
Aproveitando esta circunstância, o imperador Nero enviou ao Oriente uma expedição militar sob o comando de Domício Corbulão, que conseguiu alguns êxitos e fez com que os partos pedissem um armistício e chegassem a um compromisso sobre uma questão intrincada: Tiridates subiu ao trono da Armênia, mas a coroação teve lugar em Roma em 66 d. C.
Graças a este acordo, durante várias décadas os dois impérios mantiveram o estado de não beligerância.

***Direita:** Cabeça em mármore do imperador Vespasiano (Museu Nacional Romano, Roma).*
Tendo recebido de Nero o comando da guerra da Judéia (66), em julho de 69 Vespasiano foi aclamado imperador pelas legiões do Oriente e teve que abandonar o sítio de Jerusalém para voltar a Roma; as operações militares foram levadas a termo por seu filho Tito, que levou a cabo uma feroz repressão na submetida Jerusalém.
***Abaixo:** Palmira, arco do triunfo. As escavações arqueológicas trouxeram à luz a maior parte dos edifícios da cidade, revelando as características helenístico-romanas ou partas.*

A **península arábica** também influiu no curso dos acontecimentos históricos, sobretudo por sua posição geográfica favorável, que lhe permitia controlar algumas das principais rotas comerciais entre o Oriente (sobretudo a Índia) e o Ocidente. Já em 25-24 a. C. o prefeito do Egito, Cornélio Galo, por ordem de Augusto, invadiu o sul da Arábia com a ajuda dos nabateus. A expedição fracassou por sua má organização logística, de modo que a política romana preferiu tentar a via das alianças.

Foram estabelecidas relações diplomáticas com os reis das costas do Iêmen e Hadramaut para facilitar o tráfico marítimo. Na zona setentrional, os **nabateus**, que nos séculos anteriores haviam tido sua capital em **Petra** (Transjordânia meridional), no século I estenderam seu domínio de Damasco ao empório de Dedam, controlando de fato a rota do incenso. Nos primeiros anos do século I d. C. o reino dos nabateus se estendeu para o norte por Haurand, incluindo Damasco, e para o sul, seguindo a costa do mar Vermelho, incluindo partes de Negueve e o Sinai. Graças ao comércio e a outras técnicas sofisticadas de irrigação, a civilização nabatéia conheceu um período de riqueza e esplendor, que se concretizou principalmente na cidade de Petra, com a construção de tumbas e templos grandiosos escavados na rocha. O imperador Trajano, em 106 d. C., num momento de reorganização dos confins orientais, por meio de Cornélio Palma, anexou o território dos nabateus, que passou a ser **a província de Arábia**.
No final do século I d. C. o oásis de Palmira se converteu num importante centro comercial. Situado entre a Síria e a Mesopotâmia, entrou gradualmente na órbita romana, ainda que conservando um grau considerável de autonomia. O estado de Palmira foi aliado de Roma desde o começo do Império e adotou instituições romanas.

A grave derrota sofrida no fim da Segunda Guerra Púnica (202 a. C.) e as duras condições de paz impostas pelos romanos assinalaram o fim político e militar do poderio de Cartago. A crise do estado púnico foi acentuada pelo **auge do estado da Numídia,** encabeçado pelo rei **Masinissa,** fiel aliado dos romanos, que ampliou gradualmente suas fronteiras até chegar ao Mediterrâneo. As contínuas provocações e a estudada indiferença do poder central romano, que favorecia abertamente Masinissa, fizeram com que Cartago não cumprisse os tratados e declarasse guerra aos númidas. A intervenção romana foi duríssima. Aos cartagineses, que queriam evitar a guerra, lhes propuseram, de forma provocadora, condições inaceitáveis, uma das quais era o abandono da cidade. Cartago se negou e foi sitiada. Ao fim de seis dias de desesperada resistência foi conquistada e destruída (146 a. C.). Seu território se converteu na **província de África** e em poucos anos foi povoado por agricultores e mercadores romanos e itálicos. Grande parte do território interior foi incorporado ao reino da Numídia.

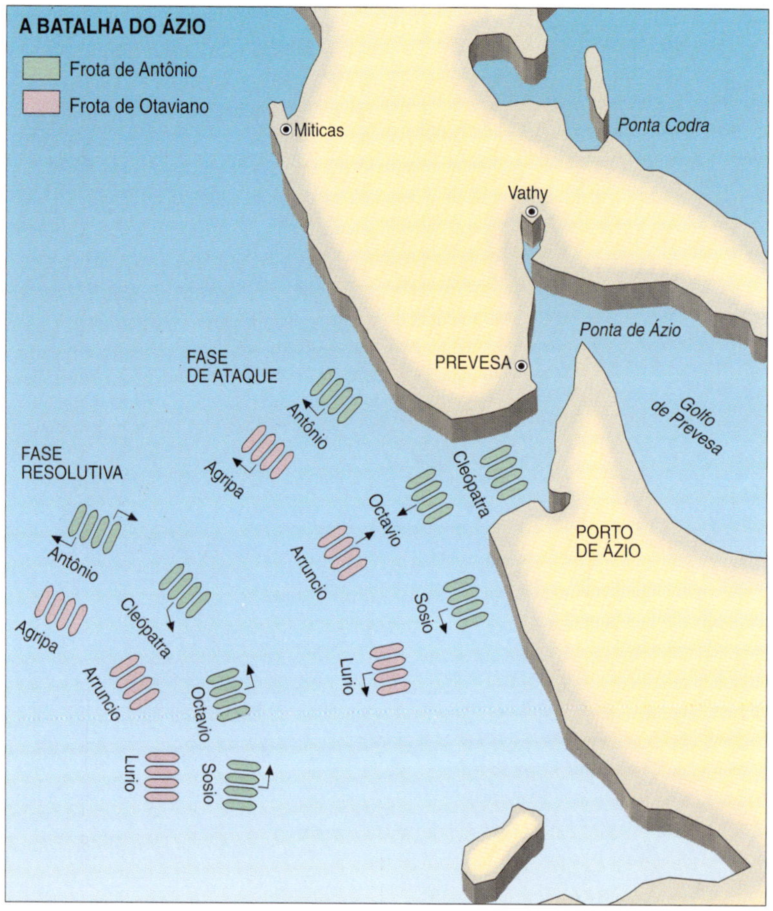

À esquerda: mapa com a formação das esquadras de Otaviano e Antônio na batalha de Áccio.
Embaixo, à esquerda: afresco da casa dita de José, em Pompéia, em que aparece Masinissa, rei dos númidas e sua esposa Sofonisba Museu Arqueológico, Nápoles).
Embaixo: afresco da casa dos Vetii, em Pompéia, com navios de guerra.
Em cima: moeda romana do século I a. C., cunhada pelo filho de Sila, em comemoração da vitória de seu pai sobre Jugurta. O rei vencido está de joelhos enquanto Boco da Mauritânia presta homenagem a Sila.

Durante esses mesmos anos, na região compreendida entre o maciço do Atlas e a costa do Atlântico e do Mediterrâneo, as tribos berberes passaram por um processo de unificação que terminou na formação do **reino da Mauritânia,** que com o rei Boco I chegou a ter uma importância considerável. Em 118 a. C., com a morte do rei Micipsa, filho de Masinissa, o reino da Numídia passou aos três herdeiros, chamados Hiêmpsal, Aderbal e **Jugurta.** Este último eliminou primeiro Hiêmpsal e depois Aderbal, que havia se refugiado na pequena cidade de Cirta. Mas durante o assalto à cidade morreram alguns mercadores romanos e itálicos, o que provocou a intervenção de Roma. A guerra se prolongou durante vários anos, em parte devido aos confrontos políticos entre patrícios e senadores romanos, que provocaram a revolta freqüente dos chefes militares. Em 107 a. C., com a chegada de Caio Mário, a situação melhorou. Jugurta se refugiou na corte de seu sogro Boco I, que, convencido por Sila, rival de Mário, com a promessa de concessões territoriais, o entregou aos romanos. Em 104 a. C., depois do triunfo de Mário, Jugurta foi assassinado em Roma e a Numídia foi dividida entre Boco e Hiêmpsal II, neto de Masinissa. Durante a guerra civil entre César e Pompeu (49-46 a. C.), a dinastia númida tomou o partido deste último, de modo que, depois da vitória de César em 46 a. C., a Numídia perdeu sua autonomia e se converteu na província de África II Nova. Poucos anos depois, em 25 a. C., Augusto a incorporou ao reino da Mauritânia, governado por Juba II.

Por sua vez, o reino da Mauritânia conseguiu conservar certa independência, ainda que tivesse se mantido sob o controle de Roma até o ano 40 d. C., quando uma série de rebeliões provocaram a intervenção militar dos romanos e a sua transformação em duas províncias: Mauritânia Tingitana, a oeste, e Mauritânia Cesarense, a leste, governadas por dois procuradores. O processo de romanização destas regiões, sobretudo no interior,

CLEÓPATRA

Nascida em 69 a. C., filha de Ptolomeu XII, rei do Egito, Cleópatra VII subiu ao trono quando ainda era muito jovem, em 51 a. C., acompanhada por seu irmão Ptolomeu XIII, que tinha apenas dez anos. Três anos depois, uma conspiração tramada pelo general Aquilas e pelo eunuco Potino, tutores de seu irmão, obrigou-a a sair de sua pátria e refugiar-se na Síria. Quando Júlio César chegou ao Egito e se deteve em Alexandria, Cleópatra, com um estratagema (foi levada por um escravo envolta numa manta), iludiu a vigilância de seus inimigos e entrou no palácio real, residência do general romano, para pedir sua ajuda. César, valendo-se de sua autoridade, a reintegrou ao trono, o que despertou a ira dos tutores de Ptolomeu XIII, que incitaram a rebelião do povo de Alexandria. César e Cleópatra, sitiados no palácio real, resistiram até a chegada de reforços, que dispersaram os rebeldes, e do exército egípcio, que foi em sua ajuda. Assim, depois de cinco meses de guerra, César ficou com o controle militar do Egito e elevou ao trono Cleópatra, com quem teve um filho chamado Ptolomeu César.

Vários anos depois, Cleópatra conheceu Marco Antônio, e, além de converter-se em sua aliada política, manteve uma relação pessoal com ele, da qual nasceram três filhos. Este pacto desencadeou uma guerra civil com Otaviano Augusto, que terminou com a derrota na batalha de Áccio em 31 a. C. e com o suicídio de Marco Antônio. Cleópatra ao deparar-se sozinha e sem poder resistir ao seu adversário, também se matou para não cair em suas mãos (30 a. C.), ao se deixar morder por uma víbora. As fontes romanas nos deixaram uma visão da rainha egípcia bastante distorcida e parcial, mas, apesar de tudo, sabemos que era uma mulher extremamente culta, que se preocupava com o bem-estar de seus súditos e que conseguiu conservar certo grau de autonomia para o Egito. Para os seus ambiciosos objetivos, sem dúvida, se serviu de seus encantos (os autores antigos dizem que não era muito bonita, mas tinha uma conversa fascinante e uma inteligência brilhante), na itentativa, nem sempre alcançada, de influir nos planos políticos de homens tão ambiciosos e poderosos como Júlio César e Marco Antônio.

não foi fácil nem pacífico, por causa da resistência dos povos nativos, de quem eram tiradas as terras mais férteis para serem dadas aos colonos e veteranos de Roma. Houve numerosas revoltas, principalmente depois da que o númida Tacfarinas liderou em 17 d. C. **A revolta se estendeu da Mauritânia até a Tripolitana** e durou sete anos, até que o chefe rebelde foi capturado e assassinado. Os romanos, em sua expansão para o sul, tentando evitar o Sara para chegar à África negra, de onde procediam preciosas mercadorias, entraram em contacto com o reino dos Garamantes. Este povo, citado no século V a. C. pelo historiador Heródoto, ocupava a Phazania (Fezânia), onde formou um estado organizado. Em 19 a. C. o procônsul Cornélio Balbo dirigiu uma primeira expedição e conquistou várias cidades, entre elas Garama (Yerma) e Cimadus (Gadamés). Com esta campanha, os romanos puderam chegar ao sul do Magrebe e à Fezânia. Quase cem anos depois, em 69 d. C., os garamantes assaltaram e saquearam a cidade de Leptis Magna, provocando uma **expedição punitiva** liderada pelo legado Valério Festo. O estado dos garamantes, conservando certa aparência de autonomia, ficou sob o controle dos romanos. Durante o reinado de Domiciano, outra expedição, comandada por Júlio Materno, partiu de Leptis Magna, chegou à Ga-

***Embaixo:** ruínas do templo reconstruído de File (Philae). Esta ilha do rio Nilo, onde se cultuava a deusa Ísis, ficou submersa nas águas do lago Nasser. Os restos arqueológicos foram desmontados e reconstruídos em uma ilha mais alta.*
***À direita:** cabeça do rei selêucida Antíoco IV, que subiu ao trono em 175 a. C., com o apelido de Epífanes («deus revelado»).*

rama e dali, unindo-se ao exército do rei dos garamantes, penetrou em território etíope até a cidade de Agysimba.

No nordeste da África, **o reino do Egito,** governado pela dinastia helenística dos Ptolomeus, começou a manifestar os primeiros sintomas de uma profunda crise política e social. Durante o reinado de Ptolomeu V Epifânio (210-180 a. C.), o território do reino sofreu uma forte redução, já que as possessões do Egeu, Palestina e Ásia Menor passaram às mãos dos reis selêucidas e macedônios, ainda que no sul o reino de Kush tenha estendido seu domínio até File. Sob o reinado de seu sucessor, Ptolomeu VI Filometor, **o rei selêucida Antíoco IV invadiu três vezes** seguidas o Egito (170-168 a. C.), tratando de anexá-lo a seu reino. Somente a rápida e interessada intervenção de Roma salvou a independência do estado egípcio que, sem dúvida, ficou numa situação muito delicada por causa das tensões internas. Durante um período de mais de cem anos se sucederam sangrentas lutas pelo poder, protagonizadas por vários descendentes masculinos e femininos da dinastia dos Ptolomeus, e também uma série de revoltas indígenas de algumas regiões, como a Tebaida. Os romanos se aproveitaram da situação e passaram de uma política limitada a intervenções esporádicas para uma ingerência cada vez maior nos assuntos internos do Egito. Assim, por exemplo, quando Ptolomeu XII Aulete chegou a Roma como conseqüência da enésima rebelião dos habitantes de Alexandria, o procônsul romano Aulo Gabínio voltou a entronizá-lo à força, em 55 a. C. Vários anos depois, em 48 a. C., Júlio César elevou ao trono do Egito **Cleópatra VII,** que havia sido expulsa por seu irmão Ptolomeu XIII. Este último foi derrotado no ano seguinte pelo general romano, que nomeou Ptolomeu XIV, irmão de Cleópatra, co-regente da rainha. Esta se dirigiu a Roma em 46 a. C., acompanhada de seu filho Cesário, cujo pai era César, e permaneceu ali até o assassinato deste último. Em 41, Cleópatra conheceu Marco Antônio, com quem manteve uma relação sentimental e política. A rainha financiou com as pródigas riquezas de seu país os ambiciosos projetos políticos e militares de Marco Antônio, que em 34 a. C., com

À esquerda: moeda cunhada na Ásia em 35-34 a. C. Numa face aparece a efígie de Marco Antônio e na outra a de Cleópatra. Embaixo: relevo com a figura de Ptolomeu III Evérgeta e a rainha Cleópatra levando oferendas ao templo de Kom Ombo (Egito), da época ptolomaica e dedicado a duas tríades, a primeira formada por Horoeris, Senetuefear e Panabtaui, e a segunda por Suchos, Hathor e Jonsu.

OS GARAMANTES

Plínio, o Velho, historiador e naturalista latino do século I a. C., descreve assim o povo garamante e a região habitada por ele, às vezes, com histórias fabulosas: «Os garamantes se encontram para ocidente a onze dias de marcha da Grande Sirte. Cercados pelas areias, não têm dificuldades para encontrar água, cavando poços de mais de dois braços de profundidade, porque aí embaixo há uma capa que detém as águas da Mauritânia. Usam como pedra os blocos de sal cortados de suas montanhas, e com eles fazem casas [...] Indo na direção do deserto africano se encontra a Fazânia, onde submetemos o povo fazânio, e vindo da região de Sabratha, as cidades de Alete, Cilliba e Cidamo. A partir destas cidades se estende de leste a oeste, num amplo espaço, uma montanha que minhas fontes chamam de monte Atro pelo seu aspecto: de fato, parece que está em chamas ou acesa pelo reflexo do sol. Do outro lado está o deserto e, logo em seguida, Telge, cidade dos garamantes, Debris, onde há uma fonte que brota água fervendo do meio-dia à meia-noite e água gelada da meia-noite ao meio-dia, e a famosa Garama, capital dos garamantes. Todas estas cidades foram vencidas pelo exército romano e sobre elas Cornélio Balbo celebrou seu triunfo [...] Até hoje, o caminho que leva aos garamantes é intransitável, porque os salteadores daquele povo cobriram os poços com areia, se bem que quem conhece bem esses lugares não tem que cavar muito para achar água. Durante a recente guerra contra os habitantes de Oea, nos primeiros anos do reinado de Vespasiano, se descobriu um caminho abreviado de quatro dias. Este caminho se chama Mais além do Cume da Penha.»

Plínio, «o Velho», História natural.

as chamadas **doações**, distribuiu nominalmente todas as terras compreendidas entre o Helesponto e o rio Indo entre Cleópatra e os três filhos que havia tido com ela. Foi assim que nasceu o império do Oriente, confrontado com o do Ocidente, que estava, na verdade, nas mãos de Otaviano. Em 32 a. C. **Roma declarou guerra a Cleópatra.** A hábil propaganda de Otaviano apresentou-a como o choque entre a civilização e a barbárie. Na batalha decisiva, que aconteceu em 31 a. C. em Áccio (Actium, Epiro), a rainha egípcia e Marco Antônio foram vencidos. Se refugiaram em Alexandria e no ano seguinte, quando o vencedor Otaviano já havia conquistado o **Egito,** se suicidaram para não cair em suas mãos.

O Egito, pelas suas riquezas e sua importância estratégica, **se converteu numa possessão pessoal do imperador,** que substituiu o faraó e administrou o país com um prefeito procedente da classe dos patrícios. Os senadores tinham rigorosamente proibida a entrada no Egito. Foram enviadas três legiões para restabelecer a ordem e a legalidade, e essas mesmas legiões foram utilizadas para realizar obras públicas, como a reparação da densa rede de canais, que se encontrava em estado de abandono. Em 29 a. C. o primeiro prefeito do Egito, G. Cornélio Galo, para consolidar a fronteira sul, onde o reino de Kush pressionava fortemente, avançou com suas tropas além da primeira catarata. Este reino se converteu de fato em protetorado romano e na sua região intermediária, chamada Triakontaschoinos, foi instalado no trono um rei romanófilo. Devido a uma incursão no Egito dos meroítas, que em 25 a. C. saquearam Assuão, o prefeito C. Petrônio reconquistou a **Baixa Núbia** e avançou até Napata, antiga capital do reino de Kush. Em 23 a. C. tomou a cidade. Devido a um tratado de paz firmado em Samos entre Augusto, em pessoa, e a rainha Candace, a guarnição se retirou e foi criada uma zona fronteiriça que ia de Siene (Assuão) até Hiera Sycaminos (Maharraka). Por fim, durante o reinado de Nero, uma expedição exploradora subiu o Nilo e chegou a uma confluência do Sobat com o Nilo Branco. Durante o domínio romano também eclodiram violentas desordens devido ao descontentamento com os impostos e aos problemas étnicos, já que o elemento grego, como acontecia durante a dinastia dos Ptolomeus, gozava de uma posição privilegiada. Durante o reinado de Calígula, a Alexandria foi cenário de choques sangrentos entre a comunidade grega e a judia. A intervenção de Roma se limitou a algumas medidas contemporizadoras, mal acolhidas por ambas as partes.

***À direita:** birreme romana de guerra, relevo esculpido provavelmente para celebrar a vitória de Augusto contra a frota de Marco Antônio e Cleópatra em 31 a. C. (Museus do Vaticano, Roma).*

***Embaixo:** figuras de prisioneiros pintadas nas faixas das plantas dos pés de múmias egípcias (época greco-romana) (Museu Egípcio, Turim).*

A região situada ao sul do Egito, **o reino de Kush,** depois do traslado da capital de Napata para Méroe durante o século III a. C., **viveu uma época de grande esplendor,** relacionada com a sua favorável posição geográfica que lhe permitia controlar o florescente comércio entre o Egito e a África Central. Segundo a opinião de alguns historiadores, uma das fontes de riqueza deste império foi a enorme produção de ferro forjado, que era exportado para toda a África. A partir da rainha Shanakdajete (170 a. C.), parece que esteve vigente um ordenamento matriarcal. Com efeito, conhecemos os nomes de outras duas rainhas, Amanirenas e Amanishajeto, ambas designadas com o título de **Candace.** Uma delas foi provavelmente a Candace de que falam os autores clássicos e que firmou a paz com Augusto em 20 a. C. Devido a este tratado, o reino de Méroe conservou sua autonomia e ainda gozou da proteção de Roma, feito que lhe assegurou paz e prosperidade durante todo o século I d. C., até ser ofuscado pelo aparecimento e expansão do **reino de Axum.** Com efeito, neste período o intenso tráfego comercial pelo mar Vermelho, uma das principais rotas entre o Oriente e o Ocidente, favoreceu o desenvolvimento de Adúlis, um porto situado na costa oriental da África. Esta cidade estava unida por terra com Axum, cidade da planície etíope que era um centro de extração de marfim e outras mercadorias, e que se converteu na capital de um reino feudal e chegou a ser uma potência política e comercial.

Em 206 a. C., quando a dinastia Qin se extinguiu, a luta pelo poder teve como protagonistas Xiang Yu, o mais forte dos rebeldes, e seu antigo aliado Lü Bang. O primeiro, para reforçar seu poder, procurou fundar novamente os antigos estados, dividindo o território sob o seu controle entre os membros das antigas dinastias imperiais que haviam reinado antes da dinastia Qin e os numerosos generais rebeldes. Nomeou um membro da família real de Chu como imperador e ficou com o título de Príncipe Condutor. Este plano ambicioso e, em grande parte, utópico, que pretendia retornar à distribuição territorial anterior à dinastia Qin, criando novamente os reinos antigos, fracassou porque as partes não conseguiram chegar a um acordo. Assim, pouco tempo depois, Xiang Yu decidiu mudar radicalmente sua trajetória política e se inclinou para um estado unitário e centralizado. Desse modo, depôs o imperador que ele mesmo tinha nomeado e enfrentou diretamente seu rival Lü Bang, que tinha se apoderado do vale de Wei. Mas este último, mesmo com sua clara inferioridade militar, depois de uma longa luta conseguiu sair vitorioso, devido principalmente à sua grande habilidade política e diplomática. Em 202 a. C., Xiang Yu foi derrotado definitivamente e Lü Bang tornou-se o único dono da situação. Depois da vitória, assumiu o título de imperador e deu o nome de Han à sua dinastia, em memória ao rei de **Han** (ou seja, rei do vale do rio Han) que em 206

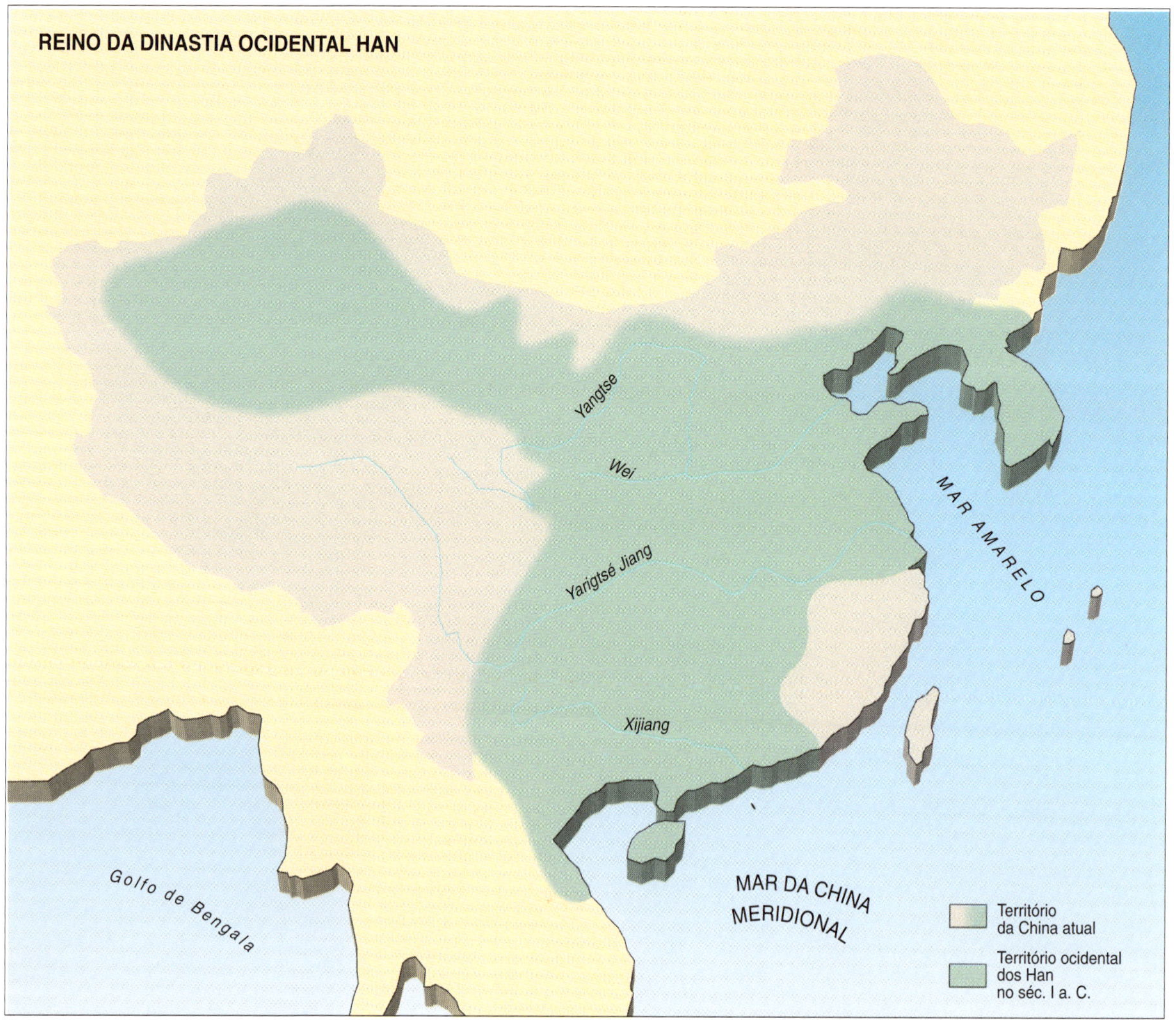

Em cima: mapa do período de máxima expansão do império Han ocidental, no século I a. C. Sob a direção do imperador Wu Di («Imperador Marcial»), os Han chegaram até a Coréia do Norte e a Manchúria do Sul e completaram a penetração na Ásia central, conquistando Pamir, até chegar ao atual Turquistão oriental.
À esquerda: pintura sobre azulejo da época Han, com uma cena de corte. Descoberto nas escavações de Luojiang e conservado atualmente no Museu of Fine Arts, de Boston.

a. C. transformara-se em seu aliado. Esta dinastia, também chamada Han anterior ou Han ocidental, durou até 8 d. C., quando caiu devido à usurpação de Wang Mang. Assim, Lü Bang, que depois de sua morte seria chamado de Alto Progenitor (Gaozu), desenvolveu uma intensa atividade de consolidação do império, tentando limar as asperezas internas e manter afastados os ataques externos. Depois de estabelecer a capital em Changan, voltou a criar o sistema dos reinos vassalos, que lhe permitia controlar as regiões distantes do centro do império, assegurando-lhe também a arrecadação dos impostos e o apoio de pessoas fiéis. Por isso, mais adiante procurou afastar os sete reis nomeados por ele, para colocar nesses lugares membros de sua própria família.

Na política externa teve que se confrontar com o perigo representado pelos povos nômades do norte, os Xiongnu, que penetraram profundamente em território chinês e saquearam-no. Incapaz de resolver o problema, o fundador da dinastia Han buscou uma via de convivência pacífica, oferecendo uma princesa chinesa para esposa do imperador dos Xiongnu. Esta política, aplicada também pelos seus sucessores, não serviu para manter os nômades distantes, que continuaram com as suas incursões. Com a morte de Lü Bang, em 195 a. C., a imperatriz Lu, mãe do herdeiro do trono, que ainda era uma criança, usurpou o poder a favor de sua própria família. Mas a conspiração fracassou e terminou com a sua morte em 180 a. C.: a facção favorável aos Han matou toda a família da imperatriz e elevou ao trono o herdeiro legítimo, filho de Lü Bang, com o nome de Wen Di (Imperador Culto).

Depois de algumas décadas, nas quais os distintos imperadores Han consolidaram seus domínios, Wu Di (Imperador Marcial) deu uma volta decisiva à situação. Durante seu longo reinado (141-87 a. C.) organizou várias campanhas militares para ampliar seus domínios, tanto nas regiões meridionais como, principalmente, nas setentrionais. No decorrer das campanhas contra a população nômade de Xiongnu, travou numerosas batalhas com uma grande perda de homens e meios e também organizou uma rede de alianças contra eles. Em particular, se uniu com algumas populações da Ásia central chamadas Yuezhi, que nesta época pressionavam os reinos gregos de Bactriana e o norte da Índia. Depois de numerosas tentativas, falhadas muitas vezes, em 119 a. C. conseguiu fazer com que as populações nômades retrocedessem até o deserto de Gobi. A expansão prosseguiu com a **conquista do estado de Choson**, que incluía a Coréia do Norte e o sul da Manchúria, e com a penetração na Ásia central, completada com o envio de dezenas de milhares de colonos chineses. Em 106 a. C., os chineses chegaram até o Pamir, no atual Turquestão oriental.

Na política interna, o imperador Wu Di foi centralista. Governou e controlou pessoalmente o enorme aparelho militar e burocrático do império, criando o cargo de conselheiro, um funcionário estatal encarregado de espiar e controlar os príncipes regionais. Promoveu uma intensa atividade de obras públicas, utilizando como mão-de-obra os presos, os prisioneiros de guerra e os camponeses, forçados a prestação de trabalho com o regime de corveias. Entre as realizações mais importantes de Wu Di, cabe citar a construção de uma extensa rede de canais navegáveis. O custo destas grandes obras públicas e das guerras externas contra os xiongnu obrigou Wu Di a buscar novas fontes de receita. Para isto, introduziu uma série de **monopólios**, como os de cunhagem de moedas de cobre, de produção de sal e, ainda, a obrigação de ter uma licença governamental para a elaboração e venda de determinados produtos, entre os quais as bebidas alcoólicas.

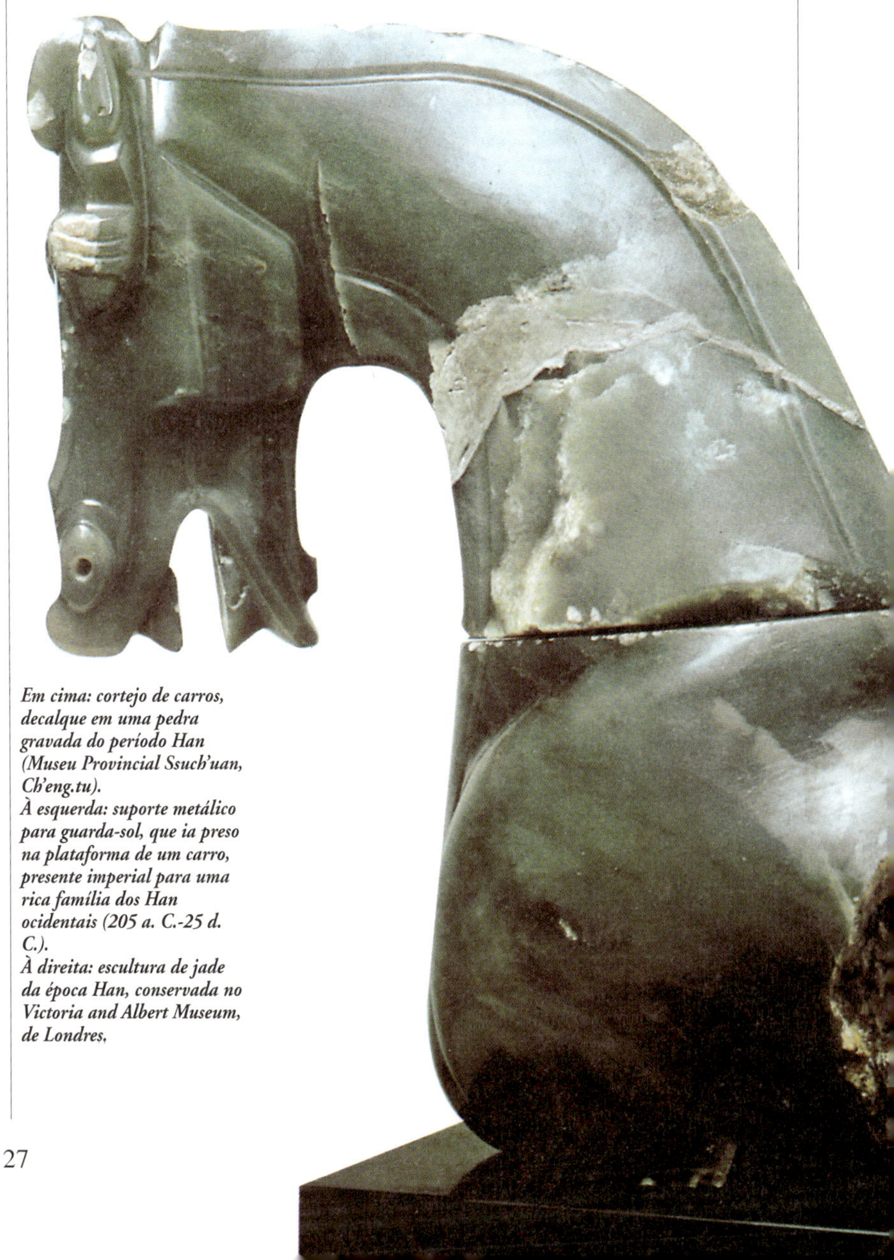

Em cima: cortejo de carros, decalque em uma pedra gravada do período Han (Museu Provincial Ssuch'uan, Ch'eng.tu).
À esquerda: suporte metálico para guarda-sol, que ia preso na plataforma de um carro, presente imperial para uma rica família dos Han ocidentais (205 a. C.-25 d. C.).
À direita: escultura de jade da época Han, conservada no Victoria and Albert Museum, de Londres.

Durante o governo dos sucessores de Wu Di agravou-se a luta pelo poder entre as facções e aumentou o confronto entre os altos burocratas e os eunucos, que não se limitaram ao controle do harém imperial e, com freqüência, graças à influência que exerciam sobre os membros da casa imperial, obtinham cargos importantes. Entre os sucessores de Wu Di, se destacou sobretudo Xuan Di (Imperador Compreensivo), que entre 74 e 48 a. C. aplicou uma política pacífica que permitiu diminuir parcialmente a pressão fiscal sobre a população. Mas nos anos seguintes o aumento da população, uma grave crise

econômica e a debilidade do poder central provocaram **uma série de graves revoltas** que propiciaram a subida ao poder do usurpador **Wang Mang** em 89 d. C. Este fundou uma nova dinastia, chamada **Xin** (nova) e quis criar um estado centralizado, inspirado nas idéias do confucianismo. Para este fim, contou com a ajuda de intelectuais confucianistas como Liu Xin. Para resolver os problemas econômicos, levou a cabo uma série de reformas de grande vulto, como empréstimos do governo aos agricultores, atribuição de um valor nominal à moeda, confisco de grandes latifúndios para repartir as terras entre os camponeses e ainda a proibição de escravos privados. Mas estas reformas fizeram com que as linhagens mais poderosas retirassem seu apoio ao usurpador e que não conseguisse resolver a difícil *crise econômica*. Além do mais, esta se viu agravada por uma **grande carestia,** causada principalmente pelos graves transtornos hidrogeológicos, como o transbordamento do rio Amarelo, que destruiu as colheitas em muitas regiões. Em 17 d. C. explodiu em Shandong uma revolta camponesa que, em pouco tempo, se estendeu a todo império. Os rebeldes, que pela marca que levavam receberam o nome de Sobrancelhas Vermelhas, estavam relacionados com uma sociedade secreta de inspiração taoísta. Logo conseguiram atrair para seu lado alguns descendentes da deposta dinastia Han, que se consideravam legítimos herdeiros do trono, e membros de grandes famílias prejudicadas pela política de Wang Mang. Em 22 d. C., a capital Changan foi conquistada e destruída, e o próprio Wang Mang foi obrigado a suicidar-se. Ao fim de três anos, Liu Xiu, um latifundiário descendente dos Han, ganhou a partida contra os outros pretendentes ao trono e começou a **segunda dinastia Han**, chamada **Han posterior** ou **Han oriental**. O imperador, que depois de morto foi chamado Guang Wu Di (Esplendoroso Imperador Marcial), trasladou a capital para Luoyang e durante todo o seu reinado, de 25 a 57 d. C., se dedicou principalmente à consolidação do governo central. Na política externa, ampliou os limites do estado, conquistando o sul da China e o norte do Vietname. Durante o reinado de seu sucessor, Ming Di (Imperador Iluminado), que reinou de 58 a 75, todos os esforços militares se concentraram na tentativa de derrotar os nômades do norte, que durante a rebelião dos Sobrancelhas Vermelhas haviam invadido as regiões fronteiriças, e na reconquista da Ásia central. O artífice destas campanhas vitoriosas foi o general Ban Chao, que primeiro conquistou o vale do Tarim, onde estabeleceu seu quartel-general, e depois, atravessando a cordilheira do Pamir, chegou até a região do mar Cáspio. Assim, o império Han chegou à sua máxima expansão ocidental. Tinha limites com o reino dos partos e já estava próximo do Império Romano, ao ponto de enviar uma expedição em busca de Da Qin (Império Romano), mas que não passou da Mesopotâmia e do Golfo Pérsico. Estas conquistas não se mantiveram depois da morte de Ban Chao (102 a. C.), apesar dos devotados esforços de seus filhos para controlar estes territórios.

À esquerda: ideogramas da dinastia Han. Os dois signos superiores designam, respectivamente, as palavras «oriental» (esquerda) e «ocidental» (direita); os dois signos inferiores são iguais e designam a palavra «Han». A leitura é vertical.
Embaixo: bruxo numa dança protetora. A terracota procede de uma tumba do período Han.
À direita: retrato da heroína Cai Wan Ji, com o gorro de pele usado pelos bárbaros e uma taça de estilo Han. Período dos Han orientais (25-200 d. C.).

Durante a dinastia de Han, a **influência da China sobre a Coréia se reforçou,** e em torno de 190 a. C. o trono de Choson foi usurpado por Wei Man, um homem dependente da China, que estabeleceu a capital perto da atual Pyongyang e controlou grande parte da península coreana. Muitos anos depois, em 108 a. C., Wu Di, o imperador Han, acabou com o reino de Choson e criou quatro presídios militares na Coréia do Norte. Em 75 a. C., devido à resistência dos nativos, os presídios se reuniram sob o comando único de Lolang. Neste período, os três estados setentrionais de Pyön-han, Mahan e Sin-han conservaram sua autonomia.

A partir do século II a. C., a antiga cultura Jomon foi substituída gradualmente por uma nova civilização que se desenvolveu, principal-

À direita: cortejo de dignitários em suas carroças. A obra é do período dos Han orientais. A pintura deste período se conhece graças às composições gravadas nas lápides ou pintadas em azulejos (que são um bom exemplo da qualidade da cerâmica da época). Embaixo, à direita: guerreiro, estátua da época Han (Museu Cernuschi de Paris).

mente, na zona ocidental do Japão, de Kyushu a Kanto, onde era mais forte a influência das trocas comerciais e culturais com as sociedades mais evoluídas do vizinho continente asiático. Esta cultura, que convencionalmente se chamou «cultura Yayoi», por causa do nome de uma das principais jazidas arqueológicas, situada no bairro homônimo da cidade de Tóquio, se caracteriza principalmente pelo domínio notável da metalurgia, especialmente das técnicas de elaboração de bronze. Os arqueólogos, de acordo com a distribuição dos objetos de bronze achados nos principais assentamentos conhecidos, reconheceram a presença da cultura Yayoi em três amplas zonas, tendo cada uma características especiais. Uma delas ocupava a parte setentrional de Kyushu, outra, a zona central de Kinki, a oeste do mar Interior, e a terceira, o Kanto. A partir do século I a. C., os contactos cada vez mais intensos e freqüentes com o noroeste da Ásia e principalmente com a Coréia provocaram o aparecimento e o desenvolvimento de uma nova fase cultural, que em muitas regiões se sobrepôs gradualmente à cultura Yayoi, trazendo mudanças significativas à ordem social anterior. Destinada a perdurar por muito tempo (pelo menos até o século VII, segundo os estudos mais recentes), esta etapa se chama «cultura das tumbas», já que se caracteriza pela presença de gigantescos túmulos funerários com as tumbas dos chefes guerreiros, sepultados com suas armas e ricos enxovais. Segundo alguns especialistas, isto demonstra que se tratava de uma sociedade aristocrática organizada com uma rígida ordem hierárquica.

AS ORIGENS ÉTNICAS DA POPULAÇÃO JAPONESA

Sabemos muito mais sobre os produtos materiais das culturas japonesas primitivas do que sobre as origens étnicas dos grupos humanos que as criaram. Antes se pensava que as populações yayoi eram os progenitores dos japoneses modernos, e os povos jomon dos ainos, que atualmente vivem em regiões isoladas de Hokkaido e nas ilhas do norte.

Os ainos são muito interessantes, já que a abundância de pêlo no rosto e corpo denota uma origem protocaucásica ou, com mais probabilidade, a sobrevivência de um tipo humano primitivo em que estão mescladas várias características étnicas. A antropologia física estabelece alguns problemas. Os esqueletos jomon são distintos tanto dos atuais japoneses como dos ainos. Somente em níveis arqueológicos posteriores os restos humanos revelam características similares às de ambos os grupos. Evidentemente, a evolução dos japoneses atuais e a dos ainos é o resultado de cruzamentos étnicos sucessivos, e provavelmente de algumas mudanças corporais devidas à variação das condições de vida. O cruzamento entre as raças deve ter sido importante. A presença de sangue aino é provavelmente a razão pela qual os japoneses possuem um sistema pilífero mais importante do que em outros mongóis, mas não explica necessariamente sua estatura mais pequena, nem o fato de, em geral, serem mais escuros que os outros grupos da Ásia oriental, de quem se podem considerar mais afins, pelo menos de acordo com os dados arqueológicos. Estas características revelam a presença de sangue do ramo asiático sul-oriental. Os testemunhos etnográficos fazem pensar que algumas características culturais do Japão podem indicar afinidades com os países da Ásia sul-oriental, mais do que com os da Ásia norte-oriental.

Além do mais, alguns lingüistas afirmam que no vocabulário japonês existem alguns elementos que o relacionam com as línguas da Ásia sul-oriental. Por isso, podemos supor com certa segurança que os componentes cultural e étnico dos japoneses primitivos têm uma origem tanto «meridional» como «setentrional». Sem dúvida, isto não justifica a teoria popular de que os japoneses emigraram da Indonésia ou das Filipinas, favorecidos pela corrente do Japão. Tudo o que podemos dizer é que os japoneses primitivos, assim como suas culturas pré-históricas, eram claramente de origem mista.

E. O. Reischaner e J. K. Fairbanck, Storia dell'Asia orientale, I, La grande tradizione, trad. de G. Rovida, Einandi, Turim, 1974, pp. 536-537

Depois da morte de **Aœoka** (232 a. C.), o grande imperador da dinastia Maurya, começou um período de decadência e fracionamento do antigo império em pequenos estados. Os descendentes repartiram algumas regiões do reino, enquanto que as províncias periféricas procuraram ser independentes. A dinastia Maurya se extinguiu em 85 a. C., quando o último representante, Brhadratha, foi assassinado por ordem de um de seus generais, **Pusyamitra,** que iniciou a **dinastia Œunga.** Esta dinastia permaneceu no poder mais de um século e findou em cerca de 80 a. C., quando seu último representante foi assassinado pelo ministro Vasudeva. O usurpador deu origem à dinastia Kânva, que deteve o poder durante um curto período, até 28 a. C.

Ao lado: elefante, estatueta em arenito (séc. I d. C.) procedente de Mathura (coleção particular). O elefante, o animal mais querido dos hindus, se encontra na sua literatura religiosa, nas esculturas e na pintura e quase sempre é representado com muita simpatia e senso de humor; é uma boa prova o da foto (cerca de 26 cm) adornado com fileiras de guizos no pescoço, no rabo e em torno dos tornozelos.
Esquerda: falera greco-bactriana em prata (meados do séc. II a. C.) com elefante de combate (Ermitage, Sampetersburgo).

O nome de Pusyamitra está relacionado com as lutas contra a **invasão** dos povos de cultura grega da Báctria, os chamados **indo-gregos.** Estas lutas nem sempre acabaram em vitória, porque Pusyamitra não foi capaz de controlar a extensa zona situada ao norte de Mathurâ. Com efeito, os reis indo-gregos, que aparecem nas fontes literárias hindus com o nome de Yavana, conseguiram introduzir-se na região e exercer seu domínio durante muito tempo, em amplas zonas do norte da Índia e do atual Afeganistão. A conquista começou em torno de 183 a. C., quando o rei **Demétrio** e seu irmão **Apolodoro,** procurando superar a extraordinária façanha

de Alexandre Magno, partiram de Báctria com suas tropas, guiadas pelo valoroso **general Menandro,** e atravessaram a cordilheira do Hindukush. Em pouco tempo Demétrio conquistou todo o Gandhâra, estabeleceu sua capital em Sirkap, perto de Taxila, e seguiu o curso do Indo até chegar ao importante porto de Patala, que foi ocupado e rebatizado Demétria em homenagem a seu conquistador. De sua parte, Apolodoro se dirigiu para leste, de onde provavelmente conquistou o porto de Barygaza, um dos centros mais ativos de intercâmbios comerciais, e a área de Gwalior, incluindo sua capital, Ujjayinî. Paralelamente o general Menandro, invadindo profundamente a bacia do Gânges, tomou a importante cidade de Pâtaliputra. Mas a ofensiva destes três caudilhos viu-se freada tanto pela tenaz resistência do rei œunga Pusyamitra, que em várias ocasiões conseguiu vencer o exército dos invasores, como, sobretudo, por um golpe de estado imprevisto em Bactriana, onde um aventureiro chamado **Eucrátides** tomou o poder aproveitando a ausência do rei. Demétrio nomeou vice-reis Apolodoro e Menandro, deixando o primeiro à frente da região do Indo e o segundo a cargo do Punjabe, e voltou precipitadamente à sua pátria para enfrentar o usurpador. Pouco depois, após a morte, em batalha, de Demétrio, seu irmão Apolodoro se viu obrigado a abandonar os territórios recém-conquistados e voltar a Bactriana, onde também encontrou a morte, assassinado por Eucrátides. Devido a estes fatos surgiram **dois novos reinos de tradição e cultura helênica.** O primeiro, que compreendia Bactriana e parte dos territórios conquistados por Demétrio e Apolodoro, foi governado por Eucrátides e seus sucessores. Depois de conter com enorme esforço o expansionismo dos reis partos, que naquele período tentavam impor sua hegemonia na Ásia central, o estado de Bactriana acabou cedendo às **incursões dos œaka,** um povo nômade procedente da Ásia Central que na segunda metade do século II a. C. ocupou definitivamente seu reino. No noroeste da Índia, Menandro aproveitou a situação favorável criada pelas mortes de Demétrio e Apolodoro para criar um novo estado na região de Punjabe, e reinou de 166 a 150 a. C. ou, mais provavelmente, de 155 a 130 a. C. (não existe concordância sobre a data), chegando a ter grande fama de soberano

justo e sábio. Com o nome de **Milinda** é recordado no *Milindapañha*, um texto literário hindu em que o rei dialoga com o monge Nâgasena, que o inicia no budismo. É possível que tivesse sido convertido a esta religião, já que em algumas moedas emitidas por ele aparece o *Dharma-Chakra* (a roda da lei) e suas cinzas foram espalhadas por todas as cidades do reino, de acordo com o ritual budista.

Durante o século II a. C., várias tribos nômades, entre as quais se encontravam os hiung-nu (hunos) e os **œaka,** se deslocaram a partir da Ásia central. Em pouco tempo, os œaka ocuparam a zona oriental da planície iraniana e Bactriana. Selaram uma aliança com a tribo dos citas e lutaram durante muito tempo contra os partos, até que nas primeiras décadas do século I a. C. pactuaram com eles, aceitando, pelo menos formalmente, sua soberania e estabelecendo-se ao sul do Afeganistão.

Outras tribos œaka chegaram mais ao sul, invadindo profundamente o vale do Indo até tropeçarem com os reinos dos monarcas indo-gregos. Durante o reinado de seus primeiros reis, Maues e Azes, os œaka criaram um reino no nordeste e centro da Índia e eliminaram os reinos indo-gregos, se bem que conservaram em sua cultura muitos aspectos da civilização grega.

Seu reino tinha as características de um **estado confederativo** e suas estruturas e denominações refletem a influência do povo persa. Assim, por exemplo, o monarca supremo ostentava o título de rei dos reis *(sabanu sabi)*, e os governadores das províncias o de sátrapa *(kṣatrapa)*. Esta estrutura confederativa, que favoreceu as províncias periféricas, foi a causa do enfraquecimento do reino œaka. No começo do século I d. C. subiu ao trono **Guduphara,** um rei de estirpe indo-parta, que reinou de 20 a 46 d. C. e estabeleceu sua capital em Taxila. Na tradição cristã ele é identificado como Gaspar, um dos três Reis Magos, porque São Tomás havia vivido em sua corte pregando a religião cristã. É um interessante testemunho da difusão do cristianismo nesta área e das relações da Índia com as regiões ocidentais.

No início do século I d. C., Kadfises I, chefe dos kuṣâna, reuniu as tribos dos *jüeh chich,* populações nômades procedentes das zonas centrais da Ásia e que haviam ocupado Bactriana, criando o **reino kuṣâna.** Este povo, liderado por Kadfises I e a seguir por seu filho Kadfises II, submeteu uma extensa zona que abarcava desde a Ásia central até o norte da Índia, fundando um império administrado por meio de vice-reis. Mas o rei kuṣâna mais famoso foi **Kaniṣka,** que ampliou o império, aumentando seu poderio político e militar e, além disso, procurou estimular o comércio com o Ocidente, sobretudo com o Império Romano, abrindo novas rotas e percursos que evitavam a intervenção e o controle dos partos. No terreno religioso Kaniṣka, que é considerado como um dos principais reis budistas, esteve aberto às contribuições de todas as religiões praticadas na Índia e seus arredores, e sua tolerância propiciou uma paz interna duradoura.

Este rei deu **um grande impulso às artes figurativas,** promoveu a arte de Gandhâra e favoreceu a consolidação de Mathurâ, que pretendia revitalizar com novos modelos expressivos os temas e conteúdos tradicionais do patrimônio artístico hindu. Por último, com Kaniṣka começou na Índia uma nova era, em relação com a era œaka. Seu início costuma ser fixado em 78 d. C., ainda que esta data não seja segura.

Acima: rapaz sustentando uma guirlanda, estatueta em xisto verde (arte de Gandhara) (Museu Nacional de Arte Oriental, Roma). Esquerda, em ambas as páginas: lado interior do portal (torana) norte (séc. I a. C.) do stupa I de Sanchi; nos baixos-relevos, episódios relativos às vidas de Buda (nas arquitraves) e representações simbólicas (nos elementos cúbicos que separam as arquitraves entre si). O núcleo inicial deste grande stupa remonta ao rei Aœoka (séc. III a. C.), mas foi ampliado e adornado com os quatro portais (toranas), que compreendem as esculturas budistas mais antigas depois das do stupa de Bharbut e as da balaustrada de Bodh Gaya.

No Alasca evoluíram algumas culturas locais, em particular a chamada **Norton,** que parece ter sido iniciada no século V a. C., tendo durado até finais do século I a. C. Esta cultura se caracteriza por uma importante produção de pequenos utensílios de pedra, trabalhados com esmero, e por um tipo de cerâmica decorada com formas quadradas e perdurou até finais do século I a. C.
Propagou-se desde o estreito de Behring até ocupar grande parte da costa do Alasca. A partir dela se originou a chamada cultura **Ipiutak,** muito duradoura, com um uso limitado da cerâmica e dos instrumentos de pedra. No início do primeiro milênio d. C., na zona do estreito de Behring, apareceu a cultura **Thule,** também chamada **marítima do norte,** muito relacionada com a caça dos mamíferos marinhos. Por este motivo foram aperfeiçoados os arpões de osso, que podiam ter cabeça móvel.

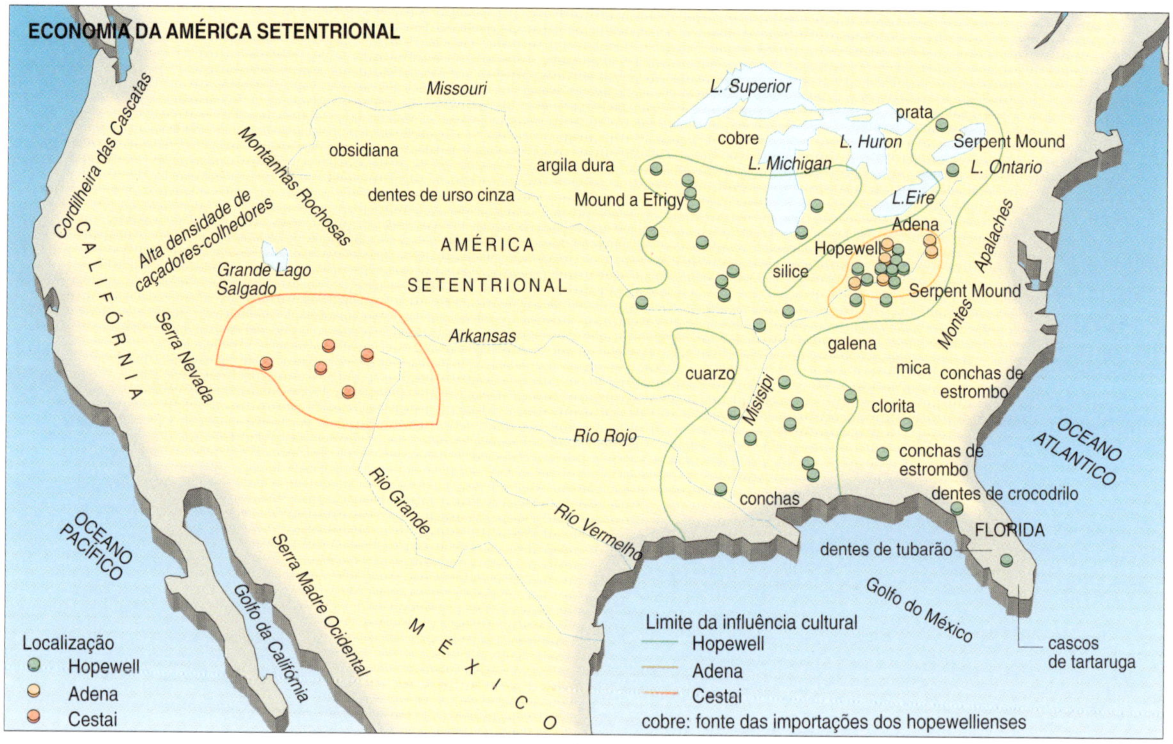

Nas zonas orientais da América do Norte, sobretudo no atual Ohio, a partir de 100 a. C. floresceu uma cultura chamada **Hopewell** em função do nome da principal reserva arqueológica. Seu desenvolvimento está documentado por numerosos assentamentos que se estendem por amplas superfícies e se caracteriza pela presença de aterros que rodeiam grandes espaços de forma circular, quadrangular e poligonal e também pelo uso de túmulos funerários com cúpula.
Os materiais achados nas sepulturas mostram que a cultura Hopewell se inseria ativamente numa importante rede de trocas comerciais com regiões vizinhas e distantes, exercendo uma grande influência sobre as culturas limítrofes. Este tipo de sociedade aparece, com as devidas diferenças das condições locais, em outras regiões norte-americanas, como o vale de Illinois, Iowa, Kansas e Oklahoma. Nos grandes bosques situados a oeste dos montes Apalaches, em torno do século I d. C. floresceu a cultura **Adena,** que se caracteriza pelo levantamento de monumentais aterros de caráter funerário. Por outro lado, nas áreas sudoeste se desenvolveram várias culturas destinadas a permanecerem por muito tempo.

Nas zonas desérticas do sul do Arizona, no início do século IV d. C. apareceu uma fase cultural chamada de **Hohokam,** com populações dedicadas à agricultura, em particular ao cultivo de milho, cucurbitáceas e legumes, com técnicas bastante evoluídas, como o uso de canais artificiais e leiras (bancos de terra para plantio).
Semelhante a esta é a cultura **Mogollon,** nome proveniente da zona montanhosa onde surgiu, no início do século I d. C., situada entre o Arizona e o Novo México. Era uma sociedade sedentária dedicada à agricultura e, em menor escala, à colheita e à caça, com pequenos assentamentos formados por pequenas choças meio enterradas. Por outro lado, a introdução do milho no pequeno planalto do Colorado assinala a passagem de uma economia baseada na colheita e na caça para outra, baseada na agricultura.
Esta fase, chamada dos **cesteiros** I e II *(basketmakers)* pela especial habilidade com que as cestas e outros objetos estão trançados, também começou em torno do século I d. C.
Os cesteiros caçavam com armadilhas, lanças e azagaias lançadas por propulsores, cultivavam milho e cucurbitáceas, construíam cabanas de madeira e barro e teciam com fibras vegetais.
Os núcleos habitados estavam perto dos vales férteis, adequados para a agricultura e, freqüentemente, por motivo de segurança, as casas eram construídas em meio de ravinas naturais defendidas por penhascos rochosos.

***Acima:** a economia das primeiras culturas da América Setentrional. Nas regiões orientais e nas do sudoeste, os frutos comestíveis silvestres continuaram sendo uma parte importante da alimentação, inclusive depois da introdução de cultivos como o milho, as favas e a abóbora.*
Na Califórnia, a grande variedade de ecossistemas nutria mais de 500 povoações diferentes, especializadas na caça, na colheita e na pesca; a área desértica de Great Basin, pelo contrário, estava habitada por grupos pouco numerosos de coletores que exploravam, inclusive, os frutos aquosos sazonais.
***Esquerda:** a área arqueológica de Monte Albán, no México.*

Na área mesoamericana prosseguiu o desenvolvimento das culturas pertencentes ao período do **formativo** ou **pré-clássico** (2500 a. C.-300 d. C.), que foram abandonando lentamente o cultivo de plantas de raiz, para passar ao cultivo mais produtivo do milho. As aldeias primitivas foram se transformando, pouco a pouco, em cidades com traçados urbanísticos complexos, como no **Monte Albán**, na região mexicana de Oaxaca, que no início do século II a. C. era uma povoação importante de 15 000 habitantes, cujo auge esteve relacionado com a incessante decadência da **civilização dos olmecas.** Outros centros importantes foram Tres Zapotes, Cuicuilco e, principalmente, Teotihuacán. Monte Albán era o centro religioso dos **zapotecas,** população de origem incerta que, pelo menos em suas épocas iniciais, tem alguns pontos em comum com os olmecas, como o culto ao deus jaguar. Usavam uns sinais gráficos que constituem um dos tipos de escrita mais antigos do continente americano. Com eles registravam dados referentes a um antigo calendário ritual de 260 dias que posteriormente seria assimilado por outras civilizações.

Mais ou menos nesse mesmo período se desenvolveu **Teotihuacán,** o assentamento que em pouco tempo se converteu numa das principais cidades do continente americano. Nasceu ao redor de uma cova que era um importante centro de culto para os indígenas, pois era considerada o lugar do nascimento do Sol e da Lua. Rapidamente Teotihuacán aglutinou as populações dispersas dos arredores. A cidade foi crescendo durante o século I a. C., época na qual foram erigidas as pirâmides monumentais (do Sol e da Lua) e construídos alguns bairros com armazéns e mercados (dos quais não restou nenhum rastro).

Mais ao sul, na península de Yucatán e no planalto da Guatemala, os principais centros políticos e religiosos da **civilização maia,** que remonta a vários séculos antes, começaram a ter um traçado urbanístico preciso, com templos, edifícios públicos e pirâmides localizados no meio de grandes esplanadas. É o período cultural que se costuma denominar protoclássico. Os principais assentamentos deste período são Uaxactun e Tikal. Nesta última cidade se empregou uma solução arquitetônica original, que seria depois muito utilizada, a falsa abóbada ou abóbada «de consolo», que primeiramente foi aplicada em construções funerárias e depois em toda arquitetura monumental.

Acima: ***mapa com as áreas de difusão e os nomes dos povos e culturas da América Central.*** ***Direita: jaguar com colar (200 a. C.-200 d. C.); argila revestida de estuque, com vestígios de policromia, procedente do Monte Albán (Museu Nacional de Antropologia, Cidade do México). Trata-se de uma urna funerária ou canopo em forma de jaguar, com um colar característico decorado de afresco. Segundo os arqueólogos, simbolizaria a terra e a morte. É obra de um artista zapoteca muito ligado ainda à cultura olmeca, do período denominado de Monte Albán II.***

OS PROBLEMAS CRONOLÓGICOS

Para conhecer o desenvolvimento das civilizações americanas tropeçamos com o obstáculo da falta de referências cronológicas precisas que nos sirvam para delimitar sucessivamente as diferentes fases da evolução cultural dos povos. Isto poderia parecer estranho, dado que algumas culturas, sobretudo as mesoamericanas, elaboraram complicados calendários e engenhosos métodos de contagem do tempo. Mas, antes de tudo, devemos ter em conta que, muitas vezes, estes calendários só são válidos num âmbito local restrito e, além disso, nem sempre é fácil determinar o ponto de partida de uma cronologia. O exemplo mais característico destes problemas é proporcionado pela cronologia da civilização maia, cujas datas, precisamente pelos motivos citados, podem variar numa diferença de até 260 anos. Hoje em dia se prefere situar o ponto de partida da cronologia maia em 3113 a. C., enquanto que o ponto zero da chamada longa contagem deveria situar-se uns 260 anos antes. Isto, sobretudo, com base nos dados astronômicos descritos nas inscrições, que têm sido comparados depois de feitos os cálculos pertinentes. Para obviar estes problemas, principalmente no caso de civilizações que não deixaram nenhum tipo de testemunhos escritos, se recorre a outros métodos. Por exemplo, para determinar a data das estruturas das aldeias em que viveram os povos do sudoeste americano, se utilizou a dendrocronologia: quando se examina o número e a espessura dos anéis de crescimento anual de um tronco, é possível saber, depois de um conjunto de comparações que permitem sobrepor séries sucessivas, o ano em que a árvore foi cortada. Assim se conseguiu obter uma datação muito precisa para estas culturas a partir do século I a. C.

Na **região andina,** no ano 200 a. C., a antiga cultura de Chavín foi gradualmente substituída por algumas civilizações emergentes, que se desenvolveram com características próprias, num âmbito regional mais restringido. Ao longo da costa norte do atual Peru, inicialmente nos vales de Moche e Chicama, começou a desenvolver-se a **civilização mochica,** caracterizada pela presença de importantes núcleos urbanos. Era uma sociedade próspera, dedicada a um tipo de agricultura muito evoluída e especializada, graças ao uso de grandiosas obras de irrigação, com uma forte diferenciação social. Parece que exercia uma destacada influência a classe militar, à qual devia a expansão para áreas limítrofes, conquistadas com a submissão violenta das populações vizinhas. Por outro lado, ao longo da costa sul, nos áridos vales de Pisco, Chincha, Ica, Palpa e Nasca, os **nascas** recolheram e desenvolveram alguns dos elementos típicos da cultura que tinha se estabelecido na península de Paracas. Tratava-se de populações sedentárias, cujos assentamentos não possuíam os edifícios monumentais típicos de outras culturas sul-americanas. Ao que parece, sua estrutura social era bem simples e praticavam uma agricultura muito pobre, por causa da grande aridez de suas terras. Na extensa bacia do **Amazonas,** a partir do século II a. C., apareceram várias formas de civilização cujo ritmo de desenvolvimento foi muito mais lento do que no resto do continente e ainda hoje estão sendo pesquisadas. Em geral, se tratava de populações seminômades que viviam em assentamentos formados por grandes cabanas. Sua economia se baseava na colheita, na caça e, acima de tudo, no cultivo da mandioca, em suas variedades doce e amarga. Deste produto, com diferentes processos de transformação, obtinham uma polpa comestível que se cozia em recipientes adequados, uma espécie de goma espessa, um suco venenoso e inclusive, mediante a destilação, uma bebida parecida com a cerveja. As principais culturas foram a **hupa-ya** do rio Ucayali, a **yasuni** dos rios Pastaza e Napa, e a **paredao** na Amazônia central e meridional.
Atualmente se continua discutindo a sua interpretação, já que ainda não foi possível saber se se tratava de civilizações primitivas influenciadas pelas contribuições de culturas mais evoluídas ou se constituíram o momento inicial do desenvolvimento de civilizações muito avançadas, como a de Chavín.

A partir do século II a. C., a expansão dos romanos no Mediterrâneo e a criação de novas províncias propiciaram a afluência de grandes riquezas a Roma, que transformaram radicalmente a vida econômica e social. Um dos fenômenos mais destacados foi, sem dúvida, a **enorme exploração de mão-de-obra escrava.** Com efeito, as guerras de conquistas e as incursões dos piratas introduziram no mercado um grande número de escravos, a um preço médio muito baixo e com gastos de manutenção mínimos, já que não tinham direitos e eram considerados utensílios com a capacidade de falar. Foram utilizados em grande escala não somente para realizar os trabalhos mais duros e perigosos – nas pedreiras e minas ou na agricultura e pecuária –, mas também na atividade industrial, competindo com os trabalhadores livres, com graves conseqüências sociais. Por outro lado, durante este período a agricultura viveu importantes mudanças. Em primeiro lugar, a pequena e a média propriedades passaram por uma dura crise, em parte porque a cultura da terra se ressentiu com a presença durante anos das tropas de Aníbal na Itália e também porque durante a guerra os camponeses foram obrigados a prestar o serviço militar, permanecendo muito tempo longe de suas terras. Somava-se a isto o benefício da concessão de grandes extensões a particulares, convertidas em propriedade de estado em função das conquistas *(ager publicus),* o que favoreceu a concentração das propriedades rurais nas mãos de uns poucos latifundiários. Tudo isso provocou um **êxodo em massa de agricultores** para Roma, ao mesmo tempo que se desenvolvia o **latifúndio,** principalmente no sul da Itália. Graças ao emprego de numerosos escravos, fizeram-se extensos cultivos de cereais e conseguiram-se boas margens de lucro com o pastoreio. Em compensação, em outras zonas, como na Itália central e na Campânia, se desenvolveu um tipo de agricultura mais especializada, com fazendas em que os escravos eram dirigidos por um homem de confiança do proprietário (geralmente um escravo ou um antigo escravo, *vilicus*).Os **cultivos** eram **intensivos,** particularmente videiras e oliveiras, e os produtos de transformação, sobretudo o vinho, se comercializavam não só na Itália, como também nos mercados das províncias. Por isso, desde o final do século II a. C., o **comércio** alcançou um grande desenvolvimento e os mercadores italianos abriram suas agências nos principais centros do Mediterrâneo, como o porto de Delos.

Das províncias se **importavam matérias-primas** (prata, ferro, chumbo, peles, lã, linho, mármore), escravos, artigos de luxo e obras de arte, já que na Itália se fabricavam e **exportavam** principalmente vasos de cerâmica e bronze, instrumentos de ferro e produtos alimentícios. Esta economia saneada, favorecida também pela política expansionista da dinastia Júlio-Cláudia, se manteve até quase o final do século I d. C., quando começaram a notar-se os primeiros sintomas de **recessão** econômica. Com efeito, as províncias, que até então tinham sido mercados privilegiados para as mercadorias de procedência itálica, pouco a pouco foram se dotando de importantes centros de produção, capazes não só de satisfazer completamente a procura interna, como também de exportar seus produtos manufaturados para a própria Itália.

A ordem social também experimentou importantes mudanças, com a formação de uma sociedade bastante complexa e vertebrada. No topo se encontrava a **oligarquia nobiliária,** um restrito grupo de pessoas pertencentes a uns poucos núcleos familiares que, graças a seu poder econômico e a seus contactos políticos, controlavam o acesso às mais altas magistraturas, entre elas, o Senado. Imediatamente abaixo, estava a **ordem eqüestre** dos empresários que, com o comércio, a indústria, os contratos de obras e as provisões públicas e a arrecadação de impostos, representavam uma potência financeira. Dado que a oligarquia nobiliária, zelosa dos seus privilégios, praticamente os excluía da vida política ativa, raras vezes algum de seus representantes acedia às mais altas magistraturas. Quando isto acontecia, se chamava *homo novus.* A camada mais baixa era o povo (plebe), formada por todos os homens livres, que gozavam de direitos

Acima: baixo-relevo da época imperial que representa a oficina de um ferreiro (Museu Arqueológico Nacional, Aquiléia). À esquerda se vê um jovem aprendiz; no centro, o ferreiro e, à direita, uma pinça, um martelo, uma faca e uma serra.
À esquerda: uma moeda de Augusto (em cima) com uma figura de crocodilo, que celebra a conquista do Egito, e uma moeda comemorativa do fim da guerra social (embaixo).
Ao lado: baixo-relevo com a oficina de vendedor de tecidos (séc. II a. C.) (Museu da Civilização Romana, Roma).
Na próxima página, em cima, à direita: condução de escravos, detalhe do friso da sala C da Farnesina (época augusta) (Museu Nacional Romano, Roma).

A FAZENDA

Marco Terêncio Varrão, um erudito que viveu no final do século I a. C., escreveu numerosas obras, mas a maioria se perdeu. Entre as poucas que chegaram até nós, destacam-se seus três livros de agricultura, nos quais se pode ler esta detalhada explicação sobre a organização de uma fazenda:

«Na fazenda, os estábulos têm que estar construídos de modo que os do gado bovino se encontrem em um lugar quente no inverno. É preciso que os produtos líquidos, como o vinho e o azeite, e os seus recipientes se conservem em armazéns planos, já que os produtos secos como as favas e o feno têm que ser colocados em celeiros. Também tem que ter locais apropriados para que os escravos, quando estiverem exaustos pela fadiga, pelo frio ou pelo calor, possam descansar comodamente. O quarto do fazendeiro tem que estar junto da porta de entrada, para que possa saber quem entra ou sai pela noite e o que leva, principalmente se não tiver um vigilante. A cozinha tem que estar próxima, porque no inverno, antes do amanhecer, são feitas ali algumas tarefas, a comida é preparada e se come. Para os carros e ferramentas da fazenda, que podem se deteriorar com as intempéries, tem que ser preparadas coberturas suficientemente grandes no pátio [...] Numa propriedade rural grande, é bom que haja dois pátios, um interior, com um bebedouro que recolha a água da chuva e que possa converter-se em uma espécie de piscina, colocando colunas ao redor. Ali, no verão, os bois bebem água depois da volta dos campos, e se lavam os gansos, os leitões e os porcos que voltam dos pastos. No outro pátio, mais externo, deve haver um pilão onde se possa macerar os tremoços e outros produtos, que se aproveitam melhor depois de colocá-los em água [...] Também é preciso construir uma nave para se colocar e cobrir todos os cereais maduros [...] Tem que estar perto da área onde se debulha o trigo.»

Marco Terêncio Varrão, A agricultura.

políticos ativos e passivos, já que a falta de meios econômicos os impedia, de fato, de aceder aos cargos públicos. Dentro desta classe, os deserdados se chamavam **proletários**, porque seu único patrimônio era a prole. Estavam à margem da produção devido à concorrência da mão-de-obra escrava; levavam uma existência parasita e dependiam das distribuições gratuitas de cereais. Além do mais, formavam uma massa fácil de ser manipulada pelos políticos ambiciosos e astutos, em cujas mãos se colocavam, convertendo-se em seus «clientes» em troca da proteção e da manutenção diária, em dinheiro ou comida.

À esquerda e embaixo: maquete e planta da vila de Boscoreale em Pompéia, exemplo de fazenda modelo romana, parecida com a descrita por Varrão em seu tratado de agricultura. 1) triclínio; 2) padaria; 3) banheiros; 4) cozinha; 5) casa do fazendeiro; 6) estábulos; 7) pátio; 8) lagares; 9) armazém para os barris de vinho e azeite; 10) prisão para os escravos; 11) nave para a prensa das azeitonas; 12) celeiro; 13) espaço para debulhar.

Um grupo social que a partir do século I a. C. teve cada vez mais peso, pela sua importância numérica e suas possibilidades econômicas, foi o dos **libertos**. Era constituído pelos escravos libertados por seus próprios amos, que, segundo o direito romano, tinham os mesmos direitos que os cidadãos livres, ainda que não pudessem aceder aos cargos públicos, o que, contudo, era permitido a seus filhos. Na época imperial, sobretudo durante o principado de Cláudio, alguns destes libertos ocuparam cargos importantes na burocracia estatal.

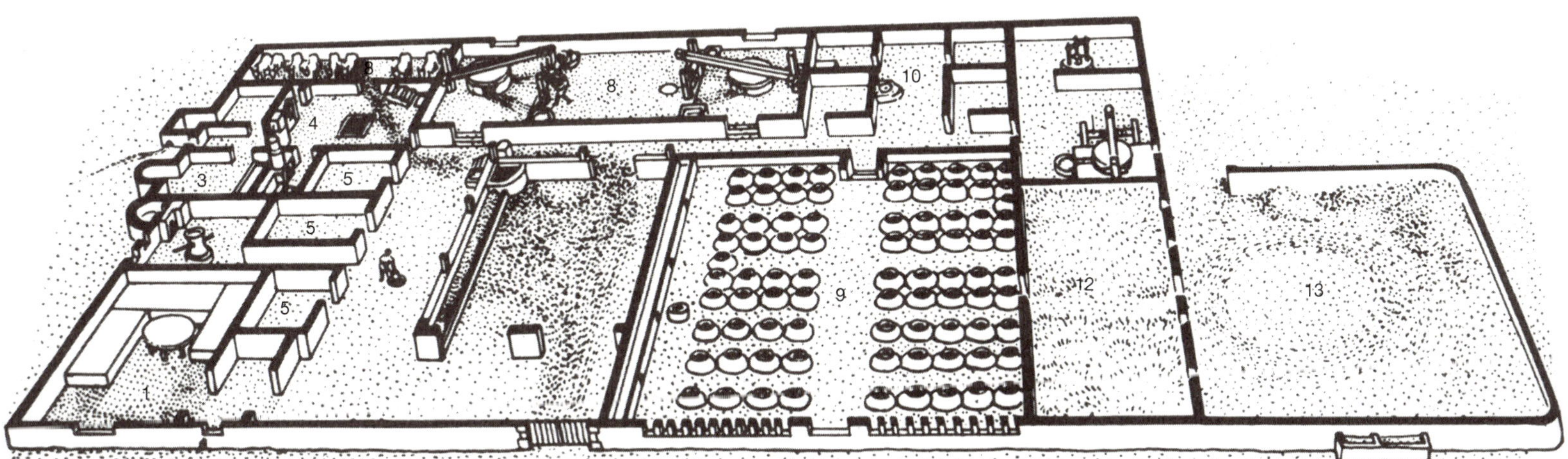

Nos povoados celtas fortificados *(oppida)* do século II a. C. se praticava a **agricultura** cultivando cereais, principalmente cevada, e em menor quantidade, de acordo com as regiões, cevada, escândea e legumes. Criavam-se vacas, animais de curral e porcos e, em menor quantidade, ovinos e eqüinos. Nestes assentamentos também se desenvolveu o artesanato, sobretudo o trabalho em madeira, a construção de edifícios, carros e barcos, os tecidos de linho e lã e a elaboração de metais, em particular a forja do ferro. Merece ser destacada a produção de **objetos de pasta de vidro,** sobretudo braceletes, com suas variadas cores e notável refinamento, sinal de que se havia alcançado um elevado nível tecnológico. Com a conquista romana, essas atividades viveram uma rápida evolução. **A agricultura se especializou** e era praticada de modo intensivo. Nas zonas do sul, onde o clima era mais suave, cultivavam-se oliveiras e videiras, enquanto no norte cultivavam-se cereais em grande escala. Também se aperfeiçoou o **gado** e as **atividades de transformação** relacionadas com ele. Alguns produtos, como a carne embutida ou o fígado de ganso, tinham uma aceitação muito boa na Itália. Algumas formas de artesanato se transformaram em verdadeiras **atividades industriais,** como no setor têxtil, principalmente a produção de lã e linho, cujos produtos eram exportados para países distantes. Também foi singular o desenvolvimento da cerâmica. Depois de um período em que as baixelas de mesa eram importadas da Itália, com preferência pela cerâmica *sigillata* de Arezzo, pouco a pouco foi se conseguindo uma produção autônoma. Provavelmente o impulso inicial foi dado pelas «filiais» das principais fábricas aretinas, que usavam mão-de-obra e técnicas procedentes da Itália (por exemplo, os moldes para a produção de objetos em série). Rapidamente foram crescendo importantes centros industriais, primeiro no sul da Gália, na zona de La Graufesenque, e depois, a partir de meados do século I d. C., em Lezoux, na Gália central. A produção destas indústrias, que em princípio haviam surgido para atender a procura local e das zonas vizinhas, graças à qualidade e boa execução de seus produtos foi ganhando fama em regiões distantes, onde competia, com vantagem, com os produtos itálicos, chegando até a Britânia e aos países do Danúbio, inclusive se introduzindo na própria Itália. No litoral, onde se praticava a pesca, se produzia o *garum,* um molho de peixe muito apreciado na cozinha, que se exportava em grandes quantidades. A existência de grandes portos no Mediterrâneo, como Narbona e Massília, e uma rede de caminhos e rios facilmente navegáveis propiciaram o **intercâmbio comercial,** o que fez com que a Gália se convertesse rapidamente numa próspera região.

Em cima: detalhe de um afresco pompeiano, com a visita de Tétis à forja de Vulcano, no qual vemos o cinzelamento de um elmo. A cena mitológica reproduz o trabalho de um artesão do período do Império Romano (Museu Arqueológico, Nápoles).
À esquerda: Eutremant, sítio arqueológico situado no norte de Aix-en-Provence, onde foram descobertos os restos de um oppidum. Estas cidadelas fortificadas se abasteciam com produtos agrícolas, criação de gado e artesanato.
Página seguinte: relevo com um camponês ceifando trigo. Arte galo-romana (Museu Arqueológico, Arlon).

Antes da chegada dos romanos, a vida econômica da Britânia se limitava à produção dos bens necessários para o consumo local e a um elementar comércio de troca. Também não faltava a importação de mercadorias de luxo trazidas do continente pelos mercadores estrangeiros, sobretudo objetos de cerâmica, de vidro e de bronze, e produtos alimentícios, como o vinho e o azeite. Com a romanização, a Britânia também entrou nos circuitos comerciais do Império e já não se limitou a importar. **Exportou** cereais, peles, escravos, gado e valiosos cães de caça. Mas os produtos mais importantes, nestes intercâmbios, foram o chumbo e o estanho, que abundavam nas jazidas desta região e se exportavam em forma de lingotes para todo o Mediterrâneo.

Também nas regiões do Danúbio se exploravam em profusão os recursos minerais, principalmente o ferro, o ouro, a prata e as pedras duras. Nórica era famosa por suas minas de ferro e ouro. O primeiro era trabalhado sobretudo localmente, numa ativa indústria siderúrgica, cujas folhas eram famosas pela qualidade em todo o mundo romano. Esta grande região girava em torno da cidade empório de Aquiléia, que a partir do século I d. C. se converteu num centro de intercâmbio para as mercadorias produzidas na Itália, principalmente na planície do Pó, e para as produzidas pelos países da Europa central. Também foram intensos os **intercâmbios econômicos com as regiões situadas além das fronteiras do Império.** Desde meados do século I a. C., **os comerciantes romanos entraram em contacto com as tribos** da outra margem do Reno, em busca de novos mercados. Júlio César, em *De bello gallico,* afirma que os mercadores romanos chegaram até ao território dos suevos, a tribo germana mais poderosa e guerreira, para comprar os seus botins de guerra. Mas esta atividade tinha seus perigos: Díon Cássio conta que, durante o reinado de Augusto, o legado imperial organizou uma expedição de castigo contra várias tribos germânicas, por estas terem aprisionado e matado os romanos que haviam entrado em seu território para comerciar. Contudo, eram os próprios reis bárbaros que impulsionavam este comércio, não só por motivos políticos, mas também pelo interesse econômico que suscitava a troca de matérias-primas pelos refinados produtos de artesanato mediterrâneo. Por exemplo, o historiador Tácito relata que nas primeiras décadas do século I d. C., na cidade onde residia o rei dos marcomanos, Marobodo, viviam alguns moradores e comerciantes, que desde há tempos estabeleceram-se em terra estrangeira atraídos pelas vantagens comerciais que gozavam e pelas perspectivas de obter grandes lucros. A busca de novos e rentáveis mercados deu impulso para que vários **aventureiros empreendessem viagens perigosas a terras desconhecidas.** Durante o reinado de Nero, um romano dependente de um personagem do qual só sabemos que se chamava Juliano, atravessou as regiões da Europa central até a costa do mar Báltico, em busca de gladiadores para os espetáculos do anfiteatro de Roma. Durante a viagem, teve ocasião de visitar vários centros comerciais e conseguir grande quantidade de âmbar, uma mercadoria muito valiosa e apreciada no mercado romano. As fontes literárias apenas nos informam, em geral, das rotas comerciais que atravessavam esta zona, mas, em contrapartida, as descobertas de objetos interessantes em sepulturas, assentamentos e turfeiras proporcionam dados importantes. Pelo visto, trata-se de objetos fabricados na Itália, que chegaram nestas regiões periféricas graças a uma densa rede viária, completada pelos cômodos tramos fluviais, que repetia alguns itinerários de tradição pré-histórica e proto-histórica, como a famosa **rota do âmbar,** que comunicava o Báltico com o Mediterrâneo. Nestes achados, encontraram-se milhares de moedas de ouro, prata e, em menor quantidade, de cobre. A natureza das descobertas e sua área de difusão faz-nos supor que, pelo menos no século I d. C., não eram moedas circulantes entre as tribos germânicas, mas sim mercadoria de troca, de acordo com o valor intrínseco do metal. Parece que esta troca foi mais intensa nas zonas mais exteriores, onde os contactos com os romanos eram mais regulares e freqüentes. Também se encontrou uma grande quantidade de **objetos de prata.** O exemplo mais famoso é o tesouro descoberto na segunda metade do século passado, perto de Hildesheim, com mais de sessenta peças, algumas delas parcialmente douradas que, na sua maior parte, foram feitas entre a segunda metade do século I a. C. e a primeira do século I d. C. Entre elas, algumas obras-primas do artesanato greco-romano, como um prato com duas asas com a figura de Atena em relevo, no centro; um outro com um relevo central em que aparece Hércules, ainda menino, estrangulando duas serpentes. Principalmente na península de Jutlândia e nas ilhas do Báltico foram encontrados muitos objetos de mesa em bronze. Trata-se de cubos *(situlae)* e copos com grandes asas *(paterae),* quase sempre de refinada fabricação, feitos na Itália, seguramente em Cápua, no século I d. C. Entre as mercadorias de menor valor, mas sempre de excelente qualidade, descobertas nestas regiões, cabe mencionar os vasos de cerâmica *sigillata.* Primeiro foram importados os que eram feitos nas oficinas de Arezzo, logo depois, as imitações fabricadas na planície do Pó, e, por último, na segunda metade do século I d. C., os que eram feitos nas oficinas da Gália. Em compensação, há alguns poucos objetos de vidro, que deviam proceder da Campânia, pelo menos nesta época. Não é fácil ter uma idéia precisa das mercadorias que se exportavam destas regiões, já que os dados de que dispomos são insuficientes. O produto mais importante e célebre era o âmbar, a resina fóssil procedente do litoral báltico. Acreditava-se que possuía virtudes mágicas, principalmente para afastar as influências nefastas, e era utilizado para fazer anéis e amuletos.

GÁLIA: DRUIDAS E CAVALEIROS

Conhecemos com detalhe as estruturas sociais dos gauleses na época da conquista romana, graças às observações de Júlio César em De bello gallico, dados que lhe foram proporcionados pelo sacerdote druida Divicico, chefe da facção romanófila da tribo dos éduos e grande aliado de César.

Sabemos que o poder político estava nas mãos de duas classes sociais bem definidas, os druidas e os cavaleiros, enquanto que o povo, formado na sua maioria por camponeses e artesãos, era totalmente dependente e, além de não ter direitos políticos, tanto ativos como passivos, era oprimido pelas dívidas e impostos, razão pela qual a maior parte das pessoas tinha que se colocar ao serviço dos poderosos, em condições de semiescravidão.

Os membros da classe dos sacerdotes – designados com o nome de origem celta druidas, cuja etimologia se relaciona hoje com o significado de «muito sábio», tendo sido descartada a relação com o nome celta do carvalho, derua – tinham um grande poder moral e material. Formavam um grupo seleto e pouco numeroso, estavam isentos do serviço militar e do pagamento de impostos e, além de ocuparem-se com a religião e os rituais sagrados, públicos e privados, estendiam sua função ao direito civil e penal, fazendo-se de juízes ou árbitros nas disputas entre cidadãos ou entre comunidades. Também eram os encarregados de excluir os transgressores da vida política e social e das práticas religiosas, uma pena que era considerada terrível. Além disso, eram os depositários da cultura e das tradições: interpretavam os dogmas religiosos, conheciam o uso da escrita e educavam os jovens, elegendo discípulos entre os melhores, que depois de um aprendizado até aos 20 anos se convertiam, por sua vez, em druidas. Também praticavam a medicina e conheciam muito bem as propriedades terapêuticas das plantas. Os druidas eram liderados por um só homem, dotado de plenos poderes. Com a sua morte, era eleito o druida que gozasse de maior prestígio ou se realizava uma votação. Anualmente, todos os druidas se reuniam em um lugar consagrado do país dos carnutos (talvez na atual Neuvy-en-Sullias, no vale do Loire), onde pronunciavam suas sentenças de arbitragem. Por isso, exerciam uma grande influência em todos os aspectos da vida dos gauleses, principalmente na política. Alguns estudiosos acreditam que os druidas desempenharam um papel importante na insurreição contra os romanos, liderada por Vercingetorige em 53-52 a. C.

A segunda classe social eram os nobres, a quem César chamava cavaleiros. Eram os encarregados da fazer a guerra e defender o território das frequentes incursões inimigas. O séquito era um sinal distintivo e evidente de seu poder e riqueza. Era formado por criados pagos e homens livres que estavam sob a sua proteção.

Nas províncias germânicas, desde muitos anos antes da conquista romana, numerosos comerciantes vindos da Itália e da Gália travaram intensas relações comerciais com os povos nativos, proporcionando-lhes produtos alimentícios de qualidade (sobretudo o vinho), assim como objetos de bronze e prata, cerâmica e vidro, comprando-lhes as mercadorias locais que eram cotadas nos mercados mediterrâneos, como as peles, o gado e os escravos. Com o processo de romanização e o acantonamento de grandes contigentes militares na região, a **vida econômica** desta área teve um **desenvolvimento excepcional** em todos os campos. Por exemplo, a **agricultura** era praticada em **grande escala,** com um sistema bem organizado de fazenda agrícola *(villa rustica),* que já havia sido experimentado com êxito em outras regiões do Império. Em algumas regiões como a Renânia surgiram latifúndios de certa importância, que requeriam o investimento de grandes capitais e o emprego de numerosa mão-de-obra escrava. Além do mais, nas povoações, que foram se transformando pouco a pouco em verdadeiras cidades, **a atividade comercial e a produção industrial atingiam, cada vez mais, o auge.** Numa primeira fase, houve uma importação maciça de mercadorias e objetos manufaturados de outras regiões do Império, à qual sucedeu outra em que apareceram fábricas capazes de produzir objetos, principalmente de cerâmica e de vidro, que antes se destinavam a cobrir a procura interna, mas que logo seriam capazes de fazer concorrência, com êxito, aos mais valiosos produtos de importação. Algumas cidades, como Tréveris e Colônia, alcançaram uma grande prosperidade e se converteram também em pontos cruciais das intensas correntes de tráfego comercial que percorria a região.

Durante o domínio romano, as estruturas econômicas e os meios de produção do Oriente Médio não mudaram. Nas cidades costeiras as atividades principais continuaram sendo o comércio e o artesanato, freqüentemente especializado na produção de bens de luxo (vasilhas de prata, objetos de vidro). No interior, a agricultura e o pastoreio ocupavam um lugar central na economia do território. Durante este período, a **Ásia Menor** passou por uma situação econômica difícil, devido à política de superexploração de recursos que tinha sido aplicada pelos governadores romanos e à grave devastação provocada pelas guerras civis no final do século I a. C. Por este motivo, o imperador Augusto teve que intervir para aliviar a situação das populações locais, cancelando todas as dívidas. Em pouco tempo, graças ao restabelecimento da paz, à construção de infra-estruturas (como a rede completa de calçadas) e à proteção das rotas comerciais (sobretudo das marítimas, que durante muito tempo tinham estado expostas aos ataques dos piratas), se produziu uma **clara recuperação** da atividade econômica. Mas, nesta província, não parece que as estruturas agrárias e os modos de produção sofressem a influência da romanização. Não se diferenciavam muito da época dos monarcas helenísticos, com grandes latifúndios do próprio rei ou entregues por este aos aristocratas, nos quais trabalhavam os escravos, e uma pequena agricultura praticada por humildes camponeses residentes nas aldeias. Por este motivo, sob o domínio romano, a **pequena propriedade,** que produzia sobretudo cereais para as grandes cidades, sobrevivia a duras penas junto aos grandes latifúndios, cuja posse estava em mãos de uns poucos personagens ricos, pertencentes à aristocracia cidadã ou ao senado de Roma.

Em suas grandes propriedades, dedicavam-se aos cultivos mais rentáveis, como o da videira e da oliveira, ou à pecuária, sobretudo gado ovino, para a produção de lã. O poder econômico e político destes proprietários de terras era tão grande que nem sequer os decretos imperiais, que tentavam lhes impor o cultivo de cereais para fazer frente às necessidades da fome, surtiram efeito. Além dos recursos agrícolas, foram intensamente explorados os do subsolo, não só os minerais preciosos utilizados no artesanato, como o **cobre,** mas também as numerosas **pedreiras de mármores** da região. A qualidade do produto fez com que disparasse a procura em todos os recantos do Império, com grandes lucro, ao ponto de várias zonas de pedreiras se converterem em propriedade imperial. A extração do mármore também criou uma indústria florescente, capaz de fabricar produtos semimanufaturados ou acabados (colunas, estátuas e sarcófagos), que se comercializavam em toda a bacia mediterrânea.

***Esquerda:** vista parcial dos restos arqueológicos de Tiro, um dos centros comerciais mais importantes no Mediterrâneo na época imperial romana*
***Abaixo:** mapa do fornecimento de Roma na época imperial.*
***Página contígua, acima:** recipientes em vidro da época de Herodes, recuperados em Israel.*
***Centro:** lâmpada síria de duas bocas em bronze, em forma de cavalo empinado (Museu Nacional, Damasco).*
***Abaixo:** moedas de prata e vaso em bronze da época romana (Museu Israelita, Jerusalém).*

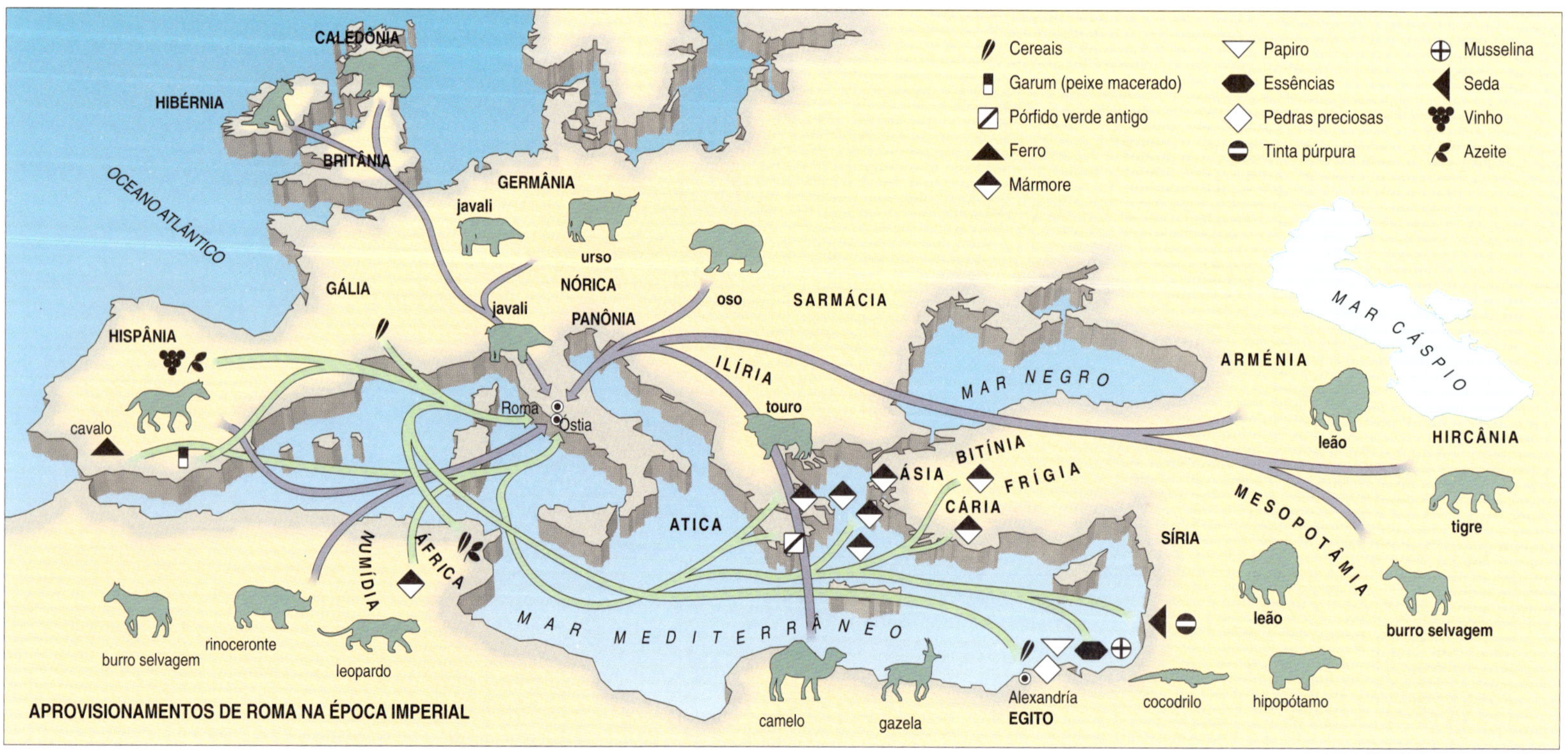

Na região **sírio-palestiniana** a dominação romana favoreceu o crescimento dos assentamentos urbanos, que logo se converteram em centros comerciais dinâmicos, aos quais acudia uma multidão cosmopolita de mercadores procedentes de todos os rincões do Império e também de países muito distantes, se bem que a proverbial habilidade comercial dos sírios deslocou e tornou quase impossível a competição de seus colegas estrangeiros. Nas cidades também residiam os **grandes proprietários de terras,** que viviam rodeados de luxos, longe de suas propriedades, às quais só iam de vez em quando. Possuíam a maior parte da terra, cultivada por **rendeiros** ou **jornaleiros,** pagos com salários em dinheiro e, mais amiúde, em espécie tão baixos que mal asseguravam a sobrevivência do trabalhador e sua família. Por outro lado, estes careciam de direitos de cidadania e, por isso, estavam excluídos da vida política. Foi assim que se originaram as **gravíssimas desigualdades** sociais e o violento contraste entre o campo e a cidade que durante vários séculos marcaram a atribulada história destas regiões. A agricultura, graças à fertilidade do solo e, sobretudo neste período, a uma exploração mais racional dos recursos hidrológicos, com a construção de represas, poços e canais de irrigação, foi muito próspera. No norte da Síria, a produção de cereais era muito abundante e o cultivo da videira e da oliveira estava muito desenvolvido. O **vinho** siríaco, conhecido pelo seu alto teor alcoólico, era muito apreciado em todo o mundo romano e era exportado inclusive para o país dos partos e para a Índia. Também o azeite era famoso, sendo empregado, principalmente, na preparação de essências perfumadas e remédios. A horticultura e a fruticultura foram impulsionadas. Alguns produtos, como os pistaches, os figos e as ameixas, eram famosos e muito apreciados nos mercados mediterrâneos, e é significativo que uma hortaliça, o alho-porro (escalônia), deva seu nome à cidade palestiniana de Ascalão. Além disso, a posição geográfica favorável destas regiões, charneira entre Oriente e Ocidente, as inseria numa **ampla corrente de tráfico comercial,** sobre o qual alguns reinos exerciam direitos alfandegários ou de intermediários. Nestes eixos comerciais nasceram e floresceram várias cidades. Por exemplo, a capital do reino dos nabateus, **Petra,** situada na Transjordânia meridional, numa posição muito resguardada entre montanhas, com acessos bem defendidos, comunicava-se por via terrestre com os portos do mar Vermelho e do Mediterrâneo e se converteu, sobretudo no século I d. C., num trecho seguro para as caravanas que se deslocavam entre a Síria e a Arábia. A cidade dispunha de instalações adequadas (armazéns, mercados e alojamentos para caravanas), oferecidas em troca de pagamento dos direitos de trânsito e estadia, com os quais chegou a acumular uma enorme fortuna. A partir do século I a. C. cresceu a importância do **oásis de Palmira,** que se converteu em cidade e depois em estado. Situado no deserto sírio-arábico, quase na metade do caminho entre o Mediterrâneo e o rio Eufrates, em pouco tempo chegou a controlar toda a zona onde estava encravado, exercendo de fato uma espécie de monopólio no comércio com o noroeste da Índia. Os **partos** da planície iraniana também controlavam a importante rota de caravanas da seda.

A **Península Arábica** também estava ativamente imersa nesta corrente comercial e, graças ao *Périplo do mar Eritreu*, uma obra anônima escrita em grego, compilada para uso dos mercadores, e às informações proporcionadas por Plínio em sua *História Natural,* conhecemos muitos dados das estruturas comerciais, os tipos de mercadorias e seu volume. Na costa nordeste da península se encontrava o porto de **Leuke Kome,** ligado por terra com Petra. O presídio romano do porto, sob o comando de um centurião, cobrava um imposto sobre as mercadorias de importação, equivalente à quarta parte de seu valor declarado. Na zona meridional se encontravam o empório de Muza, o porto de **Ocelis** e, principalmente, Eudémon, o atual Adém. Até que se descobrissem as possibilidades criadas pelas monções, que permitiam a viagem por alto mar do Egito à Índia, estes centros foram pontos de intercâmbio entre as mercadorias do Oriente e as do Ocidente. Estes centros comerciais se caracterizavam pela presença de mercadores de diferentes nacionalidades, árabes, gregos e indianos, como no caso da ilha de Dioscórides. Por último, no golfo Pérsico, junto ao delta do Eufrates, se encontrava **Apologos,** um porto aberto ao qual confluíam as rotas comerciais que se desviavam das grandes rotas de caravanas procedentes do interior, da Índia e da China, para se juntar às marítimas. Havia mercadorias de procedência local, como conchas de tartaruga, pérolas, mirra e, sobretudo, incenso, produzido nas costas meridionais da Arábia. Além disso, havia produtos importados, como especiarias, cobre, madeiras apreciadas, tecidos, vinho e escravos. Este intenso comércio de trânsito permitiu o enriquecimento das populações árabes que o controlavam.

Durante o domínio cartaginês, a base da economia na África noroeste foi a **agricultura,** em particular a fruticultura e o cultivo da videira e da oliveira. Com a conquista romana, a agricultura experimentou grandes mudanças, porque num primeiro momento, pelo menos até o século I d. C., se favoreceu o cultivo intensivo de cereais porque, por um lado, a videira e a oliveira competiam com os cultivos italianos e, por outro, porque **a província da África tinha que pagar a Roma um forte tributo em cereais.** Para aumentar a produção se cultivaram zonas que antes não estavam exploradas, com a ajuda de grandiosas obras de irrigação. Além disso, foram arrebatadas terras aos povos nativos, que foram empurrados pouco a pouco até o sul, enquanto suas terras eram ocupadas pelos colonos romanos ou itálicos. As terras que por direito de conquista passaram a fazer parte da fazenda romana *(ager publicus)* foram divididas com a **técnica agrimensora da centuriação,** quer dizer, em parcelas quadradas (centúrias) que costumavam ter 710 m de lado. As centúrias agrupadas em lotes eram entregues aos colonos. Em geral, a agricultura era mista intensiva, combinando o cultivo de cereais com oliveiras e videiras, sobretudo no século I d. C., quando a Itália, cuja economia estava em crise, se converteu num excelente mercado para estes produtos. Mas também não faltaram as grandes fazendas, que se exploravam de forma intensiva com mão-de-obra servil, ou com uma economia do tipo latifundiária com cultivos extensivos, ou também dedicando-as à criação de gado. Era costume pertencerem a membros da aristocracia romana e também, desde o século I a. C., ao imperador.

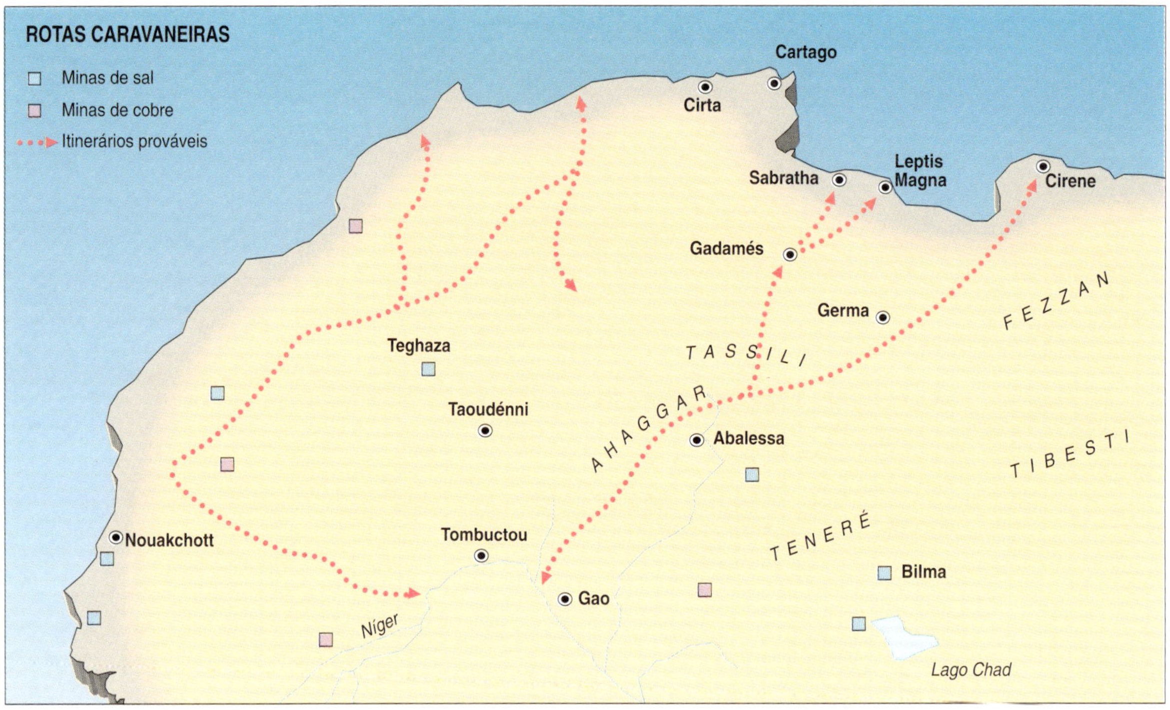

Acima destas linhas: mapa com os itinerários das caravanas que transportavam mercadorias desde as povoações interiores até os grandes centros comerciais da costa.
Abaixo: termas de Antônio, Cartago.

Nesta região de forte vocação agrícola, as **indústrias** mais importantes eram as de **transformação de produtos alimentares,** em particular para a obtenção de azeite, que na época imperial estava muito bem cotado. Também a produção **oleira,** sobretudo a porcelana, alcançou um alto nível quantitativo e, especialmente, qualitativo. De fato, no início as peças imitavam a cerâmica de Campânia e Arezzo, mas logo evoluíram para uma produção original, que, além de suprir a procura local, era muito apreciada em todo Mediterrâneo. Também se exportava o **mármore** extraído na Numídia, a **púrpura** produzida na costa, os **escravos** e as **feras exóticas** destinadas aos jogos dos anfiteatros das principais cidades do mundo romano. Graças à rede de vias que comunicavam as localidades do interior, como Cidamus (Gadamés) com os grandes centros comerciais do litoral, como Oea, Sabratha e Leptis Magna, as caravanas que atravessavam o Fezzan, povoado pelos garamantes, transportavam os produtos desta região e as mercadorias procedentes da África transariana: escravos, ouro em pó, marfim, pedras preciosas (como os rubis do Sara), animais, plumas e ovos de avestruz e talvez carbonato de cálcio, utilizado na fabricação do vidro. Por sua vez, desde a costa se transportavam objetos de cerâmica, vinho e, sobretudo, objetos de vidro até as regiões interiores, onde eram muito apreciados pelas aristocracias locais. Durante os reinados dos últimos representantes da dinastia ptolomaica, a economia egípcia experimentou um certo auge, sobretudo no setor do **comércio.** Devido a sua localização geográfica, o Egito se converteu num ponto de chegada das mercadorias procedentes da África negra (como o marfim, o ouro e os ovos de avestruz), assim como da Arábia, da região indiana e do Extremo Oriente (madeiras nobres, pedras precio-

***Esquerda:** gladiador e leões; detalhe de um mosaico romano procedente da casa de Baco em Djemila, a antiga Cuicul (Argélia) (Museu Arqueológico, Djemila).*
***Abaixo:** restos do mercado romano de Leptis Magna, com detalhe dos suportes que sustentavam os postos para venda.*
***Direita:** vaso em vidro pintado com cena do rapto de Europa (sécs. I-II d. C.) (Museu Guimet, Paris). Realizado em Alexandria, no Egito, o vaso faz parte do tesouro recuperado em Begram, na área cultural indiana (atual Afeganistão).*

sas, tecidos). Depois estas mercadorias partiam dos empórios egípcios até o Mediterrâneo e todo o Ocidente.

Também houve uma importante **atividade artesanal** concentrada na área do Nilo e sobretudo na cidade de Alexandria. Ali se tecia o linho e a lã, produziam-se objetos de pasta de vidro, louças e jóias de ouro e prata. Além disso, **Alexandria** detinha de fato o monopólio da elaboração e comércio do **papiro,** do qual se obtinha o material de escrita usado comumente no mundo antigo. Quando, com Augusto, o Egito passou a fazer parte do Império Romano, estas atividades não foram abandonadas e, pelo contrário, receberam um impulso renovado graças à nova estabilidade política. Por seu lado, a agricultura se transformou. As terras que haviam pertencido ao rei ou aos camponeses meeiros estavam sendo distribuídas e loteadas para os colonos, aumentando assim a pequena propriedade. Além disso, com a mudança de reino para província, o Egito devia pagar periodicamente um **tributo em cereais** (anona), convertendo-se numa espécie de celeiro imperial, com que se contava para as distribuições gratuitas ao povo de Roma durante os períodos de carestia. Isto provocou uma exploração abusiva das zonas cultivadas com cereais, sobretudo as que se encontravam nas margens do Nilo. O resultado foi um grande empobrecimento dos solos.

No **reino de Kush,** uma das bases da economia era a **pecuária,** tanto a criação de ovelhas como de vacas e cavalos. Segundo alguns estudiosos, a mudança da capital do reino de Napata para Méroe pode estar relacionada com o esgotamento das áreas já exploradas e a busca de zonas mais irrigadas e adequadas para o pastoreio. Por outro lado, a **agricultura** foi prejudicada pela posição geográfica do país: no norte, onde havia poucas terras férteis, estava pouco desenvolvida, enquanto que no sul, onde a água era mais abundante, os campos eram cultivados intensamente com a ajuda de canais de irrigação. Os principais produtos eram os cereais, os legumes e as frutas. De qualquer modo, tratava-se de uma produção limitada, que só servia para cobrir a procura interna. Talvez a única exceção tenha sido o cultivo do **algodão,** que já se praticava no século II a. C. e permitia uma modesta exportação. Mais importantes eram os ingressos do reino de Kush oriundos da atividade extrativa. Na faixa compreendida entre o mar Vermelho e o Nilo havia numerosas **minas de ouro** e, graças a sua enorme produção, esta civilização pôde ser uma das mais ricas da Antigüidade. No deserto se extraíam outros minerais preciosos: ametista, rubis e berilo. Outra fonte de riqueza para a civilização meroíta foi o **comércio com o exterior,** tanto o dos produtos da região como os de trânsito. De fato, o reino de Kush se encontrava no eixo do tráfico que comunicava o centro da África com o Egito e o Mediterrâneo. Além disso, a cidade de Méroe era o ponto de chegada e partida das caravanas que se dirigiam ao mar Vermelho. Este volume de comércio se manteve pelo menos até o século I d. C. quando, com o aproveitamento das monções, começaram a prevalecer as rotas marítimas, e a que percorria o vale do Nilo foi perdendo importância. Nos numerosos centros urbanos da civilização meroíta havia uma variada atividade artesanal e fabricavam-se produtos de excelente execução. A abundância do ouro e pedras preciosas favoreceu o desenvolvimento da ourivesaria que, a partir de modelos egípcios, rapidamente alcançou formas de expressão notáveis e muito originais.

Não menos importante era o trabalho com marfim, as madeiras nobres, o couro, a cerâmica e o algodão. Merece menção especial a **produção de ferro,** um tema sobre o qual existem opiniões distintas. Há quem afirme, baseando-se na presença de grandes quantidades de utensílios de ferro nos assentamentos do reino de Kush e na existência de colinas de escória e de fornos de fusão perto de Méroe, que a metalurgia do ferro estava especialmente avançada. Outros, no entanto, objetam que trata-se de produtos importados e que a escória procede de outras elaborações. A costa da **África Oriental,** onde os monarcas da dinastia ptoloimaica já haviam assentado as bases para conseguir marfim e elefantes para a guerra, também teve sua importância econômica. Durante a época de Augusto, quando se tentou traçar rotas diretas à

Índia, evitando passar pela Arábia, houve nesta região um auge notável dos assentamentos e surgiram vários empórios. Graças ao *Périplo do mar Eritreu,* um guia para comerciantes redigido em grego no século I d. C., sabemos que ao sul do cabo Guardafui se encontravam o porto de Opone, os *caladeros* de Sarapião e Nikon, as ilhas Pyralaae e a ilha Menouthias (talvez Zanzibar), e a cidade mercado de Rhapta, talvez nas proximidades da atual Dar es-Salam. Este último mantinha estreitos vínculos econômicos e políticos com o empório de Muza, situado na entrada do mar Vermelho. A África Oriental exportava marfim, óleo de palma, canela, incenso e carapaças de tartaruga; importava lanças, utensílios de ferro, vidro, vinho e cereais do Egito e da Arábia, e também cereais, arroz e tecidos valiosos da Índia.

O período dos Han anteriores se caracterizou, em conjunto, por uma prosperidade notável que, em grande parte, dependia de um ativo **comércio exterior.** O Império Chinês controlava as principais rotas de caravanas que colocavam em contato Oriente e Ocidente, através da bacia do Tamir e da cordilheira de Pamir, enquanto que pelo oceano Índico chegavam às escalas comerciais chinesas do norte do Vietnã e ao sul da China as mercadorias procedentes do Império Romano e da Índia. Se importavam gemas, marfim, vidro, pelicas, especiarias e cavalos, e se exportavam bronze, cerâmicas, jade e, sobretudo, seda. Este produto muito apreciado chegava em grandes quantidades aos mercados mais longínquos e era muito requisitado, principalmente no Império Romano, apesar do seu elevadíssimo preço. Além do comércio, a **agricultura** também prosperou, graças às grandes obras hidrogeológicas, à construção de canais e à introdução do sistema de rotação de cultivos.

Acima: documento administrativo chinês sobre bambu (final do séc. I d. C.) (Biblioteca Nacional, Paris). Esquerda: reconstrução de um tear parecido ao de Jacquard, usado já durante a dinastia Han para o tecido do brocado Shu que deu fama à cidade de Chendu. Direita: garça bordada com o motivo das «nuvens oscilantes»; procede de Mawangdui e remonta à época dos Han ocidentais. Durante a dinastia Han a técnica de tecer registrou um grande desenvolvimento, o que permitiu à indústria chinesa exportar grandes quantidades de seda e de tecidos em geral, inclusive para os países mais longínquos.

Mas esta prosperidade não correspondia com uma acertada administração das finanças públicas. As grandes obras públicas realizadas durante a dinastia Han anterior e as numerosas guerras exteriores fizeram com que os imperadores buscassem novas fontes de financiamento, originando, sobretudo, um **aumento da carga fiscal** suportada pelos súditos. Um caso exemplar foi o das medidas ditadas por Wu Di para equilibrar a balança estatal. Em primeiro lugar, reintroduziu o **monopólio sobre alguns produtos,** como o sal e o ferro, e também sobre o cunho de moedas de cobre, o que foi de grande utilidade porque conseguiu homogeneizar a circulação monetária. Como já sucedera durante a dinastia Qin, criou um sistema de licenças e concessões para a produção e venda de algumas mercadorias e produtos, como as bebidas alcoólicas. Também se deve a Wu Di a introdução, em 110 a. C., da chamada **compensação,** que consistia em que o governo comprasse os excedentes aos produtores das zonas mais ricas para vendê-los depois nas mais pobres ou durante os freqüentes períodos de fome. Com esse sistema original se lograva uma compensação entre superprodução e falta de víveres, assim como também a estabilização dos preços, que acusavam menos a oferta e a procura, além de gerar uma boa margem de lucro para o erário, que muitas vezes comprava os excedentes a um preço de mercado inferior e depois os revendia a um preço superior. Entre outras iniciativas de Wu Di no âmbito econômico cabe destacar a imposição de **direitos sobre as mercadorias** destinadas ao comércio terrestre e marítimo e a aplicação a comerciantes e artesãos de um **imposto sobre o capital.** Para aumentar as receitas, se colocaram a venda alguns dos cargos de maior prestígio e freqüentemente as pessoas mais endinheiradas eram obrigadas a pagar somas vultosas ao erário. Outra medida de Wu Di para resolver a situação de crise financeira **foi alterar a moeda,** reduzindo seu valor real em relação ao nominal, ou introduzindo meios de pagamento de valor nominal, muito parecidos com os atuais títulos de crédito. As reformas econômicas introduzidas por Wu Di atingiram seu objetivo de sanear a balança, e, ainda que fossem opressivas, permaneceram em vigor durante o reinado de alguns de seus sucessores. De fato, somente muitos anos depois o forte crescimento demográfico criaria um desequilíbrio entre força de trabalho e superfície de cultivo, levando a que a pressão fiscal se tornasse insuportável e provocasse **graves distúrbios** no final do século I a. C. Quando o usurpador Wang Mang tomou o poder, procurou aliviar esta situação crítica concedendo aos camponeses empréstimos com juros

A ROTA DA SEDA

A principal rota comercial terrestre que colocava em contato a Ásia Central com a bacia mediterrânica (e, em concreto, as grandes cidades da China imperial, Luoyang e Changan, com as cidades meridionais de Dura Europos e Palmira) atravessava as estepes da Ásia Central e é conhecida com o nome de rota da seda. Na realidade, não se tratava de uma só rota caravaneira, mas de um autêntico ***sistema de vários caminhos*** *entre distintos entrepostos comerciais situados junto aos oásis que delimitavam os áridos territórios atravessados. Além disso, não se transportava somente seda, mas também outras mercadorias valiosas produzidas no Oriente, como lacas, bronze e especiarias. Como as distâncias eram enormes e a viagem tinha muitos perigos devido ao valor das mercadorias e aos territórios inóspitos atravessados, os mercadores quase nunca conseguiam fazer o percurso completo. Em geral, preferiam percorrer só alguns trechos, compreendidos entre as cidades caravaneiras mais importantes, que desta forma chegaram a ter uma enorme importância estratégica e econômica, graças ao controle exercido sobre este intenso comércio de trânsito. As mais importantes estavam situadas entre o Afeganistão e a planície iraniana, muitas vezes em pontos onde o tráfico se ramificava para as regiões da Índia ou do Oriente Médio, e rapidamente passaram de entrepostos a verdadeiras cidades, como Charsadda ou Begram. Esta última, que se encontra a uns cem quilômetros da atual Cabul, graças a sua localização na confluência das rotas comerciais provenientes da China, Índia e Oriente Médio, no século II a. C. chegou a ser um importante centro urbano, com um traçado urbanístico de tipo helenístico.*

vantajosos e decretando que as grandes fazendas privadas, cujos proprietários estavam isentos de pagamentos de impostos, fossem **expropriadas e repartidas entre os camponeses,** que tiveram que pagar impostos. Mas estas reformas enfrentaram uma feroz resistência e, apenas três anos depois, os decretos de expropriação foram revogados. O problema da cobrança fiscal continuou provocando descontentamento e revoltas.

Durante a dinastia Han a sociedade não estava muito vertebrada. Havia quatro grupos sociais diferenciados, mas não eram exclusivos nem fechados. No vértice se encontrava a **aristocracia,** formada pelos membros da família do imperador e da imperatriz e pelos grandes generais. Era um grupo pouco consistente, com muito poder e suas fortunas estavam vinculadas à do imperador. Num escalão inferior se situava um dos grupos sociais mais importantes, os grandes e ricos **proprietários de terra,** que formavam a burocracia administrativa. Não tinham que pagar impostos e eram governadores locais; por isso representavam o vínculo entre o poder central e a periferia. O outro grande grupo eram os **camponeses,** que deviam pagar taxas aos proprietários de terra e impostos ao estado, além de executarem trabalho pessoal gratuito. Por último, a classe social mais baixa era o pequeno grupo dos **escravos domésticos** e os **camponeses** que se encontravam numa situação de semiescravidão.

O Império Chinês influiu de maneira decisiva na vida econômica dos estados limítrofes da região asiática. Na Coréia, desde o final do século III a. C., difundiu-se muito gradualmente a prática da agricultura e o uso de ferramentas de metal. Devido à conquista chinesa da Coréia do Norte, que teve lugar em 109-108 a. C. durante o reinado de Wu Di, esta zona chegou a ter uma grande importância econômica porque se converteu numa etapa do comércio entre a China e o Japão. Os produtos exportados do continente para o arquipélago japonês, como a cerâmica, os objetos de bronze, os utensílios e armas de ferro e outros, impulsionaram o singular desenvolvimento da cultura Yayoi. Na fase cultural seguinte, chamada «cultura das tumbas», as trocas comerciais já se realizaram em ambas as direções.

Acima, no quadro: roca (desenho retirado de uma pintura em seda do período dos Han ocidentais).
Acima à direita: carroça com sombrinha do período Han.
Direita: a «rota da seda». Na realidade, este sistema de vários caminhos não só servia para o comércio da seda, como também para o transporte de outras mercadorias de luxo, como lacas, bronze e especiarias.

Neste período a economia indiana se viu muito beneficiada pelas relações comerciais com o Ocidente e com o Extremo Oriente, graças à posição geográfica da península indiana. Até o século II a. C. os **contatos** entre a **Índia** e o **Ocidente** foram intensos, sobretudo com a **civilização grega.** Houve um intercâmbio cultural considerável, favorecido pela presença do elemento grego na região de Bactriana. Um exemplo significativo é a coluna erigida em Besnagar por Heliodoro, embaixador grego do rei Antálcidas, que na inscrição do monumento afirma ser um seguidor da religião Bhagavata vixnuísta. Mais de um século depois as relações se intensificaram, sobretudo as comerciais. Na época de Augusto, quando foram descobertas as possibilidades oferecidas pelos ventos das monções, graças aos quais se podia viajar com rapidez por alto mar, o comércio entre o mundo ocidental e a Índia teve um fluxo constante e regular, que se manteve durante todo o século I d. C. As fontes literárias ocidentais mencionam várias vezes os **embaixadores hindus**, que no século I d. C. chegavam até o Mediterrâneo para entrevistar-se com os **imperadores romanos.** Estrabão, por exemplo, recorda que o imperador Augusto recebeu na cidade de Antioquia uma delegação do rei indiano Poros. A viagem da delegação tinha decorrido com dificuldades de todo o tipo e vários de seus membros haviam morrido. Levavam uma carta em língua grega e alguns presentes realmente singulares, como um homem que havia nascido sem braços, uma tartaruga grande, serpentes e uma perdiz gigantesca. Na sua carta, o rei indiano propunha, em termos bastante claros, a assinatura de um tratado comercial, afirmando que desejava estreitar os laços de aliança e amizade com o imperador romano e que estava disposto a conceder-lhe o direito de trânsito por todos os seus domínios. Estes contatos se repetiram, cada vez com maior freqüência, durante o reinado de Augusto e seus sucessores. Plínio, o Velho, conta a história singular do liberto de um tal Públio Ânio Plocamo, que tinha o contrato da arrecadação de impostos sobre o mar Vermelho. O liberto, enquanto costeava a península arábica, se desviou de sua rota por causa dos fortes ventos do norte e no fim de quinze dias foi parar na ilha de Ceilão (Sri Lanka). Ao que parece, a conseqüência direta deste fato foi o envio de uma embaixada do rei do Ceilão ao imperador romano, provavelmente com a intenção de fazer acordos comerciais.

Estes **contatos** estão documentados por **achados arqueológicos,** entre os quais se destacam, por exemplo, a grande quantidade de moedas romanas de ouro e prata que foram encontradas no centro e no sul da Índia, os objetos de vidro de produção romana e a cerâmica de Arezzo encontrados nos entrepostos da costa, como Arikamedu, junto a Pondichery, como a famosa estatueta de marfim da divindade hindu Laksmi, deusa da prosperidade, que apareceu nas escavações de Pompéia.
Além disso, graças aos escritos de alguns autores gregos e romanos, como Estra-

Acima: a rota das especiarias e a rota da seda. Estes itinerários foram os que facilitaram o desenvolvimento de relações comerciais entre a Índia e o Extremo Oriente, por um lado, e Ocidente, pelo outro.
Esquerda: estatueta hindu em marfim encontrada entre as ruínas de Pompéia (séc. I d. C.); prova as relações comerciais entre a Índia e o Império Romano (Museu Arqueológico Nacional, Nápoles).
Abaixo: colar e brincos.

bão, Plínio e Tácito, e a algumas passagens de obras famosas da literatura hindu, conhecemos bastante bem a quantidade e qualidade das trocas comerciais. Mas a fonte mais importante é o anônimo *Périplo do mar Eritreu*. Trata-se de uma espécie de guia para mercadores escrita em grego no século I d. C. por um comerciante, que provavelmente seria oriundo de Berenice, no Egito, baseando-se em suas próprias experiências de viagens pelo Oriente. Descreve os portos e centros comerciais da península hindu até o golfo de Bengala. Entre os **entrepostos** repartidos pelo litoral, o autor cita **Barbaricum**, na desembocadura do Indo, ponto de recepção e distribuição de mercadorias procedentes do Ocidente, da Índia e Ásia; **Barygaza**, saída para o

mar das regiões centrais da Índia; **Muziris**, na costa do Malabar, centro do comércio da pimenta, e **Podouke** (atual Pondichery), onde os arqueólogos trouxeram à luz os restos de armazéns e lojas onde se teciam e tingiam as peças. O *Périplo* também proporciona uma lista detalhada das **importações** e **exportações.** Do Ocidente chegava cobre, vinho, estanho, chumbo, corais, topázios, incenso, objetos de vidro e cerâmica, enquanto que da Índia chegavam produtos locais, como especiarias, tecidos valiosos, pérolas e pedras preciosas, assim como mercadorias procedentes da China e da Ásia Central: plantas medicinais, essências, carapaças de tartarugas, pedras preciosas (lápis-lazúli e turquesas), escravos e, sobretudo, seda, que chegava ao sul da Índia desde a China, evitando as rotas de caravanas da Ásia Central, controladas e obstaculizadas pelos partos. Do Ocidente trasladaram-se para a Índia não só mercadores, mas também numerosos artesãos, cujos trabalhos eram muito apreciados, técnicos especializados em construção de edifícios e máquinas de guerra e soldados mercenários que, com freqüência, formavam o corpo de guarda dos reis. As numerosas **moedas romanas** que se encontraram nesta zona, cunhadas nesta época, revelam que ao longo do século I d. C. houve um intenso e florescente **comércio entre o Ocidente e o sul da Índia.** O fato de se tratar quase exclusivamente de moedas de ouro e prata faz supor que não se usavam como moeda circulante, de acordo com seu valor nominal, mas pelo valor intrínseco do metal, e se davam ao peso em troca das mercadorias. Além disso, o fato de nas moedas a cara do imperador romano estar arranhada, numa evidente tentativa de anular seu significado de moeda romana, parece confirmar esta hipótese. No **norte da Índia** não eram produzidas mercadorias de importância que pudessem chamar a atenção dos mercadores mais ricos. Durante este período a região era sobretudo uma zona de trânsito de mercadorias procedentes da Ásia Central e do Extremo Oriente com destino aos mercados do Ocidente. **O comércio da seda,** cujo trajeto mais direto era a antiga rota da seda que atravessava a planície iraniana e a Síria, se viu dificultado pelos partos, que impuseram elevados pedágios ou impediam a passagem das caravanas por motivos políticos. Desta forma, resultou mais fácil encontrar uma saída até os centros comerciais da costa meridional da Índia, através de algumas vias que atravessavam a zona noroeste da região. A mais importante se separava da rota da seda na altura de Báctria; dali se dirigia ao vale do Indo e depois ao entreposto de Barbaricum, ou então se desviava para Mathura e porto de Barygaza. Ao longo deste trajeto encontravam-se várias cidades que deviam seu desenvolvimento a este florescente **comércio de trânsito.** Entre elas se destacavam **Kapisa** (Begram) e **Taxila,** como têm demonstrado as investigações arqueológicas. De fato, nestas jazidas foram encontrados materiais de procedência ocidental, como estatuetas de bronze e pedra, vidro, cerâmica, decorações de estuque e valiosos medalhões de gesso com figuras da mitologia clássica. E também, como prova da intensidade dos intercâmbios, apareceram copos chineses de laca e marfim talhados procedentes do centro da Índia.

OS CONTATOS COM O MUNDO OCIDENTAL NAS FONTES LITERÁRIAS HINDUS

Na literatura hindu não são nada freqüentes (e precisamente por isso resultam muito curiosas e significativas) as referências aos habitantes ou às mercadorias do Ocidente.

No Milindapañha (As perguntas de Milinda) existe um diálogo entre o monge Nagasena e Milinda, nome hindu de Menandro, o famoso rei grego que reinou no noroeste da Índia entre 166 e 150 a. C. Nele se afirma que o rei possui um conselho de quinhentos yonaka, palavra que equivale ao termo yayana, usado comumente para designar os gregos em particular e os ocidentais em geral.

Os yayana também são citados nos poemas tâmil do período chamado Sangam (século I d. C.). Num deles lemos: «os navios bem construídos pelos yayana, sulcando a branca espuma do Periyaru, chegavam carregados de ouro e voltavam a zarpar repletos de pimenta», enquanto que em outra composição poética do mesmo período existe um convite para beber vinhos frescos e aromáticos que os yayana transportavam em seus barcos.

No Silappadikaram (Canto do bracelete), quando se descreve o bairro comercial da cidade de Puhar, junto à foz do rio Kaveri, que também é citado pelo geógrafo alexandrino Ptolomeu com o nome de Khaberis Emporium, o autor descreve o esplendor das casas dos yayana, que provavelmente seriam comerciantes ocidentais, cuja «prosperidade não diminuía nunca».

Os reis recrutavam yayana como mercenários e guarda de segurança, e em algumas composições são descritos como homens «de olhar corajoso, corpo robusto, aspecto terrível, armados com espadas mortíferas», que montavam guarda nas portas da cidade.

***Esquerda, acima:** monstro marinho engolindo um navio e sua tripulação; desenho extraído de um medalhão da balaustrada (vedika) do stupa de Bharbut (séc. II d. C.).*
***Esquerda, abaixo:** portador de balança; desenho extraído de um corrimão do stupa de Bharbut.*
***Direita:** placa de marfim esculpida (séc. I d. C.) do tesouro de Begram (Museu de Cabul). As escavações efetuadas perto da aldeia de Begram (ao norte de Cabul) a partir de 1936 trouxeram à luz os restos de Kapii, antiga capital indo-grega e depois residência de verão dos Kusana; o tesouro se encontrava em dois locais do palácio real, fechados com muro. A variedade dos objetos recuperados, de origem greco-romana, hindu e chinesa, documenta a existência de contatos entre as três grandes civilizações.*

Na **América do Norte,** a gradual introdução, a partir do sul, do cultivo do milho não produziu grandes mudanças na economia das populações que habitavam nas zonas orientais, porque desde milênios estavam acostumadas à **caça** e à **colheita de sementes e tubérculos,** propiciadas pelos enormes recursos que o meio natural oferecia. Os estudos mais recentes têm demonstrado que a cultura de Hopewell, apesar de caracterizar-se por amplos assentamentos estáveis, não se dedicava à agricultura, pelo menos nas últimas fases de sua evolução. As escavações arqueológicas realizadas nos assentamentos desta cultura trouxeram à luz quantidades significativas de sementes típicas das plantas que existiam nesta área, nozes e tubérculos, restos de peixes e de mamíferos, enquanto que só em alguns casos se encontrou milho, e sempre em proporções muito menores.
Os materiais encontrados nos túmulos funerários de Ohio revelam a existência de uma densa rede de **comércio** e **trocas** tanto com as zonas limítrofes como com as zonas muito distantes, realizado através de caminhos e cursos de água, ou então organizando verdadeiras expedições. O cobre extraído na zona do lago Superior, a prata de Ontário, a galena de Illinois, a mica da Carolina do Norte, a obsidiana do Wyoming e a calcedônia de Dakota do Norte eram importados. Da costa do golfo da Florida procediam as conchas marinhas, assim como os dentes de crocodilo e tubarão. Estas matérias-primas se transformavam em diferentes produtos manufaturados, destinados ao uso cotidiano e, sobretudo, às cerimônias religiosas e funerárias. Entre os **produtos característicos** cabe citar os recipientes feitos com grandes conchas marinhas ou carapaças de tartarugas, os utensílios de cobre, os cachimbos lavrados e os colares de osso. Exportava-se uma pequena parte destes objetos, como os cilindros de cobre para as orelhas ou os colares, que foram encontrados nas sepulturas de alguns chefes de aldeia de Illinois. Estes túmulos funerários, cuja construção requisitou sem dúvida o trabalho de um grande número de pessoas, e os ricos enxovais que existem em seu interior podem proporcionar alguns dados sobre as **estruturas sociais desta cultura.** Devia existir uma clara distinção entre a massa popular e os chefes políticos, que faziam ostentação do seu poder em vida, com a posse de objetos valiosos, fabricados com matérias-primas procedentes de regiões distantes, e, depois de mortos, com suas

Esquerda: casal sentado; terracota de Nayarit encontrada no México Ocidental (sécs. I-V) (Museu Nacional de Antropologia, Cidade do México). Uma característica da cultura de Nayarit era a produção de figuras plásticas inspiradas em temas da vida cotidiana, com freqüência com tratamento humorístico ou caricatural.
Acima: mapa que mostra esquematicamente a distribuição das áreas econômicas da América antiga.

majestosas sepulturas. A esse respeito parece muito significativo, o fato de nos túmulos ser comum haver esconderijos para guardar os restos dos objetos que tinham pertencido ao defunto.

Nas áreas do **sudoeste**, que em grandes traços correspondiam aos atuais Novo México, Arizona, Colorado e Utah, a escassez de recursos naturais e a introdução do **milho** desde a área mesoamericana aceleraram o **processo de passagem** de uma economia baseada na caça e na colheita para a agricultura e, por conseguinte, a transformação de populações nômades em sedentárias. Em pouco tempo, ao cultivo do milho se somou o dos legumes e das cucurbitáceas, enquanto que o desenvolvimento de técnicas especiais de irrigação, o aterro e a escavação de canais permitiram obter duas colheitas por ano. Na planície do Colorado, onde se desenvolveu a cultura dos cesteiros *(basketmakers)* I e II, a introdução do milho transformou radicalmente a vida e a economia das populações locais. Uma vez sedentarizadas, construíram extensas aldeias nas zonas mais propícias para a agricultura, elegendo sobretudo os vales ou declives, onde havia uma boa drenagem de águas da chuva. As técnicas de cultivo se aperfeiçoaram rapidamente,

Esquerda, em ambas páginas: vaso em forma de rã; cultura de Paracas (Museu Nacional de Antropologia e Arqueologia, Lima). Acima: Menino nu chorando, jade gris-verdoso procedente do Cerro de las Mesas, obra de artista olmeca (850 -150 a. C.) (Museu Nacional de Antropologia, Cidade do México). Direita: estatueta que representa um músico (c. 200 a. C.) (Museu Nacional de Antropologia e Arqueologia, Lima).

melhoraram os sistemas de irrigação e introduziram outras plantas, como o feijão. Neste período se introduziu a **criação de perus**, que eram guardados em currais.

Na **área centro-americana**, nas zonas mais favorecidas pelo clima ou pela natureza do solo, também se produziu a passagem de uma economia baseada na caça e colheita, ou então no cultivo de plantas de raiz, para o **cultivo do milho**, que cada vez era mais rentável graças à contínua seleção de variedades e à melhoria das técnicas de irrigação. O conseqüente aumento de recursos alimentares estimulou o **crescimento demográfico** e o surgimento de grandes centros urbanos, característicos das civilizações desta zona. Pelo aspecto monumental destas cidades, pode-se supor que era empregada uma quantidade enorme de mão-de-obra, provavelmente organizada com regulamentos hierárquicos rígidos. A escala social diferenciada, na qual ocupavam lugares relevantes os grupos aristocráticos e a casta sacerdotal, permaneceu em vigor durante séculos, e parece evidente, sobretudo, nos costumes funerários. Houve também um florescente **comércio de produtos exóticos**, conchas marinhas, jade, magnetita, penas de aves e pedras duras, que deu lugar a uma rede de intercâmbios, primeiramente econômicos e a seguir culturais. Por conseguinte, as inovações que apareceram em algumas zonas tiveram uma rápida difusão, como ocorreu com a escrita hieroglífica ou o calendário de 260 dias, utilizado pela primeira vez em Monte Albán (região mexicana de Oaxaca), e foram depois adotadas ou aperfeiçoadas pelas outras culturas centro-americanas.

Na **América do Sul**, a decadência da cultura de Chavín deu lugar a algumas civilizações regionais, entre as quais se destaca a **mochica** por sua prosperidade econômica. Os mochica praticavam uma agricultura intensiva, aproveitando as águas dos rios Moche e Virú, canalizadas com engenhosas **instalações artificiais**, parte das quais ainda se utilizam hoje. A água chegava, inclusive, até nas zonas desérticas mais distantes, que se podiam cultivar. Para fertilizar o solo se usava o **guano**, recolhido nas costas do Pacífico. Também neste caso a construção de grandes obras públicas e edifícios culturais desembocou na formação de uma sociedade estruturada de um modo hierárquico, com a presença de uma aristocracia dirigente, uma classe sacerdotal e um forte estamento militar, cujo poder considerável estava relacionado com a política expansionista dos mochica. No altiplano os principais **cultivos** eram as plantas tuberosas, como a batata, a coca, o *ulluco* e a *mashua*. Também se praticava o **pastoreio**, sobretudo com lhamas e alpacas, cuja lã se aproveitava. Por outro lado, não se tem notícia de que criassem animais para uso alimentar, salvo o coelho-da-índia, cuja carne era muito apreciada. A atividade comercial era intensa. Em troca de produtos agrícolas como milho, pimenta e legumes, importavam da costa pescado e conchas, enquanto que das zonas andinas provinham as folhas de coca e as lhamas.

A expansão romana no Mediterrâneo, com o conseqüente desenvolvimento do tráfico comercial e dos contatos entre populações afastadas, fez com que aumentasse o interesse pela **geografia descritiva.**
Surgiram assim algumas obras que freqüentemente eram fruto do conhecimento direto, devido a viagens ou expedições militares. A mais importante é a *Geografia,* de **Estrabão** (63 a.C.-21 d. C.), obra extraordinária que inclui a descrição de todo o mundo habitado, às vezes bastante detalhada, como sucede com as regiões mediterrânicas, e outras bastante superficial, como no caso das terras mais distantes.
Alguns decênios depois, durante o reinado de Cláudio, apareceu um compêndio bastante sintético escrito por **Pompônio Mela** (século I d. C.), *De situ orbis,* que passa em revista o mundo conhecido e se limita a fazer uma lista de lugares, com alguns dados sobre o clima e a população. A **cartografia** recebeu um forte impulso, sobretudo entre o final da República e o início do Império. Por ordem do imperador Augusto, **Marco Vipsânio Agripa** (63-12 a. C.) realizou o levantamento topográfico de todo o Império, fazendo suas dimensões conforme indicações dos marcos militares e reunindo todos os dados necessários para fazer mapas geográficos acompanhados de comentários. Cinco anos depois da morte de Agripa, suas investigações serviram para realizar um grande mapa de todo o Império *(Orbis pictus),* que se expôs publicamente e do qual foram feitas cópias para repartir entre os oficiais e os funcionários do governo. Chegou-nos uma cópia deste mapa realizada na época medieval, conhecida com o nome de *Tabula peutingeriana.*

No mundo romano as obras de ciência teórica e especulativa não tiveram grande êxito, mas ao contrário os manuais dedicados a um tema específico e as enciclopédias alcançaram uma grande difusão.
Poucas vezes se trata de redações originais, já que em geral são compilações preparadas a partir de tratados de produção grega ou oriental. Pela ordem cronológica, a primeira enciclopédia foi a de **Marco Pórcio Catão** (243-149 a. C.). Nela se fala de agricultura, medicina, gramática, arte militar e direito. Mas são mais importantes os nove livros das *Disciplinae,* a enciclopédia de **Marco Terêncio Varrão** (116-27 a. C.), dedicada às disciplinas dignas de um homem livre: gramática, retórica, geometria e aritmética, astrologia, música, medicina e arquitetura. Da obra de **Aulo Cornélio Celso,** que viveu na época de Tibério, intitulada *Artes* e dedicada a vários aspectos do saber, somente conhecemos a seção de medicina, que se distingue pela profundidade com que são tratados os distintos aspectos da ciência médica. A obra do filósofo **Lúcio Aneu Sêneca** (c. 5 a. C.-65 d. C.), intitulada *Naturales quaestiones,* aborda, sem aprofundar demasiado, a meteorologia e as ciências dos fenômenos terrestres e celestes.
A enciclopédia mais famosa escrita neste período, entre outras coisas porque chegou quase intacta até nós, é a *Historia natural (Naturalis historia),* de **Plínio,** ***o Velho*** (23-79 d. C.). Com seus trinta e sete livros, faz um estudo ligeiro de todos os campos do saber, desde a cosmografia até a história da arte, passando pela geografia, a medicina, a mineralogia e a etnografia, e os dados costumam estar acompanhados de relatos curtos que despertam o interesse do leitor.

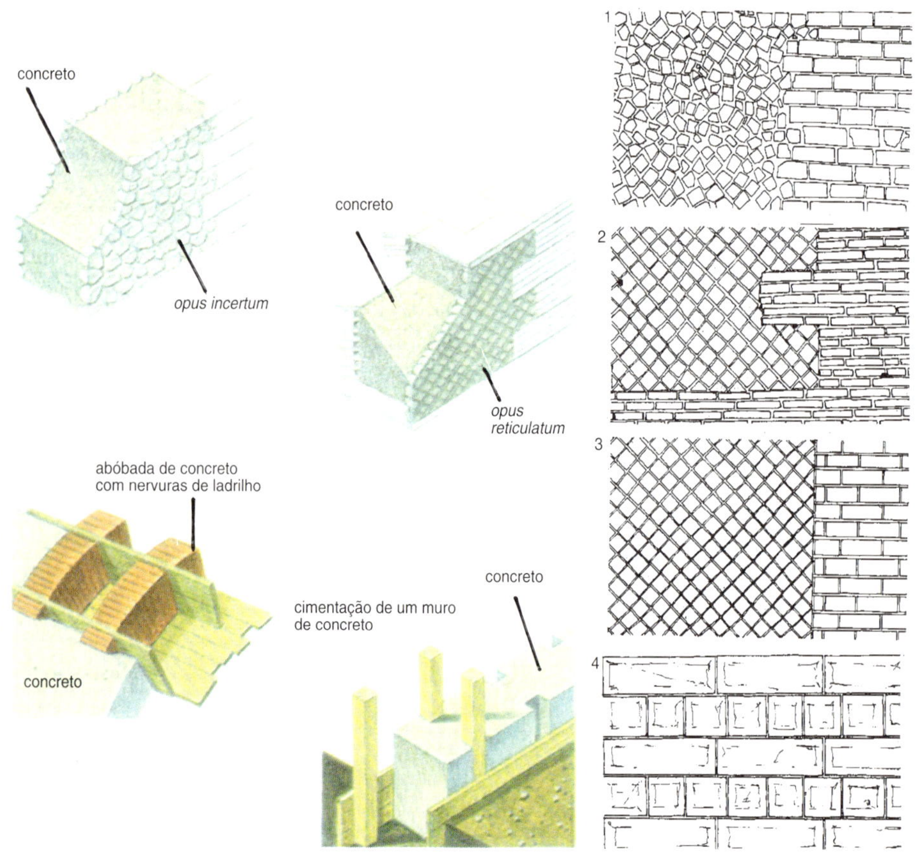

***Sobre estas linhas:* mó de moinho do século I a. C. Era usada na agricultura, aproveitando o movimento rotatório acionado pela força animal (Museo della civiltà romana, Roma).**
***Esquerda:* técnicas romanas de construção.**

Entre os **manuais** se destacam os que **Catão e Varrão** dedicam à agricultura, que compilam uma série de princípios sobre a gestão da exploração agrária, e o manual composto por **Vitrúvio** (século I d. C.) na época de Augusto e dividido em dez livros, dedicados à arquitetura. O autor, além de falar de materiais e métodos de construção dos edifícios públicos e privados, inclui no-

ções de geometria e astronomia e fala de máquinas civis e militares. Por outro lado, pouco se escreveu em termos de especulação teórica e investigação no campo da ciência pura.
A figura mais destacada neste âmbito foi o filósofo **Posidônio** (135-51 a. C.), que realizou observações acertadas sobre as marés, chegando a conclusões bastante próximas das modernas. Também realizou um cálculo da circunferência da Terra e do diâmetro do Sol.

A tecnologia não progrediu demasiado, comparada com as épocas anteriores.
Mas deve-se destacar importantes melhorias nas **técnicas de construção** de edifícios. No começo do século II a. C., a busca de materiais que permitissem a construção de muros mais sólidos, capazes de agüentar cargas importantes, levou à invenção do **concreto,** uma amálgama de cal, areia (ou melhor pozolana), gravilha, seixos e pedaços de pedra ou de ladrilhos, que se colava em estado semilíquido entre os dois paramentos ou estruturas, para dar lugar, uma vez moldado, a uma parede leve e resistente. Por sua vez, a parede podia estar revestida de pedras de cantaria ou blocos de tufa, que no princípio se colocavam de forma irregular, formando depois um aparelho reticulado e, a partir do mandato de Cláudio, combinando a pedra com tijolos entremeados. A **técnica de fabricação** de tijolos também se aperfeiçoou de forma considerável, sobretudo no século I d. C. Eram feitos com argila lavada, cozidos em fornos e secados, para serem utilizados depois profusamente nos edifícios públicos e privados de todos os tamanhos. Além disso, a possibilidade de elaborar tijolos e telhas de formas especiais permitiu dotar as residências e as termas de **instalações de calefação.** O ar esquentava numa caldeira e circulava abaixo do piso, apoiado em pequenas pilastras de tijolo que formavam um vão, e subia pelas paredes através de alguns tijolos esburacados colocados no sentido vertical.

A *TABULA PEUTINGERIANA*

A Tabula Peutingeriana *é um importante documento cartográfico que chegou até nós e constitui uma fonte indispensável para o conhecimento do mundo antigo. Trata-se de uma cópia medieval de uma antiga representação gráfica do mundo habitado que atualmente está guardada em Viena. Foi descoberta por Konrad Celtes em Worms, que a deixou como herança em 1507 a Konrad Peutinger, o erudito e antiquário alemão, de quem leva o nome e que percebeu o seu excepcional valor. No princípio se tratava de um rolo de 6,83 m de comprimentos por 34 cm de altura, formado por 12 folhas de pergaminho unidas, e representava todo o mundo conhecido na Antiguidade, desde a Península Ibérica até a Índia e China. A primeira folha, com as regiões orientais da Península Ibérica, África e Britânia, estava no início do rolo e ficou danificada.*
O problema da datação do mapa original ainda não foi resolvido, ainda que atualmente os especialistas se inclinem pela segunda metade do século IV d. C. Mas o mais interessante é que deriva diretamente, se bem que com numerosas atualizações, da célebre representação pintada do mundo conhecida como Orbis pictus, *realizada por ordem de Augusto, de acordo com os dados reunidos por Marco Vipsânio Agripa, encarregado de realizar o levantamento topográfico de todo o Império. A superfície terrestre está representada de maneira insólita, exagerando a dimensão longitudinal e comprimindo o desenho no eixo da latitude. Algumas regiões mais importantes ou povoadas estão mais detalhadas do que outras. Os três continentes representados (Europa, Ásia e África) aparecem rodeados de mar e nitidamente separados entre si pelo Mediterrâneo, pelo Nilo e pelo Tanais (antigo nome do Don). Os elementos da paisagem (mares, rios, montes, caminhos e bosques) estão representados de modo esquemático e simbólico; os assentamentos humanos (cidades, santuários, centros termais, pousadas dos caminhos) estão representados por meio de sinais convencionais.*

O forte crescimento das cidades entre os séculos I a. C. e I d. C. fez **aperfeiçoar as máquinas para construção.** Aproveitando os avanços obtidos pela ciência alexandrina no campo da mecânica, construíram-se guindastes com roldanas duplas ou triplas, que permitiam levantar cargas pesadas com pouco esforço, e sobretudo grandes gruas (máquinas *tractoriae*) com sistemas complexos de engrenagens, roldanas e transmissões, movidas por um grande tambor suspenso que girava ao caminharem vários homens em seu interior. Estes aparelhos eram capazes de levantar objetos de grande tamanho e peso, como colunas e obeliscos. Um aproveitamento melhor das possibilidades do movimento giratório permitiu que se aperfeiçoassem também as máquinas agrícolas, como o **moinho,** movido pela força animal ou hidráulica, o **lagar de mó,** a **nora** para elevar água e as **prensas.** Também houve avanços notáveis nas **máquinas de guerra.** Algumas delas, como a **catapulta,** que já tinha sido usada profusamente na época helenística, chegaram a ter neste período uma grande precisão e força de alcance. As melhoras foram o resultado dos estudos de engenharia, que realizavam um cálculo preciso das relações entre as dimensões da máquina e as contribuições requeridas. Também foram o resultado da experimentação sobre o terreno, como por exemplo durante os cercos das cidades de Alésia (52 a. C.) e Jerusalém (70 d. C.). Estas máquinas despertaram tanto interesse que o arquiteto Vitrúvio, numa seção do décimo livro de seu tratado *De architectura,* expõe os princípios em que se baseia a construção das máquinas de guerra.

***Acima:** objetos para lavrar a pedra num baixo-relevo da arte galo-romana (Museu Arqueológico, Châtillon sur Seine).*
***Sobre estas linhas:** tijolo com o nome dos fabricantes gravado (Museu Arqueológico, Cesena).*

A partir da retomada e melhoramento das técnicas da idade proto-histórica, a **fusão** e **elaboração do ferro** alcançou um desenvolvimento notável na região da Europa continental, sendo praticada em grande escala em instalações próprias para esse fim. Foram encontrados fornos com cobertura em forma de cúpula, cujo funcionamento era bastante complexo, e fornos de fosso (constituídos por um pequeno fosso escavado no chão e coberto por uma estrutura tronco-

cônica). Embora as escórias demonstrem que a qualidade do ferro obtido nesses fornos não era muito boa, no final eram produzidos lingotes de metal bastante aceitáveis, graças a procedimentos posteriores de forja. As técnicas de fabricação de **armas** e **ferramentas** eram variadas. Utilizavam-se processos esmerados de martelar, temperar, soldar e afiar que permitiam atingir resultados notáveis. Os instrumentos fabricados em algumas regiões, como por exemplo Nórica, eram muito bem cotados nos mercados devido à sua resistência.

As técnicas de **elaboração do vidro** também apresentavam aspectos inovadores. O que não sabemos é se as oficinas locais trabalhavam um material produzido *in situ* ou importado em estado bruto de outras regiões. Os objetos eram fabricados com uma pasta de vidro à base de silício, soda e cal, colorida com metais como o cobre, cobalto ou manganês, que se fundia e colava em moldes apropriados. Eram feitos, sobretudo, colares policromáticos de cores vivas, braceletes, anéis e contas para colares. Com a romanização foi introduzida, talvez a partir do centro comercial de Aquiléia, a nova **técnica do vidro soprado** dentro de um molde, ou mesmo sem ele, o que melhorava sensivelmente a quantidade e qualidade da produção. Em algumas cidades, como **Colônia,** surgiram oficinas dinâmicas

***Esquerda:** escudo de desfile em bronze dourado, obra-prima da joalharia tardocelta (s. I a. C.), recuperado no Tamisa, perto de Battersea (British Museum, Londres). Os três discos decorativos, aplicados com rebites, estão repuxados e em seus aros se inserem plaquetas redondas de metal esmaltado em vermelho.*
***Direita:** grafite sobre pedra que representa a oficina de um ferreiro (séc. IV) (Museo della Civiltà Romana, Roma).*
***Abaixo:** peitoral (lúnula) em prata (80-72 a. C.), obra de arte celtibérica (Museu Arqueológico, Madri).*

que deram origem a uma indústria florescente e a um comércio ativo com as regiões limítrofes. Nesta cidade, onde as escavações arqueológicas trouxeram à superfície oficinas dotadas de fornos de fusão para a produção de vidro que já funcionavam na época de Augusto, se produzia a grande escala tanto objetos simples de uso diário, em vidro de cor natural, como vasos artísticos de vidro colorido, entre os quais provavelmente se encontravam as famosas taças «mil flores». Estes produtos se destacam pela qualidade do vidro, que demonstra um grande conhecimento das propriedades físicas e químicas dos minerais utilizados, e também pelas variadas e cuidadosas técnicas de elaboração. Além do método da colagem do vidro fundido em moldes, estas oficinas aperfeiçoaram a produção de vidro soprado, tanto com molde como à mão. Neste último caso, os avanços técnicos se mostram evidentes, sobretudo na fase da decoração de garrafas com formas muito variadas. O vidro era trabalhado com maçarico ou pinças quando ainda estava sendo soprado para se obter relevos na superfície, ou eram aplicados adornos de vidro, a quente.
Os extensos bosques da região ofereciam madeira abundante, o que impulsionou o desenvolvimento das técnicas de utilização deste produto, com especializações em diversos campos. A **madeira** foi **usada para construir edifícios,** aplicando-se sistemas engenhosos para a união entre os elementos: encaixes, pregos e grampos. Também foram construídas embarcações e carros de guerra, de transporte e de viagem, imitados nas regiões vizinhas.
No século II a. C. a **produção de cerâmica** se caracterizou por recorrer a técnicas especiais na preparação e cozedura das vasilhas e também pelos métodos de decoração. O torno de olaria continuou a ser usado, permitindo obter formas esbeltas de paredes finas, e também alguns fornos de origem proto-histórica, onde se alcançavam as elevadas temperaturas necessárias para a cozedura. Estes fornos costumavam ter duas câmaras, uma encima da outra, separadas por lajes de tijolo perfuradas. Na parte inferior se colocava o combustível e na

superior as vasilhas cruas. Utilizando algumas aberturas situadas na cúpula do forno, era possível aumentar ou diminuir a quantidade de oxigênio durante o processo de cozedura. Este procedimento é muito importante para obter gradações de cor, tanto na argila como na decoração, pois joga com fenômenos químicos e físicos em que intervêm minerais de ferro e outros minerais contidos na argila e que previamente se misturaram com ela. Esses produtos mudam de cor devido aos processos de oxidação ou redução que ocorrem durante a cozedura. Estas técnicas chegaram à Europa central principalmente a partir da Grécia e os artesãos locais aprenderam rapidamente a tirar-lhes o máximo proveito. Com a **ocupação romana** começou a importação de cerâmica fina de mesa, sobretudo a de Arezzo e Pozzuoli, imitada com resultados muito medíocres. Contudo, graças à melhoria técnica introduzida pelos artesão locais, a produção melhorou rapidamente e se desenvolveu uma indústria de notável qualidade. Os produtos eram submetidos a uma cozedura uniforme, a uma temperatura elevada e constante, e eram cobertos com esmalte vermelho-coral, compacto e brilhante. Alguns eram feitos no torno e tinham a superfície lisa, enquanto que outros eram fabricados estendendo a argila dentro de moldes. Estes últimos possuíam decoração em relevo e, às vezes, eram de um grande valor artístico. Alguns centros eram famosos por seus tipos especiais de cerâmica, como La Graufesenque, onde se produzia uma cerâmica amarela com listras avermelhadas, chamada «marmorizada», que imitava os objetos de vidro. Sua fabricação demonstra um profundo conhecimento dos processos químicos que acontecem durante a cozedura. A superfície do vaso era primeiro untada de vermelho e depois de amarelo. Quando ambas cores se fundiam com o calor do forno, se misturavam e formavam as listras típicas. Eram produtos de grande qualidade, exportados para todo o mundo romano e regiões limítrofes.

***Acima:** caldeirão de Gundestrup; prata com figuras mitológicas em relevo (séc. I a. C.) (Nationalmuseet, Copenhague).*
***Direita:** jarras em vidro; artesanato greco-romano (Musée Archéologique, Apt.).*
***Abaixo:** colar de ouro trançado, outra obra-prima da ourivesaria tardocelta (British Museum, Londres). Encontrado no território do atual condado de Norfolk; poderia ter pertencido à própria rainha dos icenos que, durante a revolta contra os romanos de 61 d.C. parece que, na batalha, levava no pescoço «um grande colar de ouro trançado».*

Na **Europa continental** também houve importantes inovações técnicas que serviram para melhorar a agricultura. Segundo o escritor latino Plínio, *o Velho,* em meados do século I a. C., na zona limítrofe entre Récia e Gália, foi inventado um tipo de **arado equipado de armão com rodas.** Desta forma, se conseguia uma facilidade maior de manobra e, sobretudo, uma menor resistência ao ser arrastado, podendo assim se utilizar arados mais pesados, cansando menos os animais. Posteriormente, na mesma região, o arado com rodas foi melhorado ao se acrescentar uma aiveca unilateral e se colocar a relha em posição assimétrica. Assim, era possível fazer sulcos mais profundos, que traziam à superfície as partes férteis. Outra importante inovação técnica foi a **máquina de ceifar,** usada sobretudo na Gália, da qual tomamos conhecimento graças a uma descrição de Plínio, *o Velho,* e a algumas representações em baixo-relevo. Constava de um caixote de madeira, com rodas, que possuía na parte dianteira uma fila de dentes de ferro afiados. Na parte traseira havia duas varas para atrelar um animal, que empurrava a máquina para frente. O ceifeiro, movendo as varas, podia regular a posição do caixote e colocá-lo na altura das espigas, que ficavam presas entre os dentes, eram arrancadas e iam parar no caixote. Ainda que com esse sistema se perdesse parte da colheita e a palha, que não era cortada, permitia aumentar muito a velocidade da ceifa e proporcionava uma enorme economia de mão-de-obra. Não parece que na **Britânia** o processo de romanização tenha introduzido muitas inovações nas técnicas de cultivo, talvez pelas condições climáticas especiais da região.

Os romanos não levaram para lá os sistemas de lavoura e adubagem de terras típicos das áreas mediterrâneas e foram feitas muito poucas obras de irrigação e drenagem, características da civilização romana. Continuaram a ser usados métodos tradicionais, um dos quais era a recolha prematura do trigo, ainda verde, que depois era amadurecido de forma artificial. Parece que a única exceção foi o aperfeiçoamento de alguns instrumentos que aumentavam o rendimento das **tarefas agrícolas.** Graças aos conhecimentos seculares no campo da metalurgia e, particularmente, no da siderurgia, e à excelente qualidade do ferro produzido nesta região, se chegou a um tipo original de arado, dotado de uma relha muito forte e afiada, que conseguia não só revolver os torrões profundos, como também esfarelá-los com bastante facilidade. Houve inovações mais importantes nas **técnicas** de exploração **das jazidas de minério,** muito abundantes na Britânia. A partir da época do imperador Cláudio, foram construídos aquedutos, algumas vezes de considerável comprimento, que levavam até as minas a água utilizada para lavar o minério e mover a maquinaria. Dessa maneira, a produção foi muito incrementada, sobretudo a de chumbo e da prata nele contida, ao ponto de Plínio, *o Velho,* no seu livro *História Natural,* mencionar uma lei do imperador que limitava a exploração do minério de chumbo.

A presença de centros culturais em algumas das grandes cidades da região, como Pérgamo e Mileto, favoreceu o desenvolvimento das ciências puras e aplicadas, mesmo que, freqüentemente, a difusão e divulgação tenham sido privilegiadas em relação à investigação. A **medicina** foi uma ciência que avançou de maneira especial, tanto na elaboração teórica como na aplicação prática. A presença de muitos médicos vindos dessa região que com freqüência se deslocaram a Roma, onde exerceram, com sucesso, a sua profissão, é um claro indício de que nas localidades mais importantes havia escolas de medicina muito ativas e de bom nível. Um exemplo é **Asclepíades de Prusa,** Bitínia, que exerceu no século I a. C. e se mudou para Roma. Baseado na teoria atomística, fundou um sistema claramente divergente da escola hipocrática. Para ele, a saúde era a livre circulação das partículas do corpo, e a doença, a obstaculização do seu movimento. Considerava a dieta essencial para a cura. Sua escola teve muitos seguidores, sendo o frígio **Témison de Laodicéia** (século I d. C.) o mais famoso deles. Pouco a pouco, Témison foi se afastando dos ensinamentos de seu mestre e, apesar de não ter formulado um sistema unitário de teorias coerentes entre si, introduziu na ciência médica alguns conceitos completamente novos, como a observação dos excrementos do paciente, classificando-os em excessivos, insuficientes ou mistos. Considerava que essas alterações impediam a livre circulação das partículas do corpo e originavam diferentes doenças, de maneira que a terapia devia devolver ao corpo do paciente o equilíbrio perdido, modificando as condições em que se encontrava quando fosse comprovada a existência da doença. Além disso, Témison foi o primeiro médico que procurou definir as características particulares das doenças crônicas e, ao contrário dos seus antecessores, acreditou na sua cura. **Téssalo,** oriundo de Trales de Lídia, exerceu em Roma durante muito tempo e criou, na época de Nero (54-69 d. C.), uma **escola médica** chamada «**metódica**». Para ele, a observação do estado das defecações corporais tinha uma importância essencial para o diagnóstico, pois representavam a mudança visível

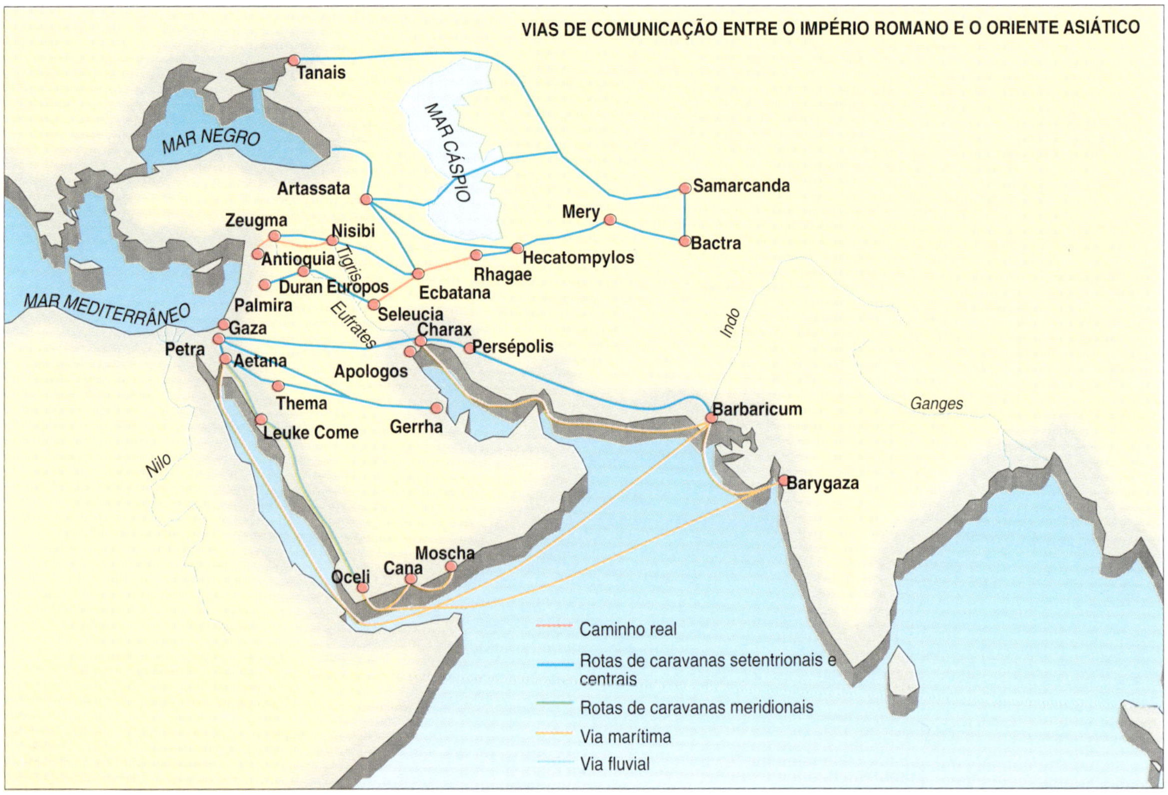

Acima: mapa das vias de comunicação do Império Romano e Oriente asiático. Esquerda: recipiente com asa em terracota e verniz em chumbo decorado à la barbotine (séc. I d. C.); cerâmica da Ásia Menor ou talvez do sul da Rússia Staatlich Museen, Berlim). Abaixo: aqueduto romano nas proximidades de Esmirna (atual Izmir), na Turquia.

Esquerda: aqueduto romano em Cesaréia de Palestina, em Israel.
Direita: grandes noras da época romana no Orontes, em Hama (Síria). As rodas, providas de baldes, elevam a água do rio e a levam aos canais de irrigação das hortas.
Abaixo: taça em vidro azul soprada em molde (primeira época imperial romana) (Museo Nazionale Atestino, Este). Na parte central aparece a assinatura do vidreiro Ennione (Ennion epóiesen, «Ennione fece»).

provocada pela doença no corpo do paciente e, portanto, constituíam a base indispensável para estudar as causas das enfermidades e encontrar a terapia. Segundo Téssalo, a principal função do médico era intervir com presteza para modificar o estado do doente para o seu oposto, conseguindo assim um equilíbrio. Outro famoso médico originário desta região, concretamente de Atália (Panfília), foi **Ateneu,** que também exerceu clínica em Roma durante o reinado de Cláudio (41-54 d. C.). Seguidor da filosofia estóica, fundou uma **nova escola,** chamada dos **pneumáticos,** devido à importância do *pneuma* em suas teorias científicas. Para Ateneu, tratava-se de uma matéria finíssima que leva a força e a vida através do sistema circulatório. Em seu sistema, a elaboração teórica era considerada mais importante que as aplicações práticas, mas Ateneu afirmava que o conhecimento dos elementos básicos da medicina era um ponto essencial da educação e instrução das pessoas. Por isso, estabeleceu regras dietéticas e higiênicas muito detalhadas, que se adequavam às diferentes faixas etárias e se apoiavam numa série de preceitos pedagógicos. A divisão quase sectária dos médicos em escolas provocou graves incompreensões e fortes polêmicas entre eles, prejudicando o progresso da medicina. Foi esta situação difícil que **Cláudio Agatino,** um discípulo de Ateneu, teve que enfrentar, optando por uma solução de compromisso e criando uma **escola de tipo eclético,** que assumiu os princípios de duas das quatro escolas médicas mais importantes do seu tempo, a metódica e a empírica. Um dos seus discípulos, o sírio Arquígenes de Apaméia (começo do século II d. C.), famoso cirurgião, seguiu essa tendência e também se baseou, em parte, na teoria dos pneumáticos.

Durante este período, salvo em casos específicos, não houve avanços significativos no campo da técnica, que anteriormente havia alcançado níveis consideráveis. Por exemplo, nas **técnicas de construção,** o contato com os romanos fez com que se utilizassem mais os ladrilhos, o almofariz e, sobretudo, o arco e a abóbada, que permitiam a realização de estruturas mais rápidas e robustas. Isto se nota, principalmente, nas construções de características funcionais, como os **aquedutos,** nos quais aparecem soluções técnicas muito interessantes. No de Aspendus de Panfília, por exemplo, a água chegava gradualmente, através de um conduto colocado encima de arcos cada vez mais elevados, até chegar a algumas torres-sifão de cerca de 30 m de altura, de onde descia com maior pressão para passar para a rede de distribuição. A **rede viária** também melhorou significativamente graças aos avanços técnicos trazidos pelos romanos. Foram traçados novos percursos, mais diretos, ou melhorados os já existentes, além da realização de ousadas obras de engenharia. São exemplos uma estrada romana para caravanas na cercania de Filadélfia (Amã), que está parcialmente sustentada por um sistema de abóbada, ou as **pontes** sobre o rio Selino, em Pérgamo, uma das quais, com três grandes arcadas, une margens de diferentes alturas, ou, também, os grandes viadutos construídos na parte inferior dos aquedutos, como em Aspendos.

Para fertilizar as zonas áridas e desérticas situadas entre a Síria e o mar Vermelho, os **nabateus** recorreram a algumas técnicas especiais de transformação e adaptação do território às necessidades humanas. **Delimitaram extensas zonas,** regadas capilarmente por uma **densa rede de canais,** alimentados por cisternas e reservatórios que recolhiam a pouca água disponível. Para que a água da chuva não se perdesse e enchesse os reservatórios, usavam montes de pedras distribuídas pelo chão de forma especial. Trata-se de um sistema profundamente eficaz que continuou funcionando durante vários séculos.

A demanda crescente dos valiosos **mármores** extraídos das pedreiras da **península anatólia,** que com a dominação romana chegaram aos mercados mais afastados, favoreceu o desenvolvimento de novos sistemas de extração, elevação e transporte. Nestas pedreiras predominava a extração a céu aberto, pela qual eram obtidos blocos de formato quadrangular e de grandes dimensões. As paredes das pedreiras eram formadas por grandes degraus nos quais, a partir da introdução de cunhas de madeira umedecidas ou de ferro nas gretas naturais da pedra, iam sendo separados os blocos. O material extraído era descido ao vale pelas zorras (uma espécie de trenó guiado por um complicado sistema de braçadeiras) e transportado à costa por grandes carros de quatro rodas maciças, fabricados para este fim. O problema do levantamento dos blocos era resolvido com guindastes e gruas, movidos por homens ou animais.

Entre o final do século I a. C. e princípio do I d. C., na **Fenícia,** provavelmente em Tiro ou Sídon, inventou-se uma técnica revolucionária de fabricação do **vidro.** Passou-se do modelado do vidro em estado viscoso ao **sopro.** Esta inovação, à qual logo seria acrescentado o sopro em molde, se atribui geralmente a Ennione, cujo nome aparece como marca de fábrica nas peças mais antigas de vidro soprado. Graças a esta técnica, que permitia fabricar objetos de boa confecção em pouco tempo, o vidro passou a ser um produto de amplo consumo e chegou aos países mais longínquos, como a Índia e a China.

Na **África Noroeste**, para incrementar a produção agrícola, sobretudo a de cereais, e abastecer de água as cidades, foram realizadas **grandes obras hidráulicas**, com construção de sistemas de captação de água de manancial e de chuva e de canais artificiais para irrigação. Foram construídas enormes cisternas com cúpulas, com canos captadores escavados na rocha, como em Es-Safsaf, perto de Cirene, ou vários reservatórios agrupados e conectados entre si para aumentar a capacidade total, como em Cartago, onde era possível acumular 30 000 metros cúbicos de água. Também foram construídos longos aquedutos, que muitas vezes captavam a água a distâncias de mais de cem quilômetros. Alguns deles, como o de Cartago, eram em parte subterrâneos e em parte com arcadas. Outros eram de enorme dimensão, como o de Cherchell, que se levanta em alguns pontos sobre três arcadas.

O **Museu de Alexandria,** onde viviam literatos e cientistas completamente dedicados à investigação, sem preocupações de ordem material, e a biblioteca anexa, com um enorme número de obras onde se reunia todo o saber, eram um pólo de atração e um centro impulsionador da pesquisa científica em todos os campos, desde a filologia até a medicina, matemática ou física. Mas, a partir de 146 a. C., esta instituição passou por momentos muito críticos. O rei Ptolomeu VIII, durante uma das muitas lutas pelo poder, expulsou os eruditos de Alexandria, talvez porque estes não tivessem se colocado claramente do seu lado. Contudo, esse fato também teve conseqüências positivas, pois, com a dispersão dos intelectuais pelas cidades do Mediterrâneo oriental, a ciência alexandrina alcançou uma grande difusão. Apesar de tudo, Alexandria continuou sendo um importante centro cultural, ainda que sem o esplendor anterior. Durante esse período (meados do século I a. C.), a figura mais representativa no campo da pesquisa científica e técnica foi, sem dúvida, **Héron.** Ele estudou a matemática aplicada, a metrologia, a geodesia e a geometria. Escreveu um famoso *Comentário aos elementos de Euclides,* onde, entre outras coisas, aparece a conhecida fórmula para se obter a superfície do triângulo a partir da medida dos lados. Mas foi na **engenharia mecânica** que conseguiu os resultados mais relevantes. Inventou complicadas máquinas e automatismos geniais, movidos por ar comprimido, vapor de água e água. Entre eles, causou assombro aos seus contemporâneos um dispositivo que abria as portas de um templo quando se acendia uma chama encima do altar. O princípio era muito complexo. O altar, que era de bronze e oco, estava cheio de água até a metade e se comunicava com um sifão; o calor provocava a afluência de água ao sifão e dali para um depósito que, com o peso, descia e acionava as engrenagens que faziam a porta girar sobre seus gonzos. Também construiu um célebre chuveiro que funcionava com moedas, um cabrestante de água e um teatro de autômatos que tocavam música, se mexiam e dançavam seguindo esquemas preestabelecidos, com os quais se podia encenar representações teatrais.

O fato de que os conhecimentos de mecânica, do emprego do ar comprimido e do vapor de água só tenham servido para a construção de jogos fantásticos, em vez de aparelhos que substituíssem o homem, se deve, por um lado, a que a tecnologia deste período não era capaz de oferecer materiais, sobretudo metais, que servissem para realizações de maior envergadura e, por outro, à abundância de mão-de-obra servil, de custo irrisório.

Acima: fonte cantarina de Héron. A água cai num recipiente coberto (1) que, ao se encher, solta o ar pelos tubos (2), conduzindo-o aos apitos que existem dentro dos pássaros, que começam a «cantar». Quando a água alcança o alto do tubo (3), cai em outro contentor (4), onde há uma bóia (5) atada a uma corda que rodeia uma coluna (6) e que tem um peso na outra extremidade (7). Quando a bóia se eleva, a coluna com a coruja gira até que o contentor se esvazie; depois, volta à posição inicial.

O estudo da **medicina** também alcançou níveis importantes. Algumas escolas se destacaram na formação de médicos que logo se espalharam pelo mundo romano exercendo a sua profissão. Por exemplo, a escola fundada no século III a. C. pelo famoso médico anatomista Herófilo de Calcedônia (nascido em Bitínia c. 335 a. C.) ou a do fisiologista Erasístrato de Ceos (c. 310-250 a. C.). No século I d. C. também estudou em Alexandria o famoso médico **Rufo de Éfeso,** que pesquisou nos campos da anatomia e da patologia. Além disso, foi um dos primeiros médicos a introduzir a análise do desenvolvimento e dos sintomas da doença, a partir de uma série de perguntas feitas ao paciente.

Página ao lado, acima: prato vitrificado (séc. I d. C.) procedente do Egito (talvez de Mênfis) (Victoria and Albert Museum, Londres).
Abaixo: ruínas do aqueduto romano de Cartago. Nesta página: ruínas das amplas instalações termais de Dougga, em Tunes. Imponentes entre os outros restos dos monumentos da cidade (foro romano, templos, teatro), primeiro centro púnico, mais tarde numídico e finalmente romano, estruturado segundo um plano urbanístico adaptado ao terreno.

A **escola filológica** alexandrina também foi muito ativa, contando com eruditos como Aristófanes de Bizâncio (262-185 a. C.) e seu discípulo **Aristarco de Samotrácia** (século II a. C.), que realizaram interessantes tentativas de edição crítica e comentários das obras dos principais clássicos gregos, como Homero, Hesíodo, Anacreonte e Píndaro. **Dionísio de Trácia** (século II a. C.) foi o autor da **primeira gramática de caráter morfológico,** cuja estrutura foi adotada até a Idade Moderna. Nela é dada tanta importância à prática como à analogia; são classificados os acentos, as sílabas, as partes do discurso, assentando as bases de um sistema de investigação que ainda hoje continua sendo válido.

Uma vez que o principal recurso do **reino de Kush,** ao sul do Egito, era a agricultura, os avanços técnicos se deram, principalmente, nos **sistemas de irrigação.** Assim, não somente se escavaram grandes represas, alimentadas por canais artificiais, como também se empregaram máquinas para levar a água dos terrenos mais baixos para os mais elevados.
Algumas dessas máquinas utilizavam sistemas de engrenagens simples, mas eficazes, nos quais se percebe uma clara influência dos estudos de mecânica aplicada que se realizavam, nesta época, em Alexandria. Duas dessas máquinas, a *saqui* e a *shadouf,* ainda se empregam atualmente naquelas regiões.

Na China, a partir do século II a. C., houve um notável desenvolvimento tecnológico e científico. Máquinas e instrumentos produzidos em épocas anteriores foram aperfeiçoados e outros, novos, inventados. A **técnica de produção do ferro** foi melhorada com a introdução de foles mais potentes nos altos-fornos, com os quais era possível alcançar temperaturas de fusão muito elevadas, aumentando assim a pureza do metal. Graças à introdução da **roda dentada** e da **polé,** aperfeiçoaram-se muitos tipos de máquinas, particularmente as utilizadas para levar a água para pontos mais altos. Também se construiu o **moinho de água,** independentemente do mundo ocidental. Foram aplicadas novas técnicas na **fabricação de armas.** Por exemplo, a besta, que remonta à época Zhou, foi aprimorada neste período, acrescentando-lhe um engenhoso mecanismo para facilitar a carga e um complexo dispositivo de disparo.

Surgiram muitas invenções, algumas das quais só vários séculos depois foram conhecidas no Ocidente, que tiveram uma importância enorme na história do homem. Uma das mais significativas foi a criação do **arreio para os cavalos,** que permitia ao animal respirar bem e fazer mais esforço. O resultado foi uma melhoria qualitativa no seu rendimento como animal de tração, de maneira que foi utilizado não só na agricultura, como também no transporte, com um aumento da velocidade.

Na China dos Han a mensagem escrita tinha muita importância. A necessidade de conseguir materiais mais práticos do que as tiras de bambu e mais baratos do que a seda levou à **invenção do papel,** obtido filtrando-se em peneiras especiais uma papa de fibras vegetais. A pasta daí resultante era prensada e se convertia em folhas finas, colocadas ao sol para secar. A invenção do papel foi acompanhada de algumas melhoras na **fabricação dos pincéis** e da **tinta** que, graças a certas substâncias vegetais e minerais, se tornou indelével e adquiriu um brilho especial.

Entre as novas invenções também havia alguns instrumentos de medida, como o **paquímetro,** cujo princípio de funcionamento não era muito diferente do dos atuais. Um barra móvel desliza por outra graduada. A primeira permite medir tanto a espessura de um objeto como a profundidade de um furo.

Mas a invenção mais original e engenhosa foi um tipo especial de **sismógrafo** que permitia detectar as sacudidas da terra e saber a direção de onde vinham. Consistia de um grande recipiente de bronze onde há uma barra pequena, cuja parte superior está presa à tampa e pode oscilar. Na parte exterior do recipiente há oito dragões de bronze com uma esfera entre as mandíbulas, que são articuladas e estão conectadas com um mecanismo de abertura situado no interior do recipiente. Quando se produz um fenômeno sísmico, mesmo que muito leve, a barra oscila e aciona o mecanismo que abre as mandíbulas de um dos dragões. A esfera cai e vai parar na boca aberta de uma das oito rãs de bronze colocadas na base do aparelho.

Neste período, também se desenvolveu e aperfeiçoou a tecnologia aplicada às artes. Na **fabricação de objetos lacados** foram introduzidos novos procedimentos de elaboração da seiva extraída da *Rhus vernicifera* (árvore da laca), sobretudo nas delicadas fases de filtragem e depuração, que requerem um aquecimento lento e constante, seguido de dessecação depois de aplicada a laca, para melhorar sua resistência aos ácidos, às altas temperaturas e à umidade. Com a laca obtida desta forma se cobriam objetos de bronze, couro, ferro, cerâmica, vime e tecido.

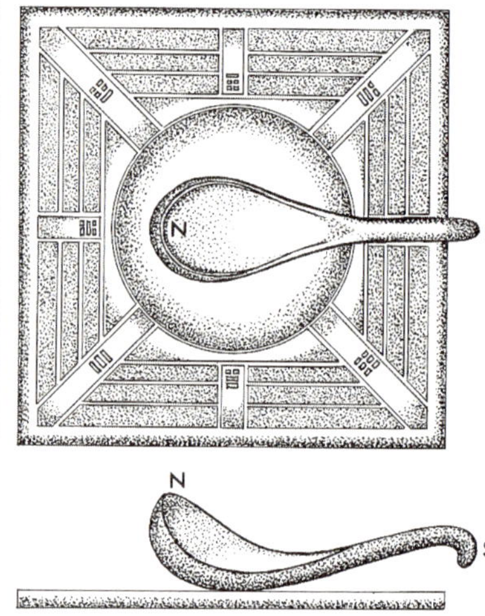

Os modos de produção também se alteraram. Além das pequenas oficinas artesanais, surgiram fábricas estatais, controladas pelo imperador e estritamente organizadas, conforme indicam algumas inscrições nos vasos. Nelas aparecem os nomes dos operários, do diretor da fábrica e do seu assistente, dos empregados e do oficial de guarda, assim como o lugar e

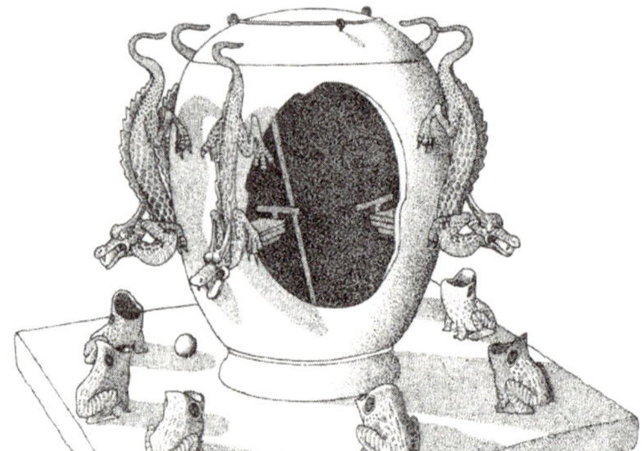

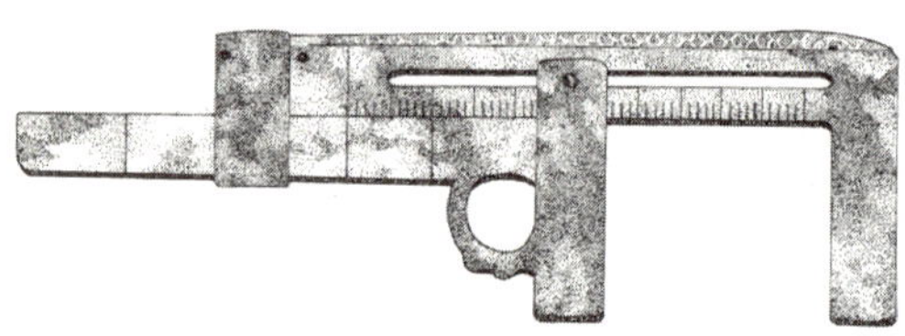

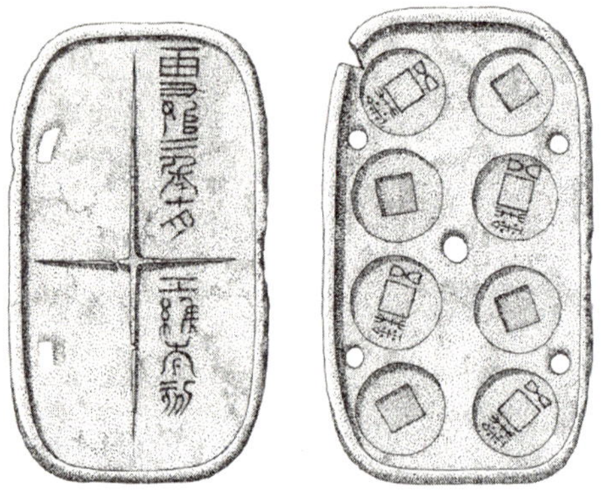

***Acima:** primeiro exemplo de bússola magnética, formada por uma mesa adivinhatória especial chamada shih. Acredita-se que apareceu no século III a. C. Em vez de agulha possui uma peça de magnetita na forma da Ursa Maior ou colher chinesa. Numerosos testemunhos confirmam que, a partir do século I d. C., usava-se «uma colherzinha que indica o sul», colocada em qualquer posição.*

***Esquerda:** sistema de irrigação do período Han, construído em Duijangjien, Su Chuan.*

***Junto destas linhas:** instrumentos de medida inventados na China dos Han. Encima, sismógrafo formado por um grande jarro de bronze em cujo interior há uma vareta; no centro, um calibre; embaixo, cunho para moedas com a data de fabricação gravada.*

data de fabricação. Por essas inscrições sabemos que na fabricação de cada peça intervinham seis operários.

O interesse pelos fenômenos naturais e a convicção de que, bem interpretados, poderiam representar presságios impulsionou uma intensa, ainda que freqüentemente empírica, investigação científica, na qual se destacaram principalmente os astrólogos e os magos da corte. Dessa forma foram descobertas, por exemplo, as manchas solares, determinadas as datas dos eclipses e a aparição de cometas. Por outro lado, o estudo da divisão do tempo e o calendário não apresentaram progressos. Este fato singular, cujas conseqüências se notam ainda hoje, está relacionado com a grande atenção dada aos presságios e prodígios no período Han. O tempo era calculado em períodos anuais chamados *nianbao,* que eram estabelecidos de forma arbitrária, de acordo com seu valor mágico ou com fatos acontecidos. Em conseqüência disso, **tomaram impulso** os **estudos de matemática** e alguns tratados de épocas anteriores foram comentados e revisados. Foi o que aconteceu com o anônimo *Aritmética em nove partes,* que, apesar do título, mistura questões de aritmética e geometria, provavelmente porque neste período a palavra «aritmética» fosse sinônimo de matemática. Entre outros assuntos, fala da medição dos campos, limitados por retas e arcos de circunferência, do cálculo com frações, da extração de raiz quadrada e cúbica, do cálculo do volume dos sólidos e da solução de problemas matemáticos inerentes às questões práticas.

A busca de formas de prolongar a vida ou assegurar a imortalidade com elixires deu lugar aos primeiros estudos, ainda embrionários, de **química** e **farmacologia.** Utilizou-se, principalmente, o sulfureto de mercurocromo, conhecido nas fontes clássicas com o nome de cinábrio, um composto venenoso que, associado a outras substâncias ou usado em pequenas doses, pode ter propriedades curativas. Um exemplo famoso é o do imperador Wu Di, que fazia um verdadeiro empenho para alcançar a imortalidade. Em 133 a. C. acreditou nas palavras de um mago que afirmava que só se pode vencer a morte transformando o cinábrio em ouro, mediante complicados procedimentos alquímicos. Estas pesquisas tiveram um efeito positivo sobre o estudo das propriedades dos alimentos e das substâncias minerais, contribuindo para a formulação de novas regras dietéticas e de higiene.

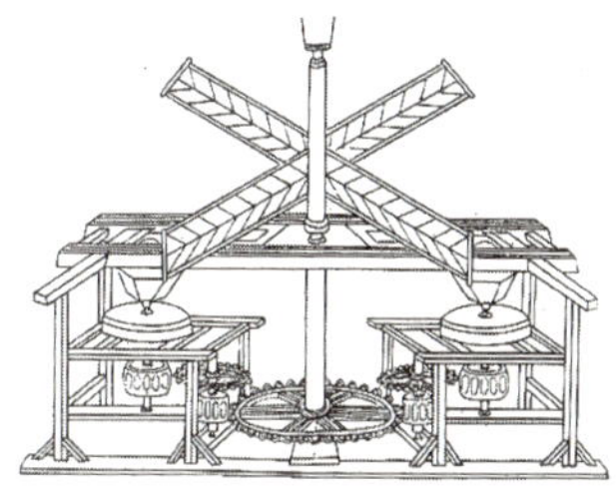

Acima: espelho de bronze da dinastia Han, século II a. C. (Museu Cernuschi, Paris).
Junto destas linhas: modelo em argila de máquinas para limpar arroz encontrado numa tumba Han.
O arroz é descascado num maço movido pela figura agachada e depois jogado no aparelho de ventilação, que elimina a casca. Por fim, o arroz descascado sai pela abertura dianteira desta segunda máquina.
Direita: dois desenhos que descrevem o princípio técnico do uso e aplicação da roda dentada. Pertencem a um manual de agricultura do século XVI.

Na Índia, a partir do século II a. C., a **atividade siderúrgica** passou por um período de especial apogeu graças à aplicação de técnicas muito avançadas na fusão e elaboração do material extraído das jazidas locais. No distrito de Hiderabade era produzido, utilizando-se procedimentos complexos, um tipo especial de **aço ao crisol** de excelente qualidade que era convertido em lingotes redondos de aproximadamente um quilo e depois

vendido, inclusive em zonas muito afastadas. Os romanos, por exemplo, importavam grandes quantidades deste apreciado material diretamente da Índia ou então o compravam nos armazéns da costa oriental africana. Chamavam-no «ferro sérico» porque estavam convencidos de que era fabricado na China. A vantagem desse tipo de metal estava no fato de que se prestava à fabricação de utensílios e, principalmente, de armas muito resistentes e capazes de se manterem afiadas durante muito tempo. A ciência indiana deste período se ocupou, principalmente, de problemas teóricos e especulativos, abreviando quase totalmente as aplicações práticas. As únicas exceções foram algumas descobertas importantes ocorridas no campo das **matemáticas.** Foi idealizado um sistema para representar com símbolos os números inteiros e o zero, e também para determinar o valor de uma cifra simples (unidades, dezenas, centenas, etc.), incluindo o zero, de acordo com o lugar que ocupa numa série de algarismos. Desta maneira, os cálculos como os da multiplicação e divisão se simplificaram muito, e não era preciso recorrer ao ábaco, um instrumento de difícil utilização, nem a pessoas especializadas. Além disso, era possível escrever facilmente grandes números. Este sistema logo passaria da Índia ao mundo islâmico e dali ao Ocidente, por volta de 1200, com a errônea denominação de numeração arábica. Também não faltaram tratados de **geometria** como o *Sulvasutra (As regras da corda de medição)*, que parece datar do século III ou II a. C. (ainda que haja quem adiante ou atrase esta datação), no qual são recolhidas todas as regras que deviam ser respeitadas nas operações de medição da área destinada ao sacrifício e na preparação do altar. É uma obra bastante singular, escrita em versos, que revela muitos conhecimentos matemáticos, como o teorema de Pitágoras, presente em inúmeros casos particulares, ou o problema da transformação de um quadrado num círculo equivalente, no qual se calcula o valor de π e o da $\sqrt{2}$.

Nesse período também foram estudados os fenômenos naturais como as chuvas, as marés e, sobretudo, os ventos. É praticamente certo que no século II a. C. os marinheiros indianos já soubessem aproveitar a periodicidade das **monções** para navegar rapidamente da costa da Índia até a costa da África, sem circum-navegar a península arábica, mas foi principalmente no começo do século I d. C. que se recorreu regularmente a este tipo de navegação para realizar a travessia do oceano Índico. As fontes literárias atribuem o descobrimento deste fenômeno e de sua utilidade para a navegação a um marinheiro de origem imprecisa chamado Hípalo. É provável que se trate de uma figura simbólica e mítica, pois o escritor romano Plínio dá este nome à monção. Contudo, segundo pesquisas recentes, parece que a descoberta, talvez casual, tenha sido de um marinheiro indiano acostumado a sulcar aquelas águas e que se apercebeu da

Esquerda: prato de toucador em terracota encontrado na Índia noroeste (sécs. I-II d. C.) (British Museum, Londres).
Acima: carro; desenho extraído de um detalhe do tímpano de uma porta (séc. II d. C.), procedente de Mathura (National Museum of India. Nova Deli).
Ao lado: relicário budista com incrustações de pedras duras, obra de joalharia indiana (séc. I d. C.); detalhe (British Museum, Londres).
Página contígua, encima à esquerda: divindades durante o asseio; baixo-relevo de arte kusan (séc. I d. C.) (Archeological Museum, Mathura).
Centro: extensão de campos cultivados da região de Ladakh, no primeiro trecho do rio Indo. Aqui, como no sul da Índia, durante o séc. II-I a. C., foram aperfeiçoadas as técnicas de irrigação com a construção de cisternas e canais artificiais.
Direita: ceifadores trabalhando, segundo um desenho extraído do medalhão da balaustrada (vedik) de um stûpa (séc. I d. C.).

vantagem que esses ventos ofereciam, apesar das dificuldades da navegação em alto mar. Uma passagem do *Périplo do mar Eritreu,* onde as monções são designadas como «ventos indianos chamados etésios», parece confirmar esse fato.

Os contatos comerciais com o Ocidente e a necessidade de incrementar a produção agrária para fazer frente às crescentes necessidades de alimento introduziram importantes inovações nas **técnicas de irrigação** em grande escala. No Ceilão e no sul da Índia foram escavados canais artificiais e cisternas que tinham, às vezes, dimensões excepcionais, como o da cidade de Anuradhapura, que podia conter um volume de água suficiente para regar mais de 450 km^2 de território.
Em relação à produção de **objetos de olaria** não houve inovações técnicas dignas de serem mencionadas. Continuou a ser fabricada a clássica cerâmica negra, obtida pela cozedura em forno sem oxigenação e posterior acabamento das peças com um laborioso trabalho de polimento. Era um tipo de cerâmica muito apreciada, muito difundida no Oriente.
A partir do século I a. C. também apareceram imitações da cerâmica romana do tipo aretino, que chegava do Mediterrâneo aos armazéns situados nas costas da península indiana. Apesar destes produtos imitarem cuidadosamente a forma dessa cerâmica, nunca conseguiram alcançar a qualidade da original devido ao material mais macio, à cozedura menos uniforme e ao esmalte e decorações toscos.
As moedas romanas de ouro também foram imitadas. Tratava-se de fracas reproduções em argila dourada, que provavelmente só foram utilizadas como objetos de adorno, já que todas possuem um orifício ou uma pequena alça.

Neste período a **medicina** indiana, que em épocas anteriores já havia alcançado um nível importante, continuou progredindo. Segundo alguns pesquisadores, nesta época foi redigido o *Ayurveda (Ciência da longa vida),* onde estão registrados os ensinamentos médicos tradicionalmente atribuídos a Brama, divididos em oito partes e correspondentes a outros tantos ramos da arte médica. Mas, no conjunto, os conhecimentos de anatomia humana continuavam sendo superficiais devido à proibição absoluta, por motivos religiosos, de dissecar cadáveres. No entanto, em alguns manuais se ultrapassa essa proibição de maneira engenhosa: o cadáver era metido numa jaula e submerso num rio durante sete dias; assim, graças aos efeitos da decomposição, era possível observar os órgãos esfregando as partes moles, sem ter que usar a faca. Também se avançou no conhecimento do desenvolvimento do feto e das etapas da gravidez. Conheciam-se os sintomas da tuberculose e das doenças infecciosas, principalmente da varíola, considerada um castigo da deusa Sitala. Nos textos médicos deste período é dada especial atenção à **patologia da febre,** considerada «a rainha de todas as doenças». Acreditava-se que ela era causada, principalmente, pela ira do deus Xiva. As diferentes manifestações da febre e as suas causas foram descritas cuidadosamente e com grande riqueza de detalhes. Os médicos indianos dedicavam uma atenção muito especial à análise das febres terçãs e quartãs. Também avançaram muito os procedimentos de **diagnóstico**, ou seja, a inspeção, auscultação e apalpação. Como anteriormente, a terapêutica se baseava na dietética, que prescrevia numerosas regras alimentares e higiênicas, e em segundo lugar na utilização de fármacos por via interna ou, principalmente, externa. Os medicamentos eram, geralmente, extraídos de substâncias vegetais conhecidas muito bem. Empregavam-se substâncias eméticas, purgantes e exsudativas e faziam-se inalações, lavagens e sangrias, utilizando para isso sanguessugas ou ventosas metálicas. Mas, foi na **cirurgia** que a medicina indiana alcançou níveis muito superiores aos de outras civilizações. Algumas das intervenções habitualmente realizadas só foram conhecidas na Europa no fim da Idade Média, como por exemplo a extração das amídalas e dos cálculos da vesícula, a reconstrução do nariz, a redução de fraturas e a incisão de abcessos. Através dos textos médicos da época e dos testemunhos arqueológicos, sabemos que os **instrumentos** utilizados pelos cirurgiões indianos se dividiam em obtusos e cortantes e não deixavam nada a desejar, seja em qualidade ou eficácia, aos que se usam atualmente. O primeiro grupo compreende mais de cem utensílios, entre os quais se pode citar as tenazes para retirar corpos estranhos, as sondas e as cânulas. O segundo conta com, aproximadamente, vinte tipos de instrumentos: bisturis, lancetas, tesouras, navalhas de barbear, facas e agulhas de sutura. Os manuais dão grande atenção à formação dos futuros cirurgiões, que deviam praticar depois de uma longa aprendizagem.

No século II a. C., a música indiana foi objeto de estudos mais profundos. Segundo pesquisas recentes, um tratado atribuído a um tal Bharata, intitulado *Nâtya Úâstra*, remonta a esta época. O autor se detém, sobretudo, nas notas *(svara),* nos intervalos *(œuruti)* nos modos *(jâti)* e nas gamas (chamadas *grâama* e *mûrchanâ*, conforme o tipo). Em épocas posteriores, especialmente nos séculos III e IV d. C., estes dados foram compilados, atribuindo-se por isso o *Nâtya Úâstra* a esse período.

No nordeste da América, os povos da cultura Hopewell, que praticavam a caça e a colheita, mantiveram as técnicas tradicionais de trabalhar a pedra e os metais, sem acrescentar inovações especiais. Inclusive a construção de grandes trincheiras, de uso defensivo, cultural ou funerário *(mounds),* era feita simplesmente amontoando pedras e terra. Ao que parece, a única invenção original desta civilização foi o **cachimbo,** utilizado nas cerimônias mágicas e religiosas para fumar tabaco (introduzido a partir do sul) e outras ervas. Os cachimbos mais valiosos são estatuetas de caulinita, clorita ou esteatita. O fornilho, situado no centro da parte superior, se apóia numa base horizontal que esconde a boquilha.

Por outro lado, a escassez de recursos naturais na região sudoeste aprimorou o engenho das populações locais que inventaram técnicas especiais para uma agricultura do tipo intensivo. **Selecionaram plantas,** introduziram novos cultivos, **escalonaram as ladeiras** e escavaram **canais de rega.** Provavelmente, foi a necessidade de construir habitações estáveis que gerou uma das invenções características dessas culturas, o adobe. Trata-se de tijolos de argila prensada e secada ao sol que se tornaram em material comum para a construção de edifícios.

Como não conheciam a cerâmica, dominaram quase à perfeição a técnica da fabricação de cestos e outros objetos entrelaçando fibras vegetais extraídas de raízes, cascas, talos e sarmentos de muitas plantas. Algumas vezes, as canastras estão impermeabilizadas com uma capa de argila crua por dentro. Eram usadas, inclusive, para cozinhar, enchendo-as de água fervendo e acrescentando pedras aquecidas no fogo.

Na região mesoamericana, por motivos que não são fáceis de determinar, a tecnologia se encontrava num estágio muito rudimentar. Não se conhecia a roda nem as suas múltiplas aplicações e a impossibilidade de utilizar a tração animal limitou consideravelmente o progresso no campo da mecânica. Assim, a construção de grandes monumentos, que exigia o transporte e colocação de enormes blocos de pedra extraídos em zonas muito afastadas, implicava a resolução de difíceis problemas práticos.

Mas, por outro lado, a **escrita**, a **astronomia** e a **matemática** alcançaram um desenvolvimento notável. As práticas religiosas baseadas na crença de que o destino do homem estava fixado desde o seu nascimento e de que era possível predizer o futuro a partir dos sinais celestes fizeram com que os conhecimentos no campo da astronomia tivessem um grande impulso, como demonstra a cuidadosa orientação dos edifícios sagrados. No Monte Albán, na região mexicana de Oaxaca, já no alvorecer de sua civilização, se usavam sinais e números que, segundo os pesquisadores, pertencem a um calendário ritual de 260 dias, típico também de outras civilizações da região. Alguns destes glifos, gravados em lousas de pedra junto às figuras ou baixos-relevos, são um forma antiqüíssima de escrita e indicam nomes de personagens, acontecimentos e datas.

Na agricultura **foram melhoradas as técnicas de rega** com a construção de desvios, canais e reservatórios para recolher a água da chuva.

Também foi feita uma **seleção** e melhoria da **planta do milho,** um dos seus principais cultivos. Na região peruana, os procedimentos de produção artesanal se aperfeiçoaram excepcionalmente graças ao emprego de técnicas especiais.

Acima: tigela com trípode mamiforme procedente do Monte Albán. Este tipo de cerâmica é característico do período pré-clássico superior (400-200 a. C.), chamado Monte Albán I.
Esquerda: cachimbo de pedra polida com figuras de ave e peixe, pertencente à cultura de Hopewell, séc. II a. C.-séc. XI d. C. (Field Museum of National History, Chicago).

Ao lado: tecido com figuras antropomorfas (séc. III *a. C.), procedente da necrópole de Paracas (Museu Nacional da Cultura Peruana, Lima). Abaixo: baixo-relevo da série dos denominados Dançantes (séc.* VII-I *a. C.), grandes placas de pedra esculpida em baixo-relevo que representam personagens em movimento ou em posição de descanso (Monte Albán, México). Direita: o denominado escriba de Cuilapán (séc.* II *a. C.-*III *d. C.), terracota com restos de cor vermelha e com duas datas do calendário gravadas no chapéu e no peito (Museu Regional, Oaxaca).*

As civilizações deste período obtiveram resultados extraordinários na **produção de cerâmica,** apesar de não conhecer o torno. A argila, cuidadosamente depurada e desengordurada, era modelada formando-se cordões que se superpunham em espiral ou em camadas até atingir a forma da vasilha. Depois eram realizados o polimento e a decoração, feita à mão com tintas de origem natural, sobre a superfície previamente untada de engobo. Algumas civilizações, como a mochica, usaram a técnica do **molde** para fabricar vasos com várias formas, como os vasos-retrato, e para evitar uma monotonia excessiva realizavam terminações à mão antes de cozer as peças. A cozedura era feita em pouco tempo, a temperatura elevada (pelo menos 1000 graus), conseguida não com foles, mas sim soprando-se em compridos tubos de metal. Com esta técnica tão apurada eram obtidos objetos de cerâmica leves e resistentes. Depois a vasilha era abrilhantada num longo e escrupuloso processo de polimento, feito manualmente. A arte da cerâmica é o traço mais característico das culturas **nasca** e **mochica**. Nos nascas destacava-se o predomínio da cor sobre todos os outros meios de expressão (foi contabilizado um total de 11 cores e até 8 num mesmo exemplar); nos mochicas predominavam o desenho e os valores plásticos.

A **tecelagem,** como demonstram os tecidos procedentes de Paracas, é o exemplo mais destacado da produção artesanal destas regiões. O algodão local era misturado com diferentes proporções de lã de alpaca, vicunha ou lhama, obtendo-se assim fios de grande qualidade. Eram torcidos à mão e fiados com roca e fuso. Depois eram tecidos num tear cujos extremos estavam amarrados um na cintura da tecedeira e o outro numa estaca. A urdidura costumava ser de algodão e a trama preferencialmente de lã. Os fios se tingiam com diferentes colorantes: uma infusão de casca de aguaribai para obter o amarelo e o marrom; o índigo para o azul; o vermelho provinha da trituração da cochonila, um inseto parasita, ou então, como no Mediterrâneo, das conchas da espécie *Murex*. Conforme a combinação destas

tinturas básicas, eram obtidas as demais cores, como por exemplo o verde. As técnicas de tecelagem eram muito variadas e, algumas vezes, o artesão peruano conseguiu resultados de uma perfeição jamais igualada, chegando a tecer 200 fios duplos por centímetro quadrado. Freqüentemente o tecido era decorado intercalando-se plumas, conchas, contas e lâminas de ouro ou prata. Outra característica dos tecidos desta região são os **bordados,** que se realizavam tensionando o pano sobre uma almofadinha, com agulhas curvas e usando muitos pontos diferentes.
Os melhores tecidos de Paracas pertencem à fase Necrópole (400-100 d. C.), pelas amplas sepulturas subterrâneas onde as múmias encontradas estavam envoltas em belos sudários, fabricados expressamente para os defuntos. Júlio Tello descobriu, em 1925, umas 400 múmias em cujos sudários aparecem bordados seres mitológicos ou divindades monstruosas, guerreiros, bailarinas com troféus na cabeça, pássaros e peixes concebidos com grande realismo.

A partir do século II a. C., na **península italiana** e, principalmente, no Lácio, Etrúria e Campânia, a arquitetura passou por uma fase de forte desenvolvimento, com intervenções radicais no traçado urbanístico das cidades e edificação de grandes **complexos monumentais** nos principais centros urbanos. Por exemplo, em Roma foram erigidas construções destinadas ao culto, como o templo de Vesta e os edifícios sagrados do foro Olitório, ou então para fins civis, como o Tabularium (arquivo do Estado), construído em 78 a. C. no Capitólio. A arquitetura helenística influenciou profundamente os projetos dos novos prédios, que foram construídos aproveitando as características da paisagem, introduzindo ou alterando as estruturas para conseguir efeitos cenográficos, como acontece com o templo da Fortuna de Preneste (atual Palestrina). Este santuário, situado em vários níveis de uma ladeira, possui, além do templo propriamente dito, uma série de praças, salas, terraços e um teatro, formando um conjunto com o foro, localizado ao pé da colina. Neste período foram construídos numerosos **teatros** que, ao contrário da tradição grega, não estavam adaptados a uma pendente, mas sim concebidos como uma estrutura maciça e isolada, com a platéia de bancos escalonados (cávea) sustentados por complexas estruturas portadoras de arcos e abóbadas. O primeiro teatro realizado completamente como obra de fábrica foi construído em Roma, por Pompeu, entre 55 e 52 a. C., quando foi inaugurado oficialmente. A platéia tem capacidade para 12 000 espectadores e o palco está ladeado por uma colunata e duas êxedras (nichos) semicirculares. No alto da platéia, para efeito de cenário, Pompeu fez instalar um templo dedicado a Vênus Genitrix, de maneira que as arquibancadas parecessem uma escadaria de acesso ao edifício sagrado.

Um tipo de monumento completamente novo, de concepção original, que começou a se generalizar neste período foi o **anfiteatro.** Os antigos edifícios de madeira foram substituídos por outros em pedra e a primeira construção totalmente de raiz foi feita em Pompéia em 79 a. C. O primeiro anfiteatro de pedra de Roma foi construído em 29 a. C., por iniciativa de T. Estatílio Tauro. Mas o exemplo mais destacado é o Anfiteatro Flávio, chamado popularmente de **Coliseu** porque perto dele havia uma gigantesca estátua em bronze de Nero, semelhante ao deus Sol. Este anfiteatro possui 80 m de altura, 188 m de diâmetro maior e um alçado com três tipos de arcadas, às quais assomam as galerias que correm debaixo das arquibancadas. Sua capacidade era, pelo menos, de 50 000 espectadores e foi inaugurado com uma espetacular série de jogos em 80 d. C.

No século I a. C. se iniciou, em Roma, a construção de grandes **instalações termais,** cuja arquitetura se baseava menos em princípios estéticos e mais em critérios funcionais, que deviam levar em conta as três fases em que se dividia a cura termal: salas de ar quente, banho quente e banho frio. Além disso, possuíam salas de massagem, lugares de reunião, piscinas para nadar, bibliotecas, ginásios e jardins para passeio. Os exemplos mais característicos desse período estão em Baia, Campânia, onde o balneário dispõe de mananciais de água mineral, e em Roma, onde se destacam as termas construídas por Nero depois do incêndio de 64 d. C.

Na época de Augusto, a transformação das portas da cidade de lugares de acesso a construções monumentais deu lugar ao **arco,** um monumento triunfal cuja construção se generalizou rapidamente, convertendo-se num elemento característico da arquitetura romana do século I d. C. O exemplo mais antigo que se conhece, o **Arco de Rímini,** erigido em 27 a. C., constitui um marco decisivo. Ladeado por duas altas torres, se encontra integrado nas muralhas da cidade. Na fachada há duas sen

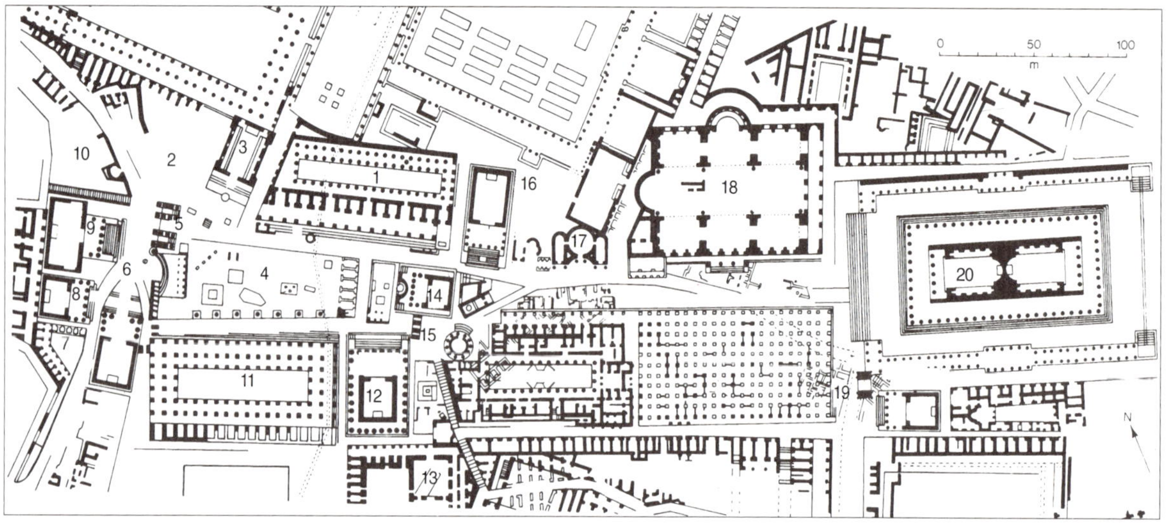

Arriba: planimetria do Foro Romano, em Roma: 1) Basílica Emília; 2) assembléia; 3) cúria; 4) monumentos da zona central; 5) arco de Septímio Severo; 6) templo de Saturno; 7) pórtico dos deuses protetores; 8) Templo de Vespasiano e Tito; 9) Templo da Concórdia; 10) cárcere; 11) Basílica Júlia; 12) templo dos Dioscuros; 13) Vestíbulo de Domiciano; 14) Templo do Divino Júlio; 15) Templo de Vesta e casa das vestais; 16) Templo de Antonino e Faustina; 17) templo denominado de Rômulo; 18) Basílica de Maxêncio ou de Constantino; 19) Arco de Tito; 20) Templo de Vênus e Roma.

Direita, em ambas as páginas: detalhe do Foro Romano. O antigo foro da época republicana e os novos conjuntos mandados construir por César, Augusto e pelos imperadores Flávio, Nerva e Trajano constituem um centro monumental unitário.

coríntias que margeiam a abertura (vão), sobre a qual há um frontão saliente. Destacam-se por seu interesse os medalhões (escudos) com bustos de divindades que decoram a fachada e abraçam a tradição etrusca. Outros exemplos importantes se encontram em Aosta, Susa, Aquino e Verona. Em **Roma** o arco alcançou um nível artístico considerável, como o **Arco de Tito,** erguido para celebrar a vitória na guerra contra os rebeldes judeus em 70 d. C. Este monumento majestoso, mas simples e equilibrado, está decorado com uma rica série de relevos de caráter simbólico ou de referência às façanhas do imperador, como nos dois painéis onde, num deles, aparece Tito triunfal numa quadriga e, no outro, os soldados levando os objetos sagrados do templo de Jerusalém.

A partir deste período as cidades mais ricas e populosas foram criando **novos foros,** amplas praças retangulares circundadas pelos principais edifícios religiosos e civis, como o **capitólio** – templo das três divindades de culto estatal (Júpiter, Juno e Minerva) –, a **basílica,** uma sala coberta de área retangular, geralmente destinada à alta administração de justiça, e a **cúria,** reservada para as reuniões dos administradores locais.
A partir da época de Augusto e durante todo o século I d. C. houve uma grande prosperidade econômica. As administrações cidadãs, com a ajuda de generosas doações dos cidadãos mais ricos, remodelaram e embelezaram as portas, os templos e os teatros, ou construíram novos complexos mais faustosos e imponentes. Com isto, pretendiam não só dotar a sua comunidade de instalações funcionais e agradáveis esteticamente, como também consolidar a imagem do poder imperial. Em alguns casos, os problemas originados pelo grande aumento populacional obrigaram à regulamentação do desenvolvimento urbanístico através de autênticos **planos de ordenamento.** Por exemplo, em Roma, César propôs uma lei *de Urbe augenda*, que só foi aplicada parcialmente por Augusto. De fato, este preferiu deixar intactos os bairros mais antigos e concentrou sua atuação nas zonas livres, onde erigiu as novas estruturas monumentais, como o foro que levou o seu nome. Nas épocas de César e Augusto consolidou-se a figura profissional do arquiteto, que já não era um simples capataz ou mestre-de-obras, mas um homem especialmente culto. Além de dominar as disciplinas próprias de sua profissão, como a matemática, a geometria e a física, devia conhecer outras matérias: a música para resolver problemas relacionados com a acústica de algumas construções (teatros e odeão); a medicina, para situar os edifícios nos lugares mais saudáveis; a astronomia, para orientar adequadamente os monumentos. Entre os arquitetos destaca-se **L. Vitrubio Pollio,** que escreveu a obra *De architectura*, o manual mais famoso da Antiguidade dedicado à ciência da construção, tendo exercido uma grande influência nos arquitetos do Renascimento.

O ANFITEATRO

O anfiteatro, invenção original da arquitetura romana, era um edifício reservado, sobretudo, para os espetáculos de lutas de gladiadores e com animais selvagens (venationes). O nome, de origem grega, não significa, como usualmente se crê, «teatro duplo», mas sim um lugar reservado aos espectadores, que circunda o espaço onde tem lugar o espectáculo. Nasceu no século I a. C., quando os duelos de gladiadores, que haviam perdido seu significado original de ritos funerários, converteram-se em verdadeiros espectáculos. Dada a frequência dos mesmos, tornou-se necessária a construção de instalações permanentes. No princípio, como em Pompéia (8 a. C.), os edifícios eram simples. As arquibancadas (cávea) eram obtidas circundando o espaço elíptico reservado aos combates (arena) com um talude alto, reforçado com paredes, cujo acesso era feito por uma escada dupla exterior. Mais tarde, todas as estruturas já eram manufaturadas. A cávea, sustentada por um complicado sistema de arcos, abóbadas e pilares unidos entre si por paredes radiais, estava dividida em três setores horizontais (maeniana), separados por patamares anulares (praecinctiones); os espectadores entravam e saíam por acessos (vomitoria) que desembocavam nas escadas interiores. Sob o piso da arena havia locais (usados para as necessidades do espectáculo) que estavam ligados ao exterior através de uma série de alçapões e máquinas, para a realização de efeitos especiais. A arena podia também ser inundada, para os espectáculos de naumaquia, que eram simulações de combates navais. Para que os espectadores não tivessem que suportar o sol, o anfiteatro podia estar coberto com um complicado sistema móvel de lonas (vellarium), estendido sobre mastros. Por último, um sistema de encanamentos assegurava a evacuação da água da chuva. Os anfiteatros mais famosos da Espanha são os de Itálica e Tarragona.

Direita: planta da Verona romana. 1) teatro romano: 2) Porta dos Leões; 3) arena (anfiteatro); 4) Porta Borsari; 5) foro; 6) Capitólio. Em Verona, a planta baixa regular se afasta da habitual orientação (norte-sul, leste-oeste) devido à localização particular da cidade num ângulo do Ádige.

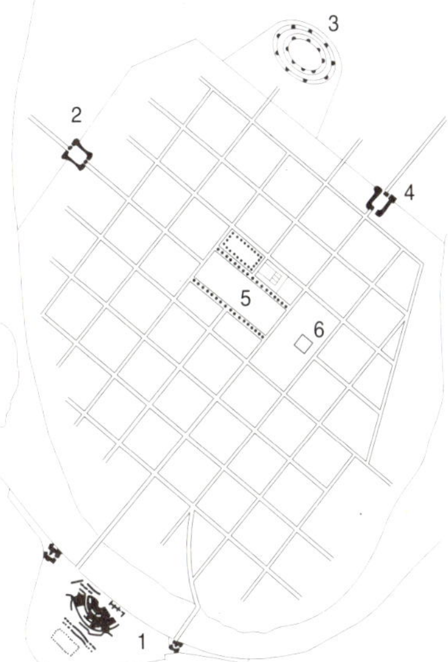

A **Península Ibérica,** uma província rica e produtiva, viveu neste período um amplo processo de **urbanização.** Principalmente nos mandatos de César e Augusto, os antigos centros nativos, transformados em colônias, converteram-se em cidades importantes, desenvolvidas urbanisticamente, como a colônia Iulia Terraco (Tarragona); a colônia Augusta Emérita (Mérida), capital da Lusitânia; a colônia Cordubal (Córdoba), capital da Bética; León, Toledo e Palma. Algumas delas tiveram templos, termas, anfiteatros e, sobretudo, teatros particularmente grandes e luxuosos como o de Mérida, um dos mais bem conservados do mundo romano. Construído em 18 a. C. por ordem de Marco Vipsânio Agripa, tinha capacidade para 5500 espectadores. Também são características da arquitetura ibérica da época as **grandiosas pontes de muitos olhais,** que percorriam grandes distâncias. Os exemplos mais destacados se encontram em Lérida, Martorell, Salamanca e Mérida. Esta última, com os seus 60 olhais e quase 800 m de comprimento, é uma das mais extensas do mundo.

Com a ocupação romana, a **Grécia** viveu um significativo desenvolvimento urbanístico. Algumas cidades foram fundadas para celebrar eventos históricos importantes, como Filipos, na Macedônia, ou Nicópolis, no Epiro. Outras foram adaptadas ou reconstruídas para acolher as colônias nelas estabelecidas, como Corinto. Nela a cidade romana se sobrepôs ao antigo núcleo populacional. Na época de Augusto, sua praça principal (ágora), melhorada com uma série de zonas cobertas, foi adornada com um pórtico e uma porta de acesso com um amplo arco ladeado por colunas. Esse processo de renovação afetou outras importantes cidades, como **Atenas,** onde, durante o mandato de César, foi construído um grande mercado, formado por um pátio circundado por uma fila dupla de colunas e a que se acedia através de uma grande porta tetrastilo. Mais tarde, durante o mandato de Augusto, foi construído um **templo dedicado a Roma e a Augusto** em plena acrópole, exatamente em frente do Pártenon. Possui área circular e um pódio com peristilo formado por nove colunas jônicas. Em outros casos, alguns monumentos de épocas anteriores foram reformados, tal como ocorreu com a Torre dos Ventos e o monumento dedicado a Agripa. Um **exemplo característico da atuação urbanística** empreendida por Augusto é a cidade de Nicópolis, no Epiro, (atual Paleoprevesa), erguida numa posição geográfica favorável para celebrar a vitória naval de Actium (31 a. C.) contra a frota de Marco Antônio e Cleópatra. A cidade cresceu em redor de um templo dedicado a Apolo, erigido por ordem de Augusto no lugar onde havia instalado a primeira tenda da batalha. Sua planta é tipicamente romana, com muralhas e edifícios públicos (as termas; um aqueduto; dois teatros, tendo sido o menor erigido sob encomenda e o maior com as arquibancadas adaptadas ao terreno, e um estádio com extremidades semicirculares e gradis sustentados com arcos).
Por último, o caso especial da **cidade sagrada de Olímpia.** Augusto, que havia ressuscitado os Jogos Olímpicos, restaurou o famoso templo consagrado a Zeus, situou no Metroon a sede do culto ao imperador e transformou o antigo edifício dos *hellanodikai* em residência imperial.

Na **Itália** a construção privada, influenciada também pela arquitetura helenística, experimentou mudanças importantes. A planta das habitações dos ricos tornou-se mais complexa e ao edifício central foi acrescentado um segundo corpo, formado por um pórtico com colunas *(peristylium)* que circundava um jardim com fontes e estátuas para onde davam as salas de estar, recepção e de refeições. As paredes dos cômodos estavam **decoradas com estuques e pinturas murais** e os pisos cobertos com **mosaicos.** Ao princípio, os mosaicos eram bem simples, com tesselas brancas e negras formando desenhos geométricos *(opus signinum).* Mais tarde, formaram grandes quadros de cores *(emblemata)* com paisagens e episódios mitológicos ou históricos, inspirados na pintura helenística. Muitas dessas mansões, graças a um ramal do aqueduto público, tinham **água corrente** e freqüentemente também possuíam uma **instalação de aquecimento** a ar e banheiros. Nas cidades maiores, para alojar os mais pobres **foram construídos grandes edifícios** *(insulae)* de área quadrangular, com pátio interior e vários andares, às vezes quatro ou cinco. Estavam isolados ou em grupo, separados por estreitas vielas. As fachadas revestidas de ladrilhos possuíam muitas janelas e balcões que davam para a rua. O andar térreo estava ocupado por oficinas. O interior estava dividido com tabiques de madeira em muitos cômodos de aluguel, sem serviços de higiene nem água corrente. Os exemplos mais significativos desse tipo de construção, que devia ser muito comum nas grandes cidades do mundo romano, podem ser vistos em Óstia, perto de Roma.

***Acima:** aqueduto romano da época de Trajano (fins do séc. I d. C.), construído em Segóvia. É uma das construções mais antigas da arquitetura civil romana e atravessa a cidade ao longo de 800 m.*
***Esquerda:** ruínas do teatro romano de Mérida, cujas esculturas se conservam no museu local.*

Enquanto na Grécia as casas eram construídas com base nas tradições helenísticas, sem introduzir alterações significativas, na Hispânia a casa do tipo helenístico romano, com átrio e peristilo, não teve muito êxito, já que **as tradições locais foram conservadas,** com estruturas mais simples e essenciais, pátios cobertos e o andar térreo sem janelas. Também foram construídas casas de vários andares e mansões suntuosas, como o chamado Palácio de Augusto, de Tarragona, e, principalmente, o edifício com pórtico, vestíbulo, átrio, peristilo e numerosos cômodos luxuosos que se encontrava fora das muralhas de Conímbriga (Coimbra). Em alguns casos, sobretudo nas vilas suburbanas ou nas urbano-rústicas existe um amplo pátio central de área quadrangular com peristilo, para onde dão os cômodos.

Na Itália, os exemplos mais monumentais da arquitetura funerária se cruzam com a tradição etrusco-itálica do túmulo. O exemplo mais representativo é, talvez, o Mausoléu de Augusto: de forma cilíndrica e base quadrangular, coberto com um grande acúmulo de terra, sobre o qual se erguia a estátua do imperador. O mesmo modelo foi seguido em muitos outros monumentos funerários, como o de Cecília Metela, na Via Ápia, o de L. Munácio Planco, de Gaeta, ou o dos Pláucios, da Via Tiburtina. Provavelmente, o uso de **columbários** remonta à **tradição etrusca,** ainda que a opinião dos investigadores esteja dividida a respeito. Compõe-se de grandes salas sepulcrais em cujas paredes existem nichos *(loculi)* para as urnas com as cinzas dos defuntos, identificadas com inscrições em tabuletas. Estes monumentos estavam destinados, principalmente, a receber as urnas dos escravos e libertos da família imperial ou das grandes linhagens romanas e tiveram seu grande auge na primeira metade do século I d. C. O columbário mais notável é o que estava reservado às pessoas do séquito da imperatriz Lívia, que possui quase três mil urnas.

Outro caso singular de Roma é o **monumento a Caio Céstio,** morto em 12 a.C., com uma sepultura de pequenas dimensões, fechada numa pirâmide de mais ou menos 27 m.

No **norte da Itália,** concretamente em Sarsina e Aquiléia, a arquitetura do monumento funerário acusa a influência das tradições de construção da Ásia Menor. Os **sepulcros têm a forma de pequenos templos,** de área quadrangular ou circular, rodeados de colunas e colocados sobre bases altas, muitas vezes adornadas com relevos. A cobertura pode ser cônica, piramidal ou pontiaguda. Por último, em quase todas as cidades itálicas há **restos de recintos funerários,** uma das estruturas mais comuns: o espaço de terreno reservado a um núcleo familiar estava rodeado de uma balaustrada de pedra, em cujo interior se colocavam cipos e monólitos com as inscrições funerárias, que costumavam estar decorados com relevos. Os exemplos mais bem conservados vêm de Aquiléia, ao longo da Via Ânia, e de Borretto (Emília).

Na Península Ibérica as estruturas funerárias conservaram as tradições nativas da idade proto-histórica, como as tumbas escavadas na roca de Mallorca ou as de origem púnica, como as sepulturas poço. Também são conhecidos alguns exemplos de sepulturas em forma de templo, que se cruzam com as tradições helenísticas, ou em forma de torre, como o famoso sepulcro dos Cipiões da necrópole de Tarragona. Por outro lado, na Grécia se conservaram os tradicionais modelos helenísticos e, em particular, o **sepulcro em forma de oratório.**

***Encima destas linhas:** a muralha de Sepinum (Sepino, Itália) com quadrícula augusta, séc. IV a. C. À esquerda aparece o Mausoléu.*
***Direita:** detalhe da muralha citada.*
***Abaixo:** Decumanus maximus do Foro de Herculano. As escavações trouxeram à luz uma zona da cidade de planta regular, com grandes insulae de forma retangular.*

O **aumento da população** nas principais cidades provocou um **aumento das necessidades de água** e, por isso, novos aquedutos foram construídos, cada vez mais elegantes, exigindo conhecimentos técnicos muito especiais. A água era conduzida desde o ponto de captação (fonte ou rio) até os depósitos de decantação, onde eram depositadas as impurezas; dali, por condutos com muito pouca inclinação, através de galerias ou a céu aberto (solução mais cara), chegava até os depósitos de distribuição das cidades por um canal sustentado por longa série de arcos. Através de uma densa rede de tubos, a água era conduzida primeiramente aos edifícios públicos, principalmente termas e fontes. Depois ia para os consumidores privados, que algumas vezes pagavam e outras recebiam grátis. Em alguns casos, principalmente em Hispânia, **os aquedutos atingiram dimensões monumentais,** como arcadas colocadas harmonicamente em vários níveis superpostos. O exemplo mais interessante e conhecido é o de Segóvia, construído na época de Augusto. Tem 278 m de comprimento e consta de duas arcadas superpostas, alcançando uma altura de 163 m.

As **estradas** foram obras públicas que caracterizaram o território, principalmente a partir do século II d. C. Algumas vezes seguiam o traçado de caminhos pré-históricos ou proto-históricos, mas, em geral, eram itinerários novos que respondiam mais a necessidades militares do que a civis ou comerciais. O sistema de construção era, geralmente, similar: depois de escavar o solo profundamente, enchiam-no com várias camadas de pedras e cascalho, argamassa, seixo e pedras. Por fim, a parte superior, um pouco mais alta no centro para facilitar a evacuação da água da chuva, podia ser revestida com pedras lisas poligonais unidas com argamassa ou então coberta com cascalho prensado. Nos trechos de descida ou nas zonas acidentadas eram escavados sulcos para as rodas dos carros. Em ambos lados da estrada havia canais para a água e, dentro das cidades, tinham passeios laterais.

As **cidades de formação recente** se caracterizam, quase sempre, por uma planimetria regular e são o resultado de uma planificação cuidadosa. Há um tipo de cidade de inspiração helenística (nitidamente derivada das teorias do arquiteto grego **Hipódamo**), com uma distribuição das moradias em grandes retângulos de forma alongada, com um cruzamento central. Um outro tipo segue, segundo alguns, um modelo militar, ou então, segundo outros, responderia aos conhecimentos e práticas dos agrimensores. Seus **elementos característicos** são: um perímetro quadrangular e o cruzamento perpendicular de duas ruas principais (**cardo** e **decumano**) no centro da cidade. A malha do sistema viário parte destes dois eixos, mantendo a perpendicularidade e formando quarteirões quadrados ou retangulares. Por outro lado, as cidades já existentes se remodelaram, procurando integrar racionalmente as novas estruturas no antigo tecido urbano. **Pompéia** é o exemplo mais significativo da integração dos elementos da arquitetura romana num ambiente de cunho ítalo-helenístico.

Entre os séculos II e I a. C., numa ampla zona da Europa continental, generalizou-se um tipo de assentamento fortificado convencionalmente chamado ***oppidum***, de acordo com o termo usado por Júlio César. No seu *De bello gallico,* o autor romano faz uma distinção, hoje em dia confirmada pelas pesquisas arqueológicas, entre *vici* (aldeias), *urbes* (principais cidades) e *oppida* (povoações fortificadas). Estes últimos núcleos de população encontravam-se em lugares protegidos de forma natural e caracterizavam-se por possuir uma **sólida muralha,** feita com uma armação de troncos cravados em ângulo reto, formando caixotes quadrangulares que eram enchidos de terra e pedras. A parte anterior, que podia chegar aos seis metros, era revestida com silhares superpostos. Na parte posterior havia uma rampa de terra batida que facilitava o acesso aos corredores cobertos da muralha. Na frente da fortificação, quase sempre era escavado um fosso profundo e a terra retirada era aproveitada para encher os caixotes de madeira e elevar a rampa. Só através de longos corredores era possível chegar às portas da muralha. No seu **interior** os *oppida* possuíam uma divisão urbanística muito funcional: além da rede de ruas e praças, havia zonas de moradia, zonas agrícolas e artesanais e edifícios públicos. Estes importantes assentamentos perderam importância com a romanização, uma vez que foram abandonados, voluntária ou obrigatoriamente, por motivos de segurança em quase todas as regiões. A única exceção foi a Gália, onde em alguns casos houve uma certa continuidade de assentamento e os *oppida* se converteram em cidades.

Direita: o mausoléu ou monumento dos Júlios (séc. I d. C.) na antiga cidade romana de Glanum, próximo de Saint-Rémy-de-Provence.
Abaixo: o Pont du Gard, próximo de Nîmes, aqueduto romano construído no ano 18 a. C., com dois níveis de arcadas menores sustentando a condução. As dimensões excepcionais desta ponte (49 m de altura máxima e 275 m de comprimento) estão relacionadas com os desníveis do terreno.
Abaixo: os principia da Legio X Gemina em Noviomagus (Nimega). Os principia eram, ao mesmo tempo, quartel central, arquivos, centro religiosos e local de reunião.

A **chegada dos romanos à Gália** coincidiu com uma singular expansão urbanística. Os acampamentos de legionários converteram-se em cidades, criaram-se novos assentamentos com o envio de colonos e adaptaram-se os antigos núcleos habitados por nativos. Assim, as **soluções urbanísticas** foram muito variadas, já que deviam levar em conta tanto a conformação natural do terreno como a localização anterior dos assentamentos. Em muitos casos, o traçado urbanístico é de área quadrangular, com um subdivisão interna de retículo regular formado por ruas que se cruzam em ângulo reto. Os exemplos mais interessantes se encontram em Arelate (Arles), Nemausus (Nimes) – em cujo tecido urbano se insere habilmente a extensa área do antigo santuário celta dedicado ao deus epônimo Nemausos –, Augusta Trevirorum (Trier) e Augustodunum (Autun). Em outros casos aproveita-se a existência de outeiros perto do núcleo habitado para fazer um traçado urbanístico que favorece o aspecto cenográfico, como em Viena (Vienne) e Aurasio (Orange). Nesta cidade, por exemplo, a rua principal atravessa a porta sul e conduz a uma colina em cuja base encontram-se o foro e o teatro e, na vertente da colina, uma série de edifícios sagrados harmoniosamente situados. A combinação da tradição celta com os modelos arquitetônicos da cultura helenístico-romana (visível, principalmente, em edifícios religiosos, como o templo de Augusto e Lívia, de Vienne, e a famosa **Maison Carrée,** de Nimes, templos com pódio de ordenação coríntia e clara tipologia romano-itálica) deu origem a um grande número de edifícios inspirados em modelos clássicos, mas adaptados ao gosto local.

A arquitetura habitualmente chamada «galo-romana» caracteriza-se por uma forte predileção pelas estruturas maciças e compactas, geralmente colocadas em evidência para transmitirem uma sensação de solidez construtiva. Os exemplos mais significativos desta tendência são o teatro de Orange, as portas das muralhas de Autun e Nimes e o aqueduto sobre o Gard. Entre os edifícios públicos, destacam-se as

construções destinadas aos espetáculos. As escadarias dos teatros podem repousar parcialmente sobre uma ladeira e parcialmente sobre paredes fabricadas ou, então, totalmente sobre paredes fabricadas. O exemplo mais significativo é o de Orange, que conserva quase íntegro o edifício do palco. Por outro lado, os anfiteatros podem estar construídos de duas maneiras. A tradicional consiste em empregar uma estrutura com arcos, enquanto que a outra, mais simples, aproveita, com as convenientes adaptações, a configuração natural do lugar, parecendo ser derivada dos anfiteatros construídos nos acampamentos militares.
O abastecimento de água era feito através de aquedutos que, muitas vezes, formam estruturas majestosas de vários andares. Em alguns pontos, os aquedutos também serviam de viadutos, como o famoso Pont du Gard de Nimes, que se ergue sobre três arcadas. A estrada, que faz parte de um sistema de 50 km, passa pela arcada inferior.

Na Britânia, os núcleos habitados localizados em outeiros, que datavam da idade proto-histórica, conhecidos com o nome de *billforts,* foram abandonados a partir do século I a. C., talvez devido a certas mudanças nas estruturas sociais e econômicas. Só na zona sudoeste houve um ressurgimento destes assentamentos defensivos, sobretudo no século I d. C. De acordo com as fontes literárias e arqueológicas, este fenômeno é interpretado como um testemunho da resistência que as populações locais opuseram à penetração romana, principalmente à conquista empreendida pelo imperador Cláudio a partir de 43 d. C. A romanização também impulsionou o urbanismo nesta região, ainda que menos do que em outras zonas. De fato, aqui as populações nativas estavam tradicionalmente acostumadas a viver em pequenos núcleos dispersos, que continuaram existindo. Mas também não faltaram as **cidades de dimensões consideráveis,** como a colônia de Camulodunum (Colchester), que, depois de ser arrasada por Boudicca em 61 d. C., foi reconstruída com uma planta reticular, ou Londinium (Londres), que por sua posição geográfica favorável converteu-se num importante centro comercial e numa das principais cidades européias. Só se conhece um teatro (Verulamium-St. Alban) e alguns anfiteatros, em geral de origem militar. As casas privadas costumavam ter os cômodos ao redor de um corredor que bordeava um pátio interior circular, em vez dos átrios mediterrânicos, devido ao clima mais frio.

Na região danubiana e balcânica havia assentamentos de tipo militar e algumas cidades com traçado urbanístico e estruturas muito modestas. É possível citar Castra Regina (Ratisbona) e Augusta Vindelicum (Augsburgo), em Récia, Virunum (Klagenfurt), em Nórica, Salona e Iader (Zara), na Dalmácia, e Síscia (Sisak) e Savária (Szombathely), em Panônia. Na região nórica, em Magdalensberg, encontramos um caso singular de persistência de um assentamento de origem nativa na época romana. Ali havia um núcleo habitado, de nome desconhecido, com um recinto fortificado, em cujo interior encontravam-se o palácio de um príncipe e um importante santuário do deus da guerra Latóbio. Na época republicana, algumas agências comerciais de mercadores procedentes da Itália, particularmente da não muito distante colônia de Aquiléia, estabeleceram-se ali. Com a ocupação romana, a partir de 15 a. C., os arquitetos nivelaram a vertente meridional do monte com terraplenagens e extraindo a rocha, formando assim uma esplanada em torno da qual ergueram os edifícios públicos.

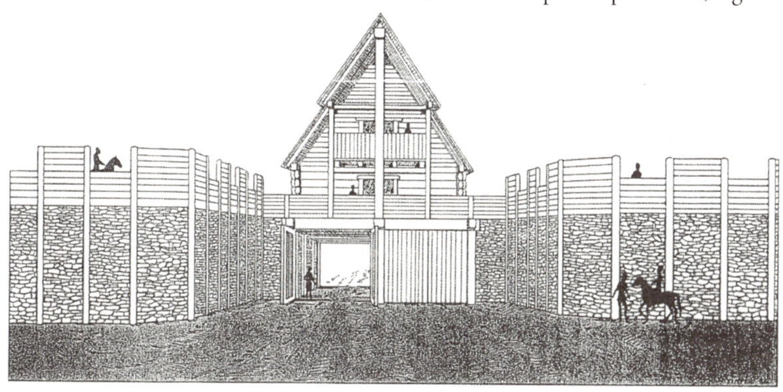

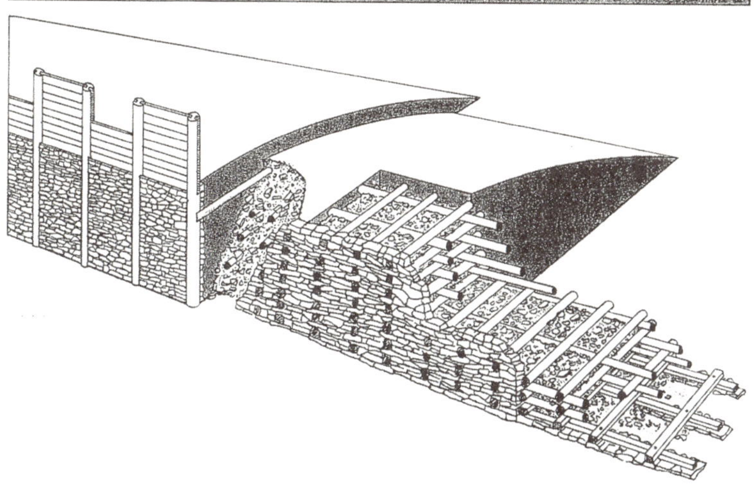

Acima: detalhe do teatro romano de Orange, França, com uma estátua de Augusto. Direita: acima, reconstrução da parte leste da cidadela de Manching, Baviera. O bastião mete-se para dentro para que o inimigo tenha que desproteger os flancos se quiser chegar até a porta propriamente dita, sobre a qual há um torreão de madeira (séc. I-II a. C.). Abaixo: esquema dos bastiões da cidadela. À direita, o muro galo e, à esquerda, o bastião de madeiras verticais encaixadas no paramento. Esquerda: Tour Mague, típico troféu augustal de forma octogonal. Nîmes, França.

Na **Ásia Menor** as estruturas arquitetônicas e os traçados urbanísticos se relacionavam, tradicionalmente, com os esquemas característicos do **helenismo.** Por este motivo, quando os romanos conquistaram a região, não ocorreram mudanças de peso nas formas, havendo sim o seu retorno e reelaboração. Uma prova disto é que quase todas as cidades conservaram os seus esquemas urbanísticos originais, sejam os de características cenográficas, que aproveitavam a conformação do terreno, como em Pérgamo, sejam os de desenvolvimento perpendicular, segundo os cânones da escola de Hipódamo de Mileto. Estes subordinavam o efeito estético à simplicidade e funcionalidade, com independência total entre muralhas e superfície edificada, falta de eixos viários principais (de maneira que a distribuição interna dos quarteirões é uniforme) e amplas zonas livres entre os bairros residenciais, prevendo possíveis ampliações. Um exemplo significativo de evolução dos modelos gregos é o desenvolvimento da **ágora,** a praça de estilo grego. Ela passou de um espaço aberto, incluído no tecido urbano, a um espaço fechado, acessível através de portas monumentais, delimitado com pórticos de colunas, por trás dos quais estavam os edifícios públicos, como acontece em Éfeso, Afrodísia e Mileto.
Na **Síria,** a fundação de colônias em assentamentos já existentes trouxe interessantes mudanças ao traçado urbanístico das cidades. Por exemplo, em **Heliópolis** (Baalbek), que na época de Augusto converteu-se em colônia, foi traçada uma **planta reticulada,** com dois eixos perpendiculares formados pelas duas ruas principais. Mas a planificação foi adaptada aos monumentos da época anterior, como o grande santuário do Sol, que foi levado em conta no momento de situar os edifícios, deixando-lhe espaço ao redor para o caso de ser necessário ampliá-lo. Em outros casos, como em Berytus (Beirute), os modelos arquitetônicos característicos do urbanismo romano, como a basílica, e os modelos típicos do helenismo, como os longos pórticos *(stoá),* misturavam-se harmoniosamente, criando construções novas muito originais, encontradas também em algumas cidades da **Palestina,** como Jerusalém e Samaria.
Nesta última região, **Herodes,** ***o Grande,*** rei da Judéia, na sua tentativa de promover a helenização do reino, desencadeou uma frenética atividade nos campos arquitetônico e urbanístico. Fundou e refundou cidades, fazendo construir, às suas custas, suntuosos edifícios do tipo helenístico. Um exemplo significativo do trabalho empreendido por este rei foi a criação, entre 22 e 10 a. C., de uma **nova cidade** na zona do antigo assentamento de Torre de Estráton. Batizou-a Cesaréia, em honra do imperador romano César Augusto, que acabou sendo uma importante cidade portuária do Mediterrâneo. Possuía um grandioso porto artificial, chamado Porto de Augusto, e no seu traçado urbanístico foram combinados elementos de tradição helenística (como as muralhas, que se adaptam à conformação do território) com a distribuição reticulada dos quarteirões, de ruas perpendiculares, tipicamente romana.
Na capital, **Jerusalém,** a intervenção de Herodes também deixou uma marca profunda. Foi construído um novo palácio real, o templo foi remodelado e criados edifícios para os espetáculos, como o circo, o teatro e o anfiteatro. Na arquitetura, alguns tipos de edifícios sofreram modificações importantes. Por exemplo, o teatro podia estar integrado no traçado urbanístico ou, freqüentemente, fazia parte de um complexo de prédios que incluía um ginásio, um estádio e as termas. Também houve transformações na estrutura arquitetônica, que se diferenciou da grega tradicional. A platéia (cávea) tornou-se mais ampla, com formato semelhante a uma ferradura, e a orquestra foi separada das arquibancadas, convertendo-se de fato numa arena, que podia ser usada tanto para os espetáculos teatrais como para os jogos. Também não faltaram os edifícios públicos de caráter tipicamente romano: anfiteatros, circos, aquedutos e termas, onde foi amplamente utilizada a técnica do arco e da abóbada. Em particular, se destacam aquedutos

Acima: pedra em forma de roda usada nos tempos de Jesus para proteger os objetos valiosos sepultados com o defunto. Esquerda: planta da fortaleza hebréia de Masada, situada sobre uma rocha isolada junto à margem oeste do mar Morto. 1,2, 3) terraço inferior, intermediário e superior; 4) os grandes banhos; 5) armazéns; 6) sinagoga; 7) sala do trono; 8) palácio oeste de Herodes; 9) piscina; 10, 11) pequenos palácios; 12) pequeno palácio, depois acampamento dos zelotes; 13) moradias dos zelotes; 14) banho ritual; 15) grande cisterna subterrânea. Abaixo: vista a partir dos bastiões de Masada.

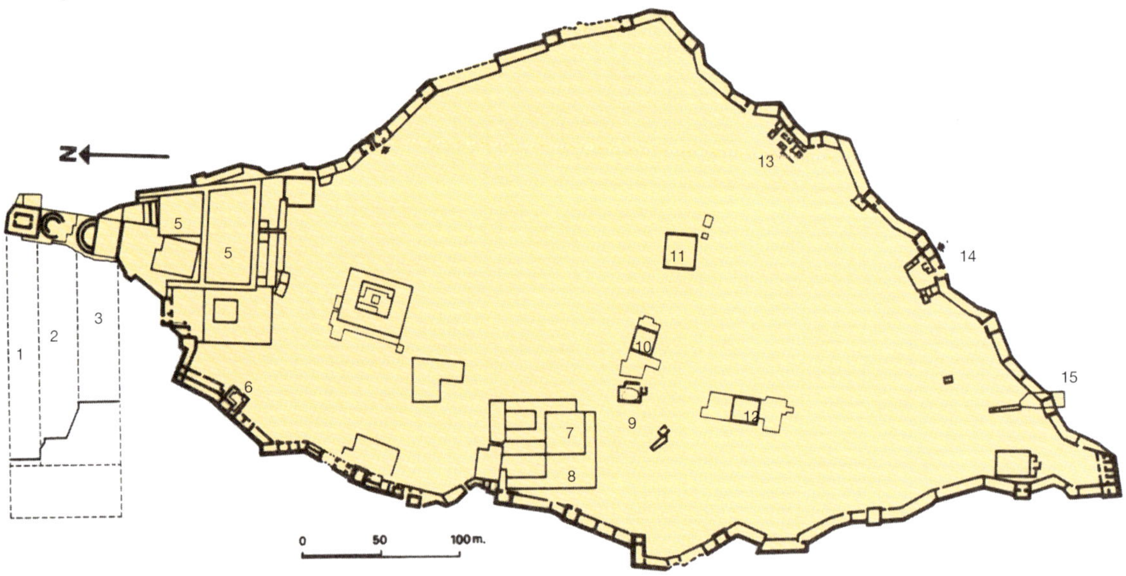

PETRA

Petra, a capital do reino dos nabateus, localiza-se num desfiladeiro atravessado pelo uadi Musa, entre altas paredes cortadas na pedra. No alto das penhas há vários santuários dedicados às divindades locais, bem como fortes para proteger os acessos à cidade. Na zona oriental, sobre o leito seco de um riacho, localiza-se a única via fácil de acesso.
Ao segui-la, encontramo-nos com a chamada Casa do Tesouro, um túmulo rupestre cuja majestosa fachada tem mais de 40 m de altura e com um grande teatro escavado na rocha, com capacidade de mais de 4000 assentos. Na cidade, há edifícios civis, como as termas, os três alojamentos para caravanas e o palácio real. Também existem templos de estrutura complexa, como a chamada Casa do Faraó e um grande arco triunfal com três vãos. No centro, numa parte mais alta, encontra-se a acrópole da cidade. Mas o mais interessante são as casas, os túmulos e os edifícios sagrados escavados nas escarpadas paredes que circundam a cidade. As casas possuem uma estrutura bastante simples, pois constam de uma grande sala, com colunas e nichos nas paredes que, às vezes, estão decoradas com motivos vegetais pintados e um triclínio no centro. Os templos e os túmulos são mais complexos. Geralmente, possuem uma fachada monumental de dois andares. No primeiro há uma ou duas portas que possuem um tímpano na parte superior e uma série de pilastras, colunas e nichos com arco em ambos os lados. No segundo andar é comum haver uma arquitrave provida de um friso dórico, encima do qual há um frontão triangular dividido, com uma atholos no centro.

A **construção privada** também apresenta aspectos muito interessantes. As casas de tipo senhorial recordam os modelos itálicos, com a estrutura típica de átrio e pátio rodeado de pórticos, para o qual dão os quartos. Nas grandes cidades, como Antioquia e Pérgamo, foram construídas casas de vários andares, cujas fachadas estão decoradas com colunas, arcos e êxedras. Um caso extremamente original é o de **Petra,** capital do reino dos nabateus, cujas casas estão escavadas na rocha da estreita garganta onde a cidade se esconde. As fachadas são grandiosas e de características cenográficas, com vários andares, tímpanos triangulares e curvos encima das portas e janelas, duas ou mais filas de colunatas e, algumas vezes, nichos e êxedras.
Entre os **palácios** construídos por encomenda dos reis se destaca o de

***Acima:** Tumba dos Obeliscos, em Petra.*
***Acima à direita:** a Casa do Tesouro (tumba el-Khasne), uma das mais famosas entre as mais de 500 tumbas de Petra, escavada na rocha e com fachada esculpida. A parte inferior apresenta a fachada de um templo coríntio, enquanto que na superior uma pequena tumba em thòlos aparece compreendida entre duas construções coroadas por frontões médios.*
***Ao lado:** ruínas do Herodion; residência estival e tumba de Herodes, o Grande, estruturada como uma fortaleza, surge sobre o cume de uma colina perto de Belém.*

como o de Aspendos, em Panfília, bem conservado, que servia também de viaduto e possuía torres hidráulicas de quase 30 m de altura, e os de Antioquia e Gerasa. Este último estava ligado a uma grande cisterna que recolhia as águas de mananciais.

Jerusalém, obra de Herodes, *o Grande,* com suas três grandes torres e vários pátios com pórticos. Nesta região teve muita importância a **arquitetura funerária,** que deixou numerosos monumentos.
As formas mais comuns são o oratório adornado com colunas, o mausoléu situado sobre uma base quadrangular elevada e as altas tumbas quadrangulares (freqüentes, sobretudo, na área síria e palestina), coroadas por uma pirâmide ou um cone. Por outro lado, em Petra, Jerusalém e Hawran sao comuns as tumbas escavadas na rocha, com fachadas arquitetônicas majestosas, reproduzindo as dos edifícios civis e religiosos.

Com a conquista romana, produziu-se na região noroeste da África um **rápido processo de urbanização,** devido, principalmente, a uma notável prosperidade econômica relacionada com o desenvolvimento agrícola. Graças às importantes obras de irrigação, a agricultura atraiu um grande número de colonos que, além de viver nas granjas, muitas vezes preferiam os grandes centros urbanos. Por este motivo, as cidades eram mais numerosas nas zonas férteis, concentrando-se especialmente na faixa costeira. O desenvolvimento urbano teve duas vertentes: a ampliação e transformação de antigos assentamentos, através da aplicação de uma autêntica planificação urbanística, e a fundação de novos centros em posições econômica e estrategicamente importantes. Desta forma, os antigos assentamentos comerciais de fundação fenícia, como Sabratha e Leptis Magna, na época de Augusto se converteram em cidades romanas, com foros, edifícios públicos, templos e teatros. No entanto, muitas vezes, a clássica planimetria reticulada limitava-se a uma parte da cidade,

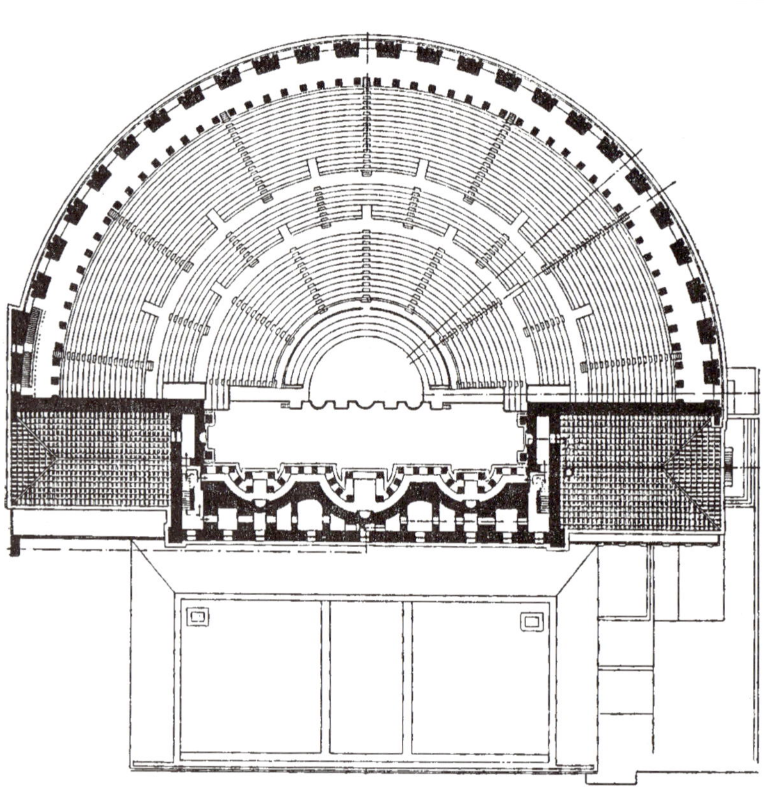

Acima destas linhas: teatro de Sabratha (séc. II-III d. C.), muito bem conservado. O palco possui três níveis superpostos e o púlpito alguns nichos decorados em relevo. A antiga cidade, situada no litoral de Tripolitana, foi fundada pelos fenícios no século X a. C. Escavada e restaurada sobretudo pelos italianos, conserva no seu interior os templos de Antonino e Ísis, edifícios termais e moradias privadas com pinturas e mosaicos, além de quatro importantes basílicas cristãs. Esquerda: ruínas romanas de Sheitla, cidade da Tunísia, no governo de Kasserine. Atualmente é um mercado agrícola de azeitonas e frutas, principalmente.

geralmente a do centro, respeitando assim os núcleos nativos e determinadas estruturas religiosas. Em Thysdrus (El Dyem), antiga possessão de Cartago, situada na Tunísia, entre as ruínas romanas se encontra o anfiteatro mais grandioso da África: três níveis de arcadas, com galerias subterrâneas para os serviços e capacidade para 60 000 espectadores. Um caso particularmente significativo é o **novo** e definitivo **traçado urbanístico** da cidade de **Cartago.** Foi realizado pela vontade expressa de Augusto, que desejava revitalizar o centro comercial e estratégico mais importante do Mediterrâneo ocidental, antecipando uma expansão romana pelo norte da África. Para erguer a cidade foi escolhida a área que o assentamento púnico havia ocupado, completamente arrasado pelos romanos em 146 a. C., no fim da Terceira Guerra Púnica. Os urbanistas encarregados da refundação criaram um traçado muito original, que fundia harmoniosamente as experiências helenísticas com as concepções romano-itálicas. Na encosta do vizinho monte Byrsa foram construídos numerosos terraços para criar um efeito cenográfico. A cidade baixa, embora seguisse o esquema reticulado, com eixos viários cruzando-se em ângulo reto, constava de quarteirões retangulares muito alongados, ao contrário do que era habitual. O exemplo de Augusto foi logo imitado pelo rei da Mauritânia Juba II, que instalou a capital do seu reino no antigo empório comercial púnico de Iol, rebatizado Cesaréia (Cherchel), em honra do imperador romano que o havia colocado de novo no trono. Neste caso o traçado urbanístico também aproveitou habilmente as características do terreno. A colina próxima à cidade foi urbanizada de maneira que se obtivesse uma perspectiva cenográfica e a parte baixa disposta conforme o sistema perpendicular, com dois eixos viários principais. No seu interior foram construídos edifícios públicos e outros para espetáculos, como o teatro, o circo e o anfiteatro. Destacam-se as imponentes muralhas que atingem um perímetro superior a 7000 m, com portas monumentais, torres e sólidos fortins.

Nas novas cidades fundadas foram aplicados os cânones urbanísticos romanos, como no caso de Timgad (Thamugadi), no sul da Argélia, onde em 100 d. C., por vontade do imperador Trajano, foi fundada uma colônia de veteranos no lugar que tinha sido ocupado pelo acampamento da Legião III Augusta. A área é quadrangular, dividida em quarteirões quadrados de uns 20 m de lado. As ruas se cruzam em ângulo reto e o foro e o teatro se inserem harmoniosamente, sem alterar as suas proporções. A arquitetura desta região não apresenta elementos originais, embora fosse dado a alguns tipos de construção um fim diferente do que era costume. Por exemplo, o **arco** perdeu, em grande parte, o seu significado triunfal e assumiu uma função urbanística muito precisa: servir de acesso monumental ao foro ou a determinadas zonas da cidade (Arco de Tibério, em Leptis Magna). Além disso, generalizou-se a construção de **arcos com quatro vãos,** que em Roma apareceram bem mais tarde. Os **teatros** também são muito interessantes e originais, tanto aqueles cujas arquibancadas estão escavadas numa ladeira, à maneira grega, como aqueles que foram completamente construídos. Nas regiões onde a influência grega era mais forte (como Cirenaica, que até 96 a. C. esteve sob o controle da dinastia helenística dos Ptolomeus), o edifício central, além de servir para os espetáculos, era o lugar de reunião do conselho de cidadãos ou mesmo de toda a cidadania. Nas necrópoles, os cipos, as aras e as estelas, próprios da cultura romana, alternam-se com outras formas da tradição nativa.

A **intensa atividade construtora** prosseguiu nos principais centros urbanos do Egito. Em Alexandria a rainha Cleópatra, além de erigir um mausoléu para ela e Antônio, iniciou a construção do Cesareum, um grande templo com pórticos e bibliotecas, repleto de obras de arte, e que foi terminado por Augusto. Este ampliou a cidade, fundando na zona oriental o novo burgo de Iuliópolis ou Nikópolis, em comemoração da vitória de Actium e, provavelmente, também encomendou a construção de um estádio ou anfiteatro. Em outras cidades, edifícios mais antigos foram ampliados. Em Dendera, durante o mandato de Tibério, o templo da deusa Hathor foi embelezado com um grande pórtico e decorado com cenas de culto. Em Philae, o complexo sagrado foi remodelado na época de Augusto com a construçao de colunatas entre os diferentes edifícios.

Com o apogeu do reino de Kush, no começo do século I d. C., ocorreu uma forte expansão dos assentamentos em direção ao norte, ocupando lugares de interesse comercial ou militar. Este foi o **período de maior esplendor da arquitetura meroíta** porque os soberanos reafirmaram o seu poderio através das construções públicas. A rainha Amanitere e seu consorte, Natakamani, ergueram um templo em Amara, reconstruíram a cidade de Napata (arrasada por uma expedição romana de represália) e edificaram um templo consagrado ao deus Apedemak em Naga. Ademais, a presença de elementos egípcios e locais na religião meroíta, havendo duas divindades especialmente veneradas, o deus egípcio Âmon e o local Apedemak, levou a que aparecessem dois tipos arquitetônicos de edifícios sagrados. Os templos dedicados a Âmon possuíam estruturas criadas em função do complicado ritual religioso egípcio, com um corredor para as procissões, em torno do qual giram os outros espaços. O mais importante foi construído em Méroe em fins do século I a. C. Os templos em que se venerava Apedemak também recebem o nome convencional de templo dos leões, devido à presença de estátuas desses animais simbolicamente montando guarda à entrada, ou porque aparecem representados nos baixos-relevos. Apresentam uma planta bem simples, com uma ou duas câmaras.

***Acima destas linhas:** plano da cidade de Timgad, jazida arqueológica da Argélia. Na cidade romana há um primeiro plano ortogonal com dois eixos maiores. Está rodeado por uma muralha e possui um teatro, uma biblioteca, um foro, vários templos, edifícios termais e casas privadas com mosaicos.*
***Esquerda, entre ambas as páginas:** anfiteatro romano de al-Djem, cidade da Tunísia, no governo de Sousse.*
***Direita:** detalhe do teatro de Leptis Magna, antiga cidade do norte da África fundada pelos fenícios no séc. VI a. C. Entre seus numerosos monumentos cabe citar o mercado, as construções do porto, as termas, o arcos dos Severos, os numerosos templos, a rua porticada, as igrejas e os batistérios.*

Como a maior parte da população chinesa vivia dispersa no campo, tanto no período Han como em épocas anteriores, as cidades só surgiram e se desenvolveram em zonas de especial interesse. Por exemplo, onde os imperadores ou reis locais se estabeleciam com suas cortes, ou também onde surgiam santuários ou empórios, ou ainda nos centros de grande importância estratégica militar e comercial. Quase todas estas cidades conservam um traçado tradicional, com **planta retangular** ou, às vezes, **circular**, e duas muralhas com portas em cada lado e separadas por um espaço que, quase sempre, era utilizado como terreno agrícola. Os dados proporcionados pelos censos, realizados regularmente a partir do século I d. C., indicam que o número de habitantes podia variar entre vários milhares e 300 000. O costume de construir edifícios com materiais pouco duráveis, como a madeira, fez com que não se conservassem as estruturas destes assentamentos; os únicos meios para reconstruir seu aspecto, além das fontes escritas ou algum mapa de difícil interpretação, são os restos dos cimentos.

Direita: estatueta em bronze dourado que representa uma moça levando uma lâmpada; conhecida como lâmpada Chang Xin por levar a inscrição «Chang Xin» (fidelidade eterna), trazida à luz entre os restos de Mancheng, na tumba de Dou Wan, esposa do príncipe Liu Sheng e cunhada do imperador Wu-Di (141-87 a. C.) dos Han ocidentais. Abaixo: antiga fortificação da Grande Muralha chinesa em Gansu central, onde passava a rota da seda, a grande artéria comercial da Antiguidade.

De **Changan**, capital dos Han anteriores, restam apenas algumas ruínas das muralhas de terra batida que deviam ter um perímetro de, pelo menos, 25 km, com 12 portas. No entanto, tratava-se, quase com certeza, da maior cidade do mundo, superior, inclusive, às maiores urbes do Mediterrâneo, como Roma e Alexandria. Sua população superava os 600 000 habitantes. Seu traçado interior era bastante singular porque a maior parte da área urbana estava ocupada pelo grandioso **palácio imperial** e edifícios anexos, como as residências dos membros da família imperial e dignitários da corte e os alojamentos dos serviçais. Dentro da cidade havia dois mercados e no exterior podia haver parques e reservas de caça.
Com a chegada dos Han posteriores, em 25 d. C., a capital foi transladada para Luoyang, que converteu-se numa grande cidade formada por bairros autônomos. Sua planta, seus principais edifícios públicos e inclusive os cursos de água estavam orientados conforme as teorias cosmológicas.

Os edifícios costumavam ser construídos com armação de madeira e paredes não muito grossas de barro e pedras, o que fez com que deles só tenha ficado um rastro. Só existem restos dos cimentos e as telhas de cobertura. Contudo, conhecemos com grande riqueza de dados as características da arquitetura civil graças aos pequenos e detalhados **modelos de edifícios** (casas, granjas, celeiros), feitos de barro cozido, que foram encontrados em numerosas sepulturas. O elemento básico é o *ting*, um telhado muito inclinado com as extremidades voltadas para cima. Costuma estar decorado com animais monstruosos e é sustentado por colunas de madeira. O fato da arquitetura chinesa ter sofrido poucas mudanças desde os tempos remotos até a época moderna nos permite conhecer os princípios fundamentais em que os construtores se baseavam. Em primeiro lugar, todo o peso da cobertura estava sustentado por **pilastras de madeira.** As paredes que se levantavam entre as pilastras ou atrás delas nunca tinham função de suporte, funcionando como tabique e proteção, de maneira que a sua espessura variava segundo o tipo de

edifício ou o clima da região. Como já foi dito, o elemento que caracteriza singularmente a arquitetura chinesa é o telhado retorcido para dentro *(ting)*. No princípio, foi concebido para obter uma estrutura elástica e flexível, que suportasse bem os tremores de terra, muito freqüentes e intensos em amplas zonas da China. A sua construção, bastante complicada, realiza-se dotando cada viga de, pelo menos, duas colunas pênseis que sustentam um telhado menor. Este sistema se repete uma ou mais vezes, de maneira que o teto formado ascende escalonadamente e pode adequar-se a qualquer edifício. Na cumeeira, sustentada por uma viga mestra, é colocada uma coroa de chaminé. Outra característica que apareceu nesta época, e também, no princípio, por motivos funcionais (proteger o edifício da chuva e do sol), é que o **teto sobressai bastante** em relação às pilastras de madeira que o sustentam. Os problemas estáticos daí gerados solucionam-se de uma forma muito simples mas engenhosa, que também permite conseguir efeitos esteticamente muito válidos. Consiste em colocar encima das pilastras e vigas mestras algumas mísulas, superpostas em ordem crescente e que, às vezes, estão um pouco inclinadas para baixo. As mísulas sobressaem bastante e sustentam a cornija da cobertura, que assim sobressai consideravelmente em relação à fachada do edifício. As telhas e as paredes estão pintadas de cores vivas (amarelo, verde, azul). Casa casa particular está destinada a uma família. Não possuem janelas que dêem para a rua nem para os pátios das casas vizinhas e, em geral, estão divididas em três partes, reservadas para o dono, para as mulheres e crianças e para os serviçais, respectivamente.

Os exemplos da **arquitetura militar** estão mais bem conservados devido, entre outros motivos, à variedade de materiais empregados na sua fabricação. Durante a dinastia Han, foi completada e melhorada a construção da **Grande Muralha,** um sistema fortificado de mais de 3200 km de comprimento, construído para repelir as incursões dos povos nômades do norte. O primeiro imperador Shi Huangdi da dinastia Qin foi o promotor da sua construção, levada a cabo quase completamente em fins do século III a. C. Ao imponente muro, de 10 m de altura média por 10 m de espessura, com base de pedra e parede de tijolo, foram acrescentados numerosos fortins para o corpo de guarda, torres de vigilância e postas de correio capazes de transmitir comunicações rapidamente ao longo da linha, através de um sistema de sinais luminosos e fogueiras. De vez em quando, a muralha está interrompida por portas monumentais de pedra, decoradas com baixos-relevos e inscrições em várias línguas, como a que se encontra próximo do atual povoado de Jinyong Guan.

É típica do período Han a variedade de **sepulturas** dos membros das classes mais poderosas e a riqueza dos enxovais funerários nelas encontrados. Um tipo muito comum de sepultura é constituído por uma câmara sepulcral profundamente cavada no solo, revestida de madeira e, às vezes, isolada da umidade com camadas de argila branca e carvão vegetal. É o caso da sepultura da marquesa de Dai, em Mawangdui, coroada por um túmulo. Em outros casos são construídas várias câmaras funerárias com silhares de pedra decorados com incisões coloridas, que são cobertas com grandes montes de terra. É o tipo de sepultura preferido pelos imperadores Han, cujos túmulos são verdadeiras colinas artificiais, levantadas pelos condenados a trabalhos forçados, conforme demonstram os numerosos esqueletos humanos encontrados perto da sepultura de Qing Di, morto em 141 a. C. Alguns deles estão decapitados e têm colares de ferro no pescoço e correntes nas pernas. Outras vezes, as tumbas são covas profundamente escavadas numa ladeira, unidas entre si por corredores. As paredes estão revestidas de madeira, silhares de pedra ou cortinas. Muitas vezes são de dimensão gigantesca, como a **tumba do príncipe Liu Sheng,** descoberta no distrito de Mancheng.
Esta sepultura, que remonta a 113 a. C., penetra 52 m no flanco de uma colina e possui uma planta bastante articulada: uma galeria cujo acesso estava fechado por duas paredes de tijolo, com um espaço interior preenchido com ferro colado, que conduz a uma antecâmara, de onde saem duas câmaras retangulares e alongadas. Uma delas é o armazém de alimentos e a outra está reservada para os carros e sepulturas dos cavalos e cães do príncipe. Além disso, há uma sala central com o enxoval funerário. No fundo, através de um portal de pedra chega-se a uma câmara que possui, inclusive, um pequeno banheiro. É aí onde se encontra o sarcófago do defunto.

Esquerda: trecho da Grande Muralha da China, o gigantesco sistema de defesa contra os povos nômades do norte que, desejado e em grande parte realizado pelo imperador Qin Shi Huangdi, foi concluído e aperfeiçoado durante a dinastia Han. Direita: maquete chinesa de construção em torre, em terracota pintada (período Han). O costume de colocar maquetes de edifícios (casas de proprietários ricos, granjas, celeiros, pequenos pavilhões) nas tumbas era muito usado na época e delas provém grande parte da detalhada informação sobre a arquitetura Han de que hoje dispomos.

Desde começos do século II a. C., na raiz da grande difusão da religião budista, produziu-se uma evolução significativa das estruturas arquitetônicas obtidas **pela escavação das paredes das montanhas.** Os resultados, como no caso de algumas grutas do complexo religioso de Ajanta, são de enorme interesse. Com esta técnica foram edificados dois tipos de monumentos: o lugar de culto (*caitiya*) e o mosteiro *(vihàra).* No primeiro caso, escava-se uma grande nave central, precedida de um amplo vestíbulo e ladeada por naves laterais, das quais está separada por apertadas colunatas. A nave central possui uma abóbada de garganta e termina numa abside que contém um relicário.
No segundo caso, as celas dos monges dão para um átrio quadrangular, acessível através de uma monumental galeria cujo teto está sustentado por colunas.
Também alcançou um notável desenvolvimento a construção de conventos fabricados. Em função do considerável aumento do número de religiosos, cujas comunidades, às vezes, congregava milhares de indivíduos, criaram-se estruturas cada vez mais complexas para alojar os monges, os escravos que os serviam, os hóspedes e os que estavam de passagem. A planta continua sendo a mesma. O pátio quadrangular, em cujo centro ergue-se o relicário, está rodeado de edifícios que costumam ter vários andares e um claustro coberto para passear no térreo. Encima do claustro encontram-se as celas, mobiladas com simplicidade, ou pequenas capelas com uma imagem esculpida. Depois há salas de reunião, cozinhas, armazéns e despensas, a cisterna de água e um poço coberto. Também há uma zona destinada aos banheiros, com quartos para banhos de vapor, banhos frios e banhos quentes, e latrinas ligadas com uma instalação de encanamentos para esgoto. O conjunto dos edifícios está protegido por uma muralha com uma única porta de acesso.

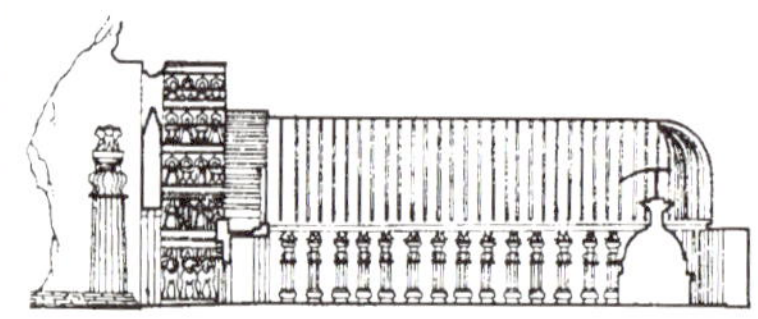

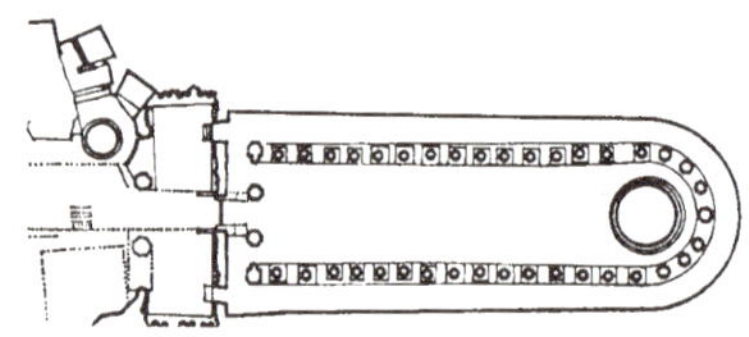

Outra estrutura arquitetônica de uso religioso que, neste período, atingiu o seu desenvolvimento máximo é o **stûpa,** monumento votivo destinado a conter relíquias, particularmente característico da religião budista. A sua forma peculiar provém dos antigos túmulos de pedra, que tinham planta circular, conservando também a cobertura semiesférica e o recinto. Como no seu interior depositam-se as relíquias sagradas, o stûpa é o lugar de veneração e peregrinação dos fiéis. O prédio costuma ser constituído por uma construção com planta quadrada ou circular, de tijolos ou pedra, coberta por uma **cúpula** que representa a abóbada celeste. No alto há um **pilar** que indica a posição do relicário e é um símbolo do eixo do universo. Está coroado por discos de pedra e rodeado por uma **balaustrada,** também de pedra. As superfícies desta construção estão decoradas com baixos-relevos e, às vezes, possuem nichos e capelas de caráter votivo, com estátuas de Buda ou outras divindades. Exteriormente, o stûpa está rodeado por um espaço reservado ao rito particular dos fiéis, que dão voltas ao redor do monumento em sentido anti-horário *(pradaksinâ).* Este ambulacro está delimitado por uma balaustrada formada por pilares unidos com elementos horizontais e decorados com figuras e baixos-relevos que representam episódios inspirados nas vidas passadas de Buda e na sua última existência, a fim de instruir os devotos. Nesta cerca, coincidindo com os quatro pontos cardeais, há portais, também decorados com cenas inspiradas em episódios da vida de Buda ou com sua imagem. A partir do século I d. C., em algumas zonas como Gandhâra, o stûpa evoluiu para formas mais alongadas, graças à inserção de um alto tambor entre a cúpula e a base, e foi rodeado de outros stûpas menores.

Outro complexo sagrado singular é o **vrksacaitya,** em geral uma estrutura bem simples, que contém uma árvore sagrada. Possui uma balaustrada e, às vezes, uma sala e um terraço.

Dos **edifícios civis** pouco restou, mas podemos ter uma idéia bem precisa do

seu esplendor graças a algumas passagens das obras literárias, às esculturas e aos relevos onde aparecem representados, como os da cidade de Amarâvatî. As **grandes cidades** estão rodeadas de fossos e muralhas que possuem altas torres e portas, às vezes decoradas com magníficos baixos-relevos. Os palácios têm pátios amplos, erguem-se sobre grossas pilastras e possuem vários andares, com escadas de pedra ou madeira. Nas fachadas há galerias com graciosas balaustradas ou terraços fechados salientes com coberturas curvilíneas e numerosas janelas com gelosias. Os tetos são em abóbada de garganta ou planos, sustentados por grossas vigas de madeira.

***Página contígua:** acima no centro e abaixo: as grutas de Ajanta, escavadas num relevo rochoso de mais de 80 m de altura no estado de Maharastra. As grutas, que se estendem em mais de 500 m, são trinta no total, inclusive as inacabadas. São famosas principalmente pelas suas esplêndidas pinturas murais. **Acima à direita:** planimetria (acima) do conjunto de Ajanta (séc. II a. C.); alçado lateral e planta (no centro e abaixo) do caitya, ou santuário, de Karla (séc. I d. C.). **Nesta página, acima:** detalhe de um dos quatro torana do grande stupa de Sanchi com baixos-relevos que ilustram temas budistas. **Ao lado:** detalhe da balaustrada de um stupa com figura de yaksi, procedente de Mathura (séc. I a. C.) (Cleveland Museum of Art, Cleveland). **Direita:** detalhe da balaustrada com medalhões, procedente do stupa de Bharhut (séc. II a. C.) (Indian Museum, Calcutá).*

A passagem do nomadismo a um tipo de vida sedentária, seja continuando com a caça e colheita, como na cultura de Hopewell, seja passando à agricultura, como ocorre na sociedade dos cesteiros *(basketmakers)*, supõe o surgimento de grandes assentamentos estáveis, nos quais, além de habitações, há edifícios culturais e construções funerárias. As aldeias da cultura de Hopewell, de extensão notável, surgem em pontos estratégicos no centro de grandes áreas terraplenadas, de forma circular ou poligonal. Construções típicas destes assentamentos são os **mounds,** montículos artificiais de formas distintas que, às vezes, podiam alcançar grandes dimensões. Estes eram utilizados para vários fins: bases para casas, fortificações, recintos de núcleos habitados ou lugares sagrados e, mais freqüentemente, para túmulos de coberta cônica ou semiesférica, com uma câmara sepulcral que pode estar revestida de pedra, madeira ou casca de árvore. Os ***mounds* de efígie** possuem uma função meramente religiosa. Compõem-se de terraplenagens gigantescas, de até 400 m de comprimento por 230 m de largura, em forma de serpentes que se arrastam ou de aves em vôo. Só é possível apreciar globalmente o seu aspecto com fotografias aéreas. Na zona sudoeste, na fase inicial da cultura cesteira, construíram-se casas de madeira e barro com planta circular, parcialmente enterradas a nível do solo. Em alguns casos, por motivos de segurança, as casas e os armazéns de conservação de provisões eram edificados no interior de covas ou refúgios naturais, situados nas encostas rochosas. Nesta época começou-se a empregar o adobe, muito utilizado pelas culturas *pueblo* nos séculos seguintes.

Na América Central, as aldeias primitivas transformam-se em centros de grandes dimensões e se inicia a construção de grandes complexos de monumentos, graças ao uso da pedra. Em **Monte Albán,** por exemplo, na atual região mexicana de Oaxaca, a população é estimada em 16 000 habitantes no século II a. C. O traçado urbanístico caracteriza-se por uma ampla praça, retangular, delimitada nos lados maiores por alguns edifícios baixos, enquanto que os lados menores estão ocupados por duas plataformas altas, sobre as quais se encontram outras construções ligadas à praça através de uma escadaria com rampas de grande largura. Não faltam a esta localidade arquiteturas funerárias, como as tumbas com câmara, cujas paredes costumam estar decoradas com interessantes ciclos pictóricos.
A cidade de **Teotihuacán** foi fundada ao norte da atual cidade do México e substituiu Cuiculco, destruída pela lava vulcânica entre 300 e 200 a. C. A construção de Teotihuacán caracterizou-se pela mesma vontade de criar um centro caracterizado por valores monumentais significativos. Ali foram levantadas a **pirâmide do Sol,** na qual está a caverna natural onde, de acordo com a crença local, nasceram os dois astros do céu e também a pirâmide da Lua. Em volta dos dois monumentos, que durante muito tempo foram lugares de peregrinação para os habitantes da região centro-americana, cresceu uma verdadeira cidade sagrada. A pirâmide do Sol, com uma superfície de 16 000 m², possui uma planta quadrada e tinha um revestimento de pedra unida com argamassa de pelo menos 5 m de espessura, que foi retirado na desastrada restauração realizada no começo do século XX. Com os seus quatro terraços harmoniosamente situados, atinge uma altura de 65 m. Sua fachada está orientada com extrema precisão em direção ao ponto em que o Sol se põe no horizonte, no dia em que atinge o seu zênite em Teotihuacán. Como ficou demonstrado em investigações arqueológicas, a pirâmide não foi ampliada em épocas posteriores com a sobreposição de outros elementos (como é freqüente em outras pirâmides centro-americanas). Ela

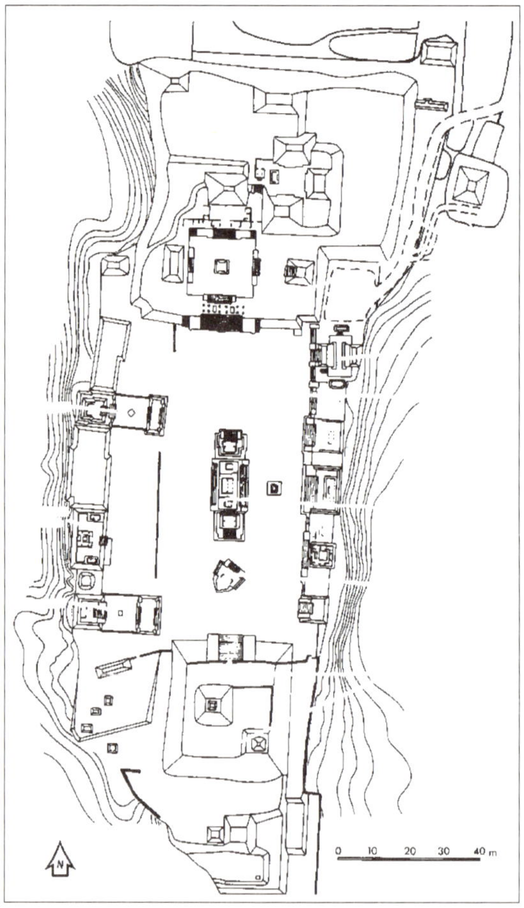

***Esquerda:* plano do Monte Albán, centro arqueológico do estado mexicano de Oaxaca, formado por várias elevações a uns 1500 m acima do nível do mar, nos quais estão construídos numerosos edifícios piramidais sobre bases manufacturadas, localizadas nos lados de duas grandes plataformas.**

foi construída numa só fase, em torno a um núcleo de argila e terra. Um pouco mais ao norte situa-se a **pirâmide da Lua,** que foi realizada com a mesma técnica. Sua base é menor e chega a uma altura de 45 m.
Junto aos principais centros religiosos e políticos da fase protoclássica da civilização maia cresceram assentamentos que obedeceram a um plano preciso de desenvolvimento urbanístico. Nestes assentamentos, os edifícios públicos e sagrados situavam-se em volta de grandes praças. Também é notável a presença de grandes edificações monumentais, como a **pirâmide com terraços E VII** sub de Uaxactun, caracterizada pelos seus inovadores elementos decorativos e arquitetônicos, que muito influíram na arquitetura das épocas seguintes. São exemplos as grandes carrancas colocadas nos lados das quatro escadarias, a presença de ângulos arredondados e as bases com uma grande moldura inclinada sobre um espaço de entrada. Também se registram importantes inovações arquitetônicas na cidade de Tikal, na Guatemala. Foram construídas ali as primeiras abóbadas de mísula ou falsas abóbadas. Primeiramente foram aplicadas à cobertura dos monumentos funerários e, em seguida, às construções monumentais de caráter sagrado ou profano, até se converterem, junto com o coroamento alto do teto, num sistema de construção usado extensivamente na região.

A 40 km da Cidade do México localiza-se Teotihuacán, importante cidade com restos de civilizações pré-colombianas. O centro cerimonial consta de vários edifícios alinhados a ambos lados da chamada Rua dos Mortos, entre os quais se destacam as pirâmides da Lua (foto superior) e do Sol (foto inferior), o maior e mais antigo monumento da cidade.

As obras arquitetônicas da América do Sul só se conservaram bem onde foi utilizada a pedra, como nas regiões montanhosas. Por outro lado, ao longo da região costeira, onde se usava o adobe, somente ficaram alguns restos de construções, muito deteriorados, pois o adobe tem pouca resistência às condições atmosféricas. Das pirâmides erigidas no vale de Moche durante o desenvolvimento da cultura mochica, só se vêem umas ruínas majestosas. A mais importante é a **pirâmide escalonada consagrada à Lua,** chamada Templo do Sol pelos conquistadores espanhóis. Encontra-se na entrada do vale, sobre uma plataforma de grandes dimensões. Possui uma base de pedra e está completamente construída com adobes retangulares, encerrando no seu interior uma pirâmide mais antiga, como é freqüente na arquitetura centro-americana. Atualmente mede 41 m, mas em sua época devia ter uma altura bem maior. Em outros vales também se encontram pirâmides majestosas. Entre elas, destaca-se a de Patamarca, chamada O Castelo, porque, além de possuir degraus, está vazia no seu interior e apresenta uma singular forma de U. Entre as construções típicas da cultura mochica, cabe citar as **estradas,** as **fortalezas** maciças que defendem as partes altas dos vales, os aquedutos, como o de Ascope, possuindo uma altura de mais de 15 m, e os **canais artificiais de irrigação.** Entre estes, o de Chichama (Peru), cujo comprimento não devia ser inferior a 130 km, ainda é utilizado em nossos dias. Da cultura Nasca, também no Peru, não sobreviveram estruturas monumentais, mas em compensação são especialmente significativas as estruturas funerárias. Trata-se de sepulcros com planta quadrangular ou circular, com um poço revestido de adobes, ou de câmaras sepulcrais escavadas numa profundidade discreta (quatro a cinco metros) e com um estreito poço circular na sua parte superior.

Os romanos entraram em contato pleno com a arte grega durante as campanhas militares da primeira metade do século II a. C., na Grécia e Oriente. Os enormes despojos de guerra, formados sobretudo por obras de escultura e pintura arrancadas às cidades conquistadas, foram parar em Roma e, em menor medida, em outras cidades itálicas. Isto estimulou a paixão pelas obras de arte gregas, em especial nas classes altas. Formou-se assim um gosto eclético, no qual se misturavam e sobrepunham as mais variadas tendências artísticas. Este gosto manifestou-se principalmente nas obras de caráter oficial. Por outro lado, numa posição subalterna, continuou existindo e se desenvolvendo uma arte dita plebéia, devido ao ambiente social de procedência, que se baseava nas tradições artísticas etrusco-itálicas e respondia às exigências das camadas sociais não aristocráticas da população.

No século I a. C. generalizou-se o **retrato de caráter verista,** cujos modos expressivos derivavam do retrato fisionômico da época helenística. Era uma expressão característica dos membros da aristocracia patrícia, que pretendiam expor ou manifestar seus ideais com a sua própria figura. Os personagens estão representados com uma detalhada descrição de seus traços físicos, quase como se quisessem transpor para a pedra as máscaras funerárias de cera que se conservavam nas galerias de antepassados das famílias nobre.

Com a subida ao poder de Augusto, consolidou-se o ideal da máxima perfeição técnica e formal, manifestado sobretudo na grande aceitação em Roma do **classicismo neoático,** graças ao trabalho de escultores gregos lá instalados, que realizaram em seus ateliês cópias da estatuária grega e estátuas honoríficas. Uma expressão típica da arte deste período é o **Ara Pacis,** manifesto da ideologia imperial, um singular monumento formado por um altar central rodeado de um alto recinto, decorado por dentro e por fora. Nos frisos aparecem cenas mitológicas de valor simbólico que relacionam-se aos ideais proclamados por Augusto, como a paz e a prosperidade, além de dois cortejos, um oficial, formado por sacerdotes, e o outro privado, com os membros da família imperial. O neoaticismo da época augusta influiu em toda a produção artística da época júlio-cláudia. Somente com o advento dos Flávios é que foram pesquisadas novas formas expressivas, com uma representação mais naturalista, como o Arco de Tito. Nele, as figuras estão esculpidas com relevos de alturas diferentes e colocadas com diferentes perspectivas, para dar profundidade de campo e sensação de movimento.

No que se refere à **pintura,** os numerosos testemunhos que chegaram até os nossos tempos demonstram que, entre o final do século II e o começo do século I a. C., elaborou-se e desenvolveu-se um sistema de decoração pictórica das paredes que perdurou durante todo o século I d. C. Este sistema divide-se em quatro estilos chamados pompeanos, porque os exemplos mais significativos são provenientes da cidade de Pompéia. Inicialmente, estas decorações imitam paredes revestidas com placas de mármore, com relevos coloridos variados em estuque (**primeiro estilo**). A seguir, com efeitos de perspectiva, reproduzem-se construções ou paisagens (**segundo estilo**). Por vezes, imitações de quadros ou composições muito mais complexas com figuras humanas são inseridas, como no caso da Vila dos Mistérios de Pompéia. No início do século I d. C., o elemento ornamental, com cores vivas e detalhes finos, passa a ter uma importância crescente (**terceiro estilo**). Por fim, predomina o aspecto fantástico e irreal (**quarto estilo**).

Neste período, as artes ditas menores também alcançaram um desenvolvimento considerável, tal como a confecção de **metais cinzelados, gravados ou repuxados, o entalhe de pedras preciosas** e, sobretudo, a fabricação de **vasilhas finas,** cujo principal centro de produção foi a cidade itálica de Arezzo. Trata-se de vasos de argila depurada, devidamente cozidos em forno e banhados num verniz característico, vermelho-coral, aplicado uniformemente com o procedimento da imersão. Suas formas e decorações imitam os objectos mais valiosos de metal e vidro. São feitos no torno ou com uma matriz. No primeiro caso, a decoração é feita com o auxílio de moldes e aplicada antes da cozedura. No segundo, o recipiente possui decorações altamente refinadas, normalmente muito complexas. Este tipo de produtos, graças ao seu baixo custo de produção e venda e à sua

Acima: o país dos lestrígones. O afresco faz parte de uma série de episódios da Odisséia, ambientados em paisagens escarpadas cheias de perspectivas complicadas. Pintado a meados do século I a. C. (Museus Vaticanos, Roma). Esquerda: jarra de Boscoreale (Museu do Louvre, Paris). Abaixo: detalhe da chamada Domus Augustana, residência privada do imperador Domiciano e de sua corte no Palatino.

Esquerda: cena cômica extraída de Ândria, primeira comédia de Terêncio, representada em 166 a. C. (Museu Arqueológico, Nápoles).
Abaixo à esquerda: mosaico com figuras de atores de teatro, da casa do Poeta Trágico, Pompéia (século I a. C.) (Museu Arqueológico, Nápoles).
Direita: jarra de cerâmica com esmalte vermelho brilhante e decoração em relevo de molde. Cerâmica aretina da fábrica de P. Cornelius, princípios do século I d. C. (Museu Britânico, Londres).

fabricação cuidadosa e mesmo refinada, tinha uma grande aceitação, sendo objeto de imitações mais ou menos bem sucedidas. Sua difusão deu-se através de todo o mundo romano e exterior, chegando às zonas mais periféricas.

Na **Península Ibérica,** durante este período, o desenvolvimento artístico possui características distintas das de outras regiões, por força de vários fatores. Sobretudo, pode-se considerar a presença arraigada e antiga de influências culturais gregas e púnicas; a existência de formas expressivas de considerável nível que, estimuladas pelo helenismo, haviam dado origem, na Andaluzia e na área sudeste, às significativas manifestações artísticas da **arte ibérica,** e, por último, o processo precoce de romanização gerado a partir da Segunda Guerra Púnica (218-201 a. C.). Em conseqüência, a arte que se desenvolve nas províncias ibéricas é, sobretudo, uma elaboração da arte romana de tipo oficial, ainda que com muitos aspectos originais, a tal ponto que alguns especialistas falam de **arte romano-ibérica.** A este filão pertencem os famosos **relevos** procedentes da Colonia Iulia Genetiva Urbanorum Urso (Osuna), que estão expostos no Museu Arqueológico Nacional de Madri. Provavelmente, fizeram parte de um friso que adornava o monumento erigido cerca de 45 a. C. para celebrar as vitórias de Júlio César sobre os pompeianos. Há nestes relevos uma viva e dinâmica representação de um guerreiro com uma túnica curta, o elmo, o escudo oval e a espada desembainhada, lançando-se ao ataque; um soldado com o manto flutuante, que toca a buzina (corno de guerra); uma tocadora de flauta dupla, adornada com brincos e colares, cingida

por uma cinta ricamente decorada, e outras figuras femininas com belos vestidos, que avançam solenemente em procissão, levando objetos de culto. Também há numerosos retratos de mármore, terracota e bronze que, principalmente na segunda metade do século I d. C., alcançam níveis expressivos notáveis. Além dos numerosos retratos de caráter oficial dos imperadores e seus familiares ou dos representantes das classes dirigentes das municipalidades locais, os exemplos mais chamativos são algumas cabeças femininas com os traços bem detalhados e penteados sofisticados que estão expostas nos museus de

Sevilha, Mérida e Barcelona. Entre estas cabeças distingue-se o sofisticado retrato de uma mulher jovem extremamente expressiva, chamada **a cigana** devido ao seu penteado singular. Tão-pouco faltam as manifestações artísticas nas quais o gosto popular e as tradições expressivas locais se expressam com mais liberdade. Isto sucede sobretudo nos relevos com representações da vida diária e dos ofícios que, às vezes, aparecem nos monumentos funerários, como a **estela de Córdova,** com uma cena da colheita da azeitona,

ou no norte da Península, onde o elemento nativo, normalmente celta, apresenta menor influência das civilizações mediterrânicas. São significativas algumas **estelas procedentes de Burgos,** decoradas com elementos geométricos ou figurativos, realizados com entalhes ou com um relevo bem aplainado, uma técnica que lembra o entalhe na madeira.

Na Grécia, a lenta e infindável decadência econômica e cultural na seqüência da conquista romana e sua transformação em província refreou a produção artística de qualidade, transformada num artesanato que procurava satisfazer, com uma produção intensiva e de grande qualidade, o gosto da classe dirigente romana. Assim, a partir do século II a. C. desenvolveu-se uma produção escultórica de obras plásticas e objetos decorativos (sobretudo vasilhas e candelabros, decorados em relevo), chamada convencionalmente **neo-ática,** cujo principal centro de difusão foi Atenas. Mas os escultores, além de copiar as grandes obras dos séculos V e IV a. C, reconhecidas como modelos insuperáveis e muito solicitadas pela clientela, conseguiram criar a sua própria expressão, capaz de dar uma aparente unidade de estilo a uma produção que recolhia modelos de épocas diferentes. Nos ateliês neo-áticos aparecem três tendências: uma arcaizante, que se inspirava no estilo arcaico; outra clássica, que se baseava no estilo do século V a. C., e a última, caracterizada por um helenismo tardio, relacionada com a estatuária do século IV a. C. Estas tendências também podem ser reconhecidas na produção de objetos decorativos, adornados com relevos inspirados na decoração dos grandes monumentos da idade clássica, como a balaustrada do templo de Atena Nike na Acrópole, o escudo de Atena Pártenos, de Fídias, ou o trono de Zeus, obra do mesmo artista. Neste caso, como no da estatuária, os modelos eram copiados fielmente ou reelaborados com gosto eclético. Os resultados gozavam de grande apreciação e se difundiram por todo o mundo romano. Os artistas neo-áticos não demoraram a abrir oficinas em várias cidades do Império, mas sobretudo em Roma.

A partir do século II a. C. a **literatura romana,** influenciada pela cultura grega que se difundiu rapidamente, experimentou um grande desenvolvimento, apesar da aversão de alguns elementos da aristocracia, como o censor Catão. Um grupo de intelectuais abertos às diferentes contribuições culturais, liderados por **Cipião Emiliano,**

Acima à esquerda: Dioscuro raptando uma leucípida, estuque da abóbada da Basílica neopitagórica fuori Porta Maggiore (século I d. C.).
Acima destas linhas: miniatura em pergaminho dos séculos V-IV a. C. com cena pastoril tirada do livro III das Geórgicas, de Virgílio (Biblioteca do Vaticano, Roma).
Junto a estas linhas: cena da vida teatral. Um ator dedica uma máscara trágica como agradecimento pelo êxito de sua interpretação. Pintura mural de Herculano (Museu Arqueológico, Nápoles).

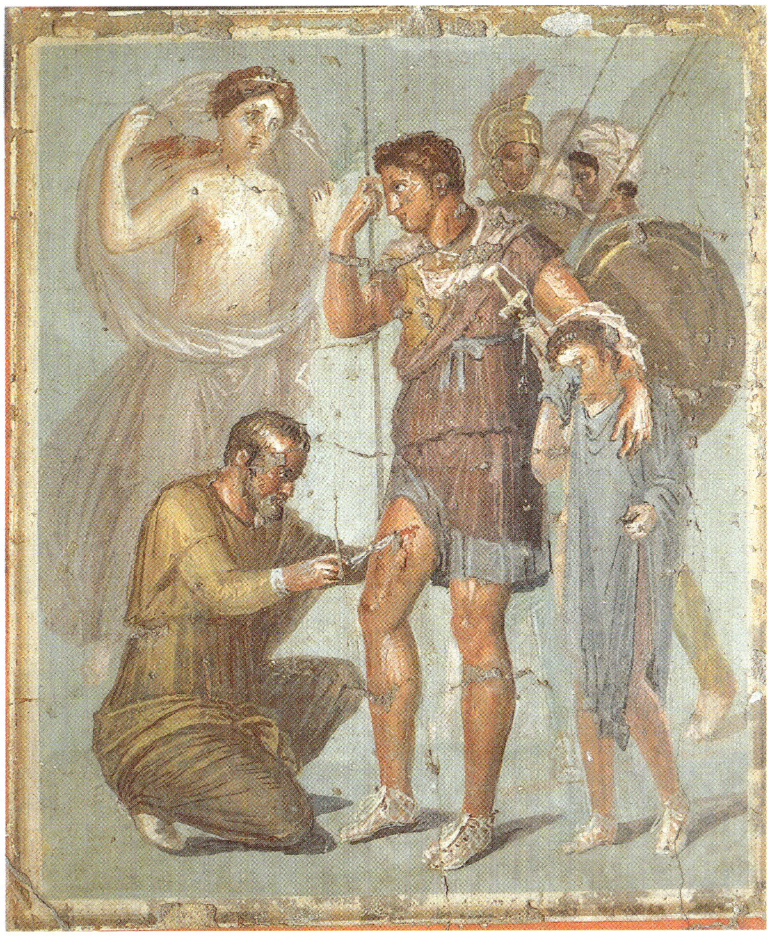

procurou unir os valores da tradição romana com os da cultura grega, em busca de uma nova concepção do homem e de seus fins. Membros destacados deste círculo foram o historiador grego **Políbio** (205/200-c. 118 a. C.), o filósofo **Panécio** e o comediógrafo **Terêncio** (190/185-? a. C.). O **teatro** deste último apresenta algumas inovações significativas porque o autor recusa a comicidade grosseira de seu famoso predecessor Plauto e, pelo contrário, enfatiza a psicologia dos personagens e o debate sobre os problemas que atribulam a sociedade. No século seguinte, os ensinamentos do filósofo **Epicuro,** que se propôs a libertar o homem de seus medos mais angustiantes – o medo à morte e aos deuses –, foram poetizados por **Lucrécio** (c. 96-c. 53 a. C.) em seu poema *De rerum natura*. Por sua parte, **Catulo** (c. 84-c. 54 a. C.), inspirando-se na produção poética alexandrina, compôs comovedoras poesias amorosas e epigramas incisivos.

Na prosa, a figura principal é, sem dúvida, **Cícero** (106-43 a. C.), advogado de renome e político, cuja produção literária esteve muito unida à sua atividade pública.
Sua obra engloba campos distintos. Na filosofia, tenta ecleticamente fundir os aspectos mais significativos das mais

Acima: afresco de Pompéia com Enéias ferido (Museu Arqueológico, Nápoles). Esquerda: a fonte de mosaico com portas de vidro da Casa da Fonte de Pompéia. A cidade ficou sepultada pela lava e possui um valor exemplar devido às suas excepcionais condições de conservação e à rica documentação que fornece sobre a vida e a arte de uma cidade romana.

importantes escolas filosóficas com a arte da eloqüência, à qual dedica profundos tratados. Seu nome também está relacionado com discursos famosos, como as *Verrinas,* as *Catilinárias*, as *Filípicas* e com uma grande produção epistolar, fonte muito útil para o conhecimento de seu conturbado período histórico. Entre as obra de caráter histórico, os diários de **Júlio César,** sobre a campanha da Gália *(De bello gallico)* e a guerra civil contra Pompeu *(De bello civili)* possuem uma grande originalidade, pela sua abordagem distanciada e impessoal e seu interesse pelos aspectos etnográficos.
As monografias de **Salústio** (86-35 a. C.), dedicadas à conjura de Catilina e à guerra contra Jugurta, procuram realçar a grave degradação da vida política e social, minada pela corrupção dos costumes.

Na época de Augusto, a atividade literária recebeu o impulso do imperador, que, graças ao esforço de **Mecenas** (nascido c. 69 a. C.), reuniu um grupo de literatos partidários dos novos ideais. Entre eles encontrava-se **Horácio** (65-8 a. C.), autor de sátiras singelas e composições nas quais é sugerida uma série de ensinamentos simples para uma vida tranqüila. Outro membro do grupo é **Virgílio** (70-19 a. C.), que tanto em suas obras menores (as *Bucólicas* e as *Geórgicas*) como na *Eneida,* grandioso poema épico sobre as origens do povo romano, engrandece os ideais de paz, ordem e retorno às tradições romanas do imperador Augusto.
Nestes mesmos anos, o historiador **Tito Lívio** (59-17 a. C.) escreveu uma história de Roma, desde a sua fundação até a sua época, da qual só nos chegou uma pequena parte. Nela, faz uma exaltação em tom épico da ascensão de Roma e sua consolidação como potência mundial.

Durante a dinastia júlio-cláudia, a obra mais original é o *Satyricon,* uma paródia da novela de aventuras, muito popular no momento, escrita por **Petrônio Arbitro** (século I d. C.), personagem aristocrático da corte de Nero. Na obra, da qual só nos chegaram alguns fragmentos, não se poupam críticas a uma sociedade dedicada ao enriquecimento, ao luxo e aos prazeres, nem à classe emergente de seu tempo, os libertos, que graças ao favorecimento imperial, tiveram um peso crescente na burocracia e nas estruturas produtivas e comerciais. Por sua vez, **Sêneca** (5 a. C.-65 d. C.), um dos tutores de Nero, escreveu obras influenciadas pela filosofia

estóica e enfatizou, principalmente, a importânica do valor da pessoa humana e o respeito a todas as classes sociais, incluindo as mais humildes, como os escravos. Em fins do século I d. C. apareceram obras significativas: uma do retórico **Quintiliano,** o primeiro mestre de eloqüência pago pelo Estado, e outra do poeta **Marcial,** de origem hispânica. A primeira está dedicada à formação do futuro orador e possui uma interessante análise crítica dos principais autores da literatura latina; a segunda é uma coleção de epigramas lascivos que escarnece dos vícios, comportamentos e atos dos personagens de seu tempo.

Durante este período, na **Europa continental** a **arte celta** passa por sua última fase, influenciada pelos modelos helênicos e romanos. Prevalece a **representação da figura humana,** sem perder o gosto pela decoração abstrata, caracterizada pela presença de linhas curvas. Com a chegada dos romanos, as formas de expressão locais misturam-se com as manifestações artísticas de tradição helênica e etrusco-itálica importadas pelos conquistadores, dando lugar a um complexo fenômeno artístico conhecido como **arte provincial,** que até hoje é objeto de aprofundamento crítico. Assim, nas Gálias as formas expressivas foram influenciadas tanto por seus anteriores contatos com a tradição grega (sobretudo com o helenismo) a partir da colônia grega de Massília (Marselha) como pela presença de tradições nativas de cunho celta, ou por elementos etrusco-itálicos. Mas é necessário fazer uma distinção entre as manifestações artísticas do sul da Gália e das regiões mais a norte e a Renânia. No sul a influência helênica foi mais evidente, e a romanização mais precoce. A sobrevivência artística de temas relacionados com a tradição celta nativa revela-se nas **cabeças cortadas** de pedra encontradas no *oppidum* de Entremont, relacionadas com o costume de dedicar à divindade as cabeças dos inimigos mortos, ou nas **representações de monstruosos animais antropófagos,** como a famosa **Tarasque,** atualmente no Museu Calvet, de Avignon. Mas há também **representações da figura humana.** Os exemplos mais representativos são a estátua de um guerreiro com um grande escudo, procedente de Mondragon, e a representação detalhada de um soldado gaulês, com cota de malha e escudo retangular, procedente de Vacherés e conservada em Avignon. Por outro lado, nas regiões do norte e na Renânia a arte romana, tanto a de caráter oficial, muito helenística, como sobretudo a popular, de origem itálica, estendeu-se num território bárbaro que tinha tido poucos contatos com a cultura mediterrânea e tinha desenvolvido sua própria arte, com predileção pelas formas abstratas e os adornos não naturalistas, em que predominava a linha curva, como na decoração dos objetos de metal. É principalmente a arte popular que, em contato com as tradições expressivas locais, se desenvolve criando formas novas e originais, que se evidenciam nos retratos da burguesia municipal e nas cenas da vida diária que caracterizam os monumentos funerários. Na representação dos deuses nativos há uma mescla peculiar de elementos celtas e romanos. Os modelos iconográficos tomados da arte clássica adaptam-se às exigências do gosto local. Por exemplo, no baixo-relevo que os bateleiros de Paris *(nautae Parisiaci)* dedicaram a Júpiter durante o reinado de Tibério, aparecem deuses romanos e celtas, estes últimos com atributos característicos que os identificam de forma óbvia e, como Cernummos, com um corno de cervo sobre a cabeça.

Durante o domínio romano, nas províncias gaulesas de antiga cultura celta se desenvolveu uma produção artística chamada convencionalmente galo-romana. Na escultura, este encontro reflete-se na «adaptação» das divindades do panteão romano às características das divindades locais e em algumas persistências de iconografia celta. No alto: escultura de touro, conservada no Museu de Besançon. À esquerda: busto de prata de patrício (Museu Vaison-la-Romaine, Vaucluse). À direita: este relevo com a górgone do templo de Sulis, de Aquae Sulis, é um exemplo de encontro entre a arte romana e a britânica (Museu de Bath, Inglaterra).

Reveste-se também de considerável interesse a **arte funerária,** caracterizada pela tendência a representar de uma forma realista as diferentes atividades humanas. Também no caso dos modelos iconográficos tomados da tradição clássica, como a viagem em carro ou as cenas de caça, perdem o frio caráter áulico e, com modificações livres e eficazes, adquirem um ar mais espontâneo e popular, acompanhado de uma certa melancolia. Paralelamente a esta corrente artística desenvolveu-se a **arte oficial,** manifesta sobretudo na **decoração dos grandes monumentos públicos,** como os Arcos de Orange e Saint-Rémy. Neste caso a tradição helênica é influenciada por elementos indígenas, que se evidenciam na adesão às linhas curvas, na pequena atenção dada à perspectiva e no uso generalizado do sulco de contorno.

Na Britânia a contaminação de elementos locais e clássicos também caracteriza boa parte da produção artística, como demostram não só as realizações de caráter privado e popular, como as estelas funerárias (são muito interessantes as representações do cavaleiro que vence um inimigo), mas também as de caráter público. Um dos exemplos mais famosos é o grande medalhão procedente do templo de Minerva Sulis, em Bath. A górgone que aparece nele perdeu sua conotação original de divindade terrorífica para se converter em figura masculina, com barba e bigodes. Estes, junto com a espessa cabeleira, emolduram o rosto circular que reflete o gosto da arte celta pelas linhas curvas e espirais. Também no famoso capitel encontrado em Chichester o elemento helênico (a decoração com folhas de acanto) mistura-se aos bustos de aspecto popular das quatro divindades celtas que aparecem em cada uma das faces. Conserva-se também o gosto pelo elemento fantástico, bem representado pelas numerosas esfinges que apare-

O ARCO DO TRIUNFO DE ORANGE

Na segunda metade do século I a. C., no território da Gália Narbonense tomado aos tricastinos fundou-se uma colônia de veteranos da Legião II Gálica, que se chamou Colônia Firma Iulia Secundanorum Arausio (Orange). A fundação foi comemorada com um majestoso arco de triunfo, construído na porta norte. O monumento, um dos mais bem conservados do mundo romano, mede 19,50 m de largura por 18,80 m de altura e possui três arcos flanqueados por colunas com capitel coríntio, que também estão presentes dos lados. O arco central é mais alto, e o corpo central, saliente, possui um tímpano que aparece também nos lados curtos, onde surgem figuras de tritões. O ático é muito alto, e inicialmente tinha em cima estátuas de bronze. A decoração escultórica é muito rica. Nos lados curtos há três troféus com armas e apetrechos capturados ao inimigo, ladeados por dois bárbaros acorrentados. Na frente, sobre os arcos laterais, há relevos com armas celtas (com os típicos escudos de decoração espiral) e, mais acima, com motivos marinhos e armas navais, proas e esporões, para evocar as conquistas de César na Gália e sua vitória na batalha naval contra Marselha. Sobre as arquitraves há um pequeno friso com cenas de combate e no ático aparecem cenas de luta entre gauleses e romanos, com um singular dinamismo. No arco há uma dedicatória ao imperador Tibério e, num dos escudos gálicos dos relevos, vemos a inscrição Bondillus avot («Bondillus fez»). A maioria dos pesquisadores crêem que se trata do nome celta do autor das esculturas. A datação deste arco não foi ainda estabelecida. Há quem afirme que foi erigido no momento de construção da colônia, enquanto outros, com mais fundamento, o atribuem à época de Tibério, possivelmente em 21 a. C., quando foi sufocada a rebelião de Júlio Sacroviro.

cem nas estelas funerárias ou constituem esculturas em si mesmas, como em Colchester. Assim, no início da conquista romana aparecem tumbas de legionários, como a de Marcus Favonius Facilis, um centurião da XX legião enterrado em Colchester, cuja lápide conservou-se intacta graças ao fato de ter sido construída durante a revolta de Boudica. Também uma cabeça de bronze de uma estátua pública do imperador Cláudio, encontrada no rio Alde, em Suffolk, procederia dos despojos desta revolta.

***Acima:** exemplos de adornos de prata cinzelada em relevo que antigamente eram colocadas nas couraças e nos jaezes dos cavalos com fins decorativos. Procedem de Manerbio e se conservam no Museu Arqueológico de Bréscia, Itália. São uma das manifestações artísticas dos celtas, povo de origem indo-germânica que a partir do centro da Europa espalhou-se até a Gália, Ilhas Britânicas, Irlanda e regiões centrais da Península Ibérica. **À esquerda,** no quadro: o arco do triunfo de Orange, na Provença, onde também encontramos a catedral e o teatro romano edificado sob o reinado de Augusto.*

Na região situada **entre o Danúbio e o Adriático** também ocorreu uma mistura peculiar de elementos locais e motivos helênicos e romanos. Na arte funerária, por exemplo, o defunto é representado da maneira clássica, na atitude típica do cidadão romano, mas ao mesmo tempo aparecem alguns elementos realistas na indumentária, como os toucados de couro ou os mantos com capuz, ou nas jóias, como os colares rígidos e as fíbulas que prendem o manto. Em alguns casos altera-se a própria estrutura do monumento funerário, com a introdução de tipologias mais próximas do gosto local, ou influenciadas pelas regiões limítrofes. Por exemplo, na província de Nórica a estela funerária de forma retangular é substituída pelo **medalhão circular.** Trata-se de um monumento particular, cuja gênese relaciona-se tanto com as tradições celtas como com as influências das regiões próximas da Macedônia e da Dácia, onde os achados arqueológicos revelam que este símbolo era bastante difundido.

Nas **regiões mais orientais da Europa continental,** desde o Danúbio até as estepes eurasiáticas, a produção artística dos povos nômades ou seminômades, conhecidos como citas, encontrava-se nas últimas fases do seu excepcional desenvolvimento. Intensificou-se a tendência para **estilizar as figuras de animais,** utilizando-as com fins meramente ornamentais. Pelo mesmo motivo introduziram-se cada vez com maior frequência elementos vegetais de inspiração clássica, que serviam para preenchimento. Pouco a pouco as representações foram perdendo a característica força expressiva dos períodos anteriores, transformando-se num repetição de modelos que já tinham se tornado tradicionais.

Na **Ásia Menor** a existência de mármores de grande qualidade, extraídos nas muitas pedreiras do território, favoreceu o desenvolvimento da **escultura,** que alcançou níveis artísticos significativos. Os ateliês que se dedicavam à produção de **cópias** de esculturas clássicas não se limitaram a repetir rotineiramente os modelos e lhes deram uma nova interpretação, introduzindo novos elementos, derivados sobretudo da tradição das grandes escolas de Pérgamo e Rodes. Nota-se em suas obras uma grande liberdade criativa e um singular ecletismo que expressa-se, antes de tudo, na capacidade para unir harmoniosamente motivos clássicos e helênicos. Os escultores, partindo de um original famoso da arte clássica, eram capazes de criar um enorme número de variações. Embora se tratasse de obras produzidas em série para satisfazer a grande demanda do mercado, o resul-

tado, a julgar por obras que chegaram aos nossos dias, é de grande qualidade. Um caso significativo é a **escola de Afrodísia,** termo que designa um grupo de ateliês de escultores cuja atividade passava de pais para filhos. Eram especializados em trabalhar o excelente mármore das pedreiras próximas a Afrodísia, uma pequena cidade da região sudoeste de Cária. Além de realizar reproduções, dedicavam-se a retratar personagens públicos e particulares e também a fazer as esculturas ornamentais destinadas aos edifícios. Era tal sua habilidade que desde a época de Augusto suas obras foram muito solicitadas em todo o Mediterrâneo, e durante a época dos Flávios alguns artistas mudaram-se para Roma, onde foram muito ativos.

Durante este período os temas característicos da arte helênica e romana difundiram-se também na **Síria** e na **Arábia.** Como exemplo cabe citar a rica decoração dos elementos arquitetônicos do templo maior de Baalbek, erigido no século I d. C., ou algumas construções de **Petra,** escavadas na rocha. Esta cidade caracteriza-se por capitéis coríntios, seus frisos com volutas em forma de acanto e suas elaboradas cornijas com elementos geométricos e florais.

No último quarto do século I a. C. a cidade de Palmira, graças à sua posição intermédia nas rotas caravaneiras que uniam o Ocidente com a Ásia central, alcançou um grande desenvolvimento e de oásis no deserto transformou-se numa grande cidade. Nela surgiu uma arte com traços próprios, chamada **arte palmirena.** Nela, os elementos da tradição helênica e romana combinam-se com outros procedentes da Índia, e sobretudo no mundo parto, com o qual a cidade mantinha estreitas relações comerciais. Esta singular fusão de caracteres evidencia-se sobretudo nos relevos mais antigos, como os do templo de Baal. Aqui os deuses da tríade palmirena, Baal, Yarhibol e Aglibol, aparecem com a indumentária típica dos militares romanos, mas dois deles, de

acordo com o costume oriental, têm a cabeça descoberta, circundada por uma auréola com raios solares ou o crescente lunar, enquanto Baal é de clara influência iraniana.

São características da produção escultórica deste período as figuras femininas e masculinas vestidas e calçadas em estilo oriental (iraniano, em particular), com trajes ricamente trabalhados.

***À esquerda:** vaso de cerâmica com tampa vermelha reluzente encontrado em Olbia, antiga colônia grega na costa norte do mar Negro, mas produzida na Ásia Menor, talvez em Antioquia (século I d. C.). A decoração apresenta sulcos e folhas em forma de espiral feitas em barbotina, técnica que emprega uma mistura fluida de pasta cerâmica. **Acima:** estela funerária em pedra calcária procedente da necrópole de Palmira (século I d. C.) (Museu Nacional, Damasco). O baixo-relevo representa uma mulher com um pássaro na mão, talvez símbolo da alma; observe-se o colar de grossas contas na roupa estilizada. **Ao lado:** pantera de bronze (século I d. C.) recuperada na jazida arqueológica de Avdat, no sudoeste do mar Morto, Israel.*

As jóias das mulheres, grandes e pesadas, têm semelhanças com as da ourivesaria aquemênida e dos povos das estepes. O gesto e a pose repetem-se segundo esquemas fixos: por exemplo, ressalta-se a riqueza e importância de um personagem colocando-o na posição central e com tamanho maior que os outros.

No século II a. C., no **império dos partos** também se desenvolveu de forma autônoma uma importante produção artística com traços originais, embora com influências procedentes das regiões próximas. Alguns aspectos peculiares da **arte parta,** que a relacionam especialmente com a tradição expressiva oriental, são a tendência a descuidar o aspecto plástico, com predileção pelo relevo plano e pouco profundo, as posições rígidas e esquemáticas, sem noção de movimento, e a representação exclusivamente frontal da figura humana.
A representação minuciosa e exata dos personagens, quase sobrecarregada nos detalhes da indumentária, do penteado e dos adornos, também é de gosto oriental e tem grande interesse, inclusive no aspecto documental. Nas cidades desta região houve uma **intensa atividade cultural,** estimulada tanto pela forte tradição helênica quanto pelo favor e mecenato de alguns soberanos locais, como os Atálidas de Pérgamo, que incentivaram as manifestações literárias. Proliferaram os filósofos, geógrafos, historiadores e retóricos que, além de exercerem suas atividades em sua terra natal, viajavam com frequência para as grandes capitais, como Roma e Alexandria, para divulgar seus ensinamentos.
Em alguns casos, como o das escolas de filosofia e retórica, algumas cidades converteram-se na meca dos estudantes e intelectuais estrangeiros que queriam aperfeiçoar seus conhecimentos. O filósofo estóico Panécio nasceu em Rodes em 185 a. C. e lecionou em sua ilha natal, Atenas e Roma, onde fez parte do círculo dos Cipiões, influindo de forma decisiva no modo de pensar da classe dirigente romana.
Possidônio nasceu em Apaméia, Síria, por volta de 135 a. C. Foi discípulo de Panécio e, depois de alguns períodos em Atenas e Roma e longas viagens pelo Mediterrâneo ocidental e norte da África, estabeleceu-se definitivamente em Rodes, onde ensinou filosofia estóica. Através de uma busca pessoal e original tentou restabelecer a unidade entre esta disciplina e as matérias científicas. Esteve em contato com os principais personagens políticos de seu tempo, como Pompeu e Mário, e o próprio Cícero frequentou sua escola.
Seu espírito eclético refletia-se na variedade de suas obras, que englobam desde a filosofia até as ciências naturais, a geografia e a historiografia. O filósofo epicurista **Filodemo** nasceu em 110 a. C. em Gadara, Palestina. Seu nome está ligado sobretudo à difusão das concepções filosóficas gregas, que abordou num extenso tratado de caráter histórico. Mas entre suas obras não faltam as composições poéticas e os tratados de retórica. A grande biblioteca de papiros encontrada entre as ruínas da vila de Píson, em Herculano, que até hoje é objeto de estudo, pertenceu e Filodemo.
Entre os historiadores, além de **Dionísio de Halicarnasso** (autor da *História Antiga de Roma,* em 20 volumes, de caráter compilatório, sem observações críticas), os mais importantes foram Nicolau Damasceno e Josefo Flávio. O primeiro, nascido em 64 a. C., foi conselheiro de Herodes, *o Grande,* e ocupou-se ativamente de política. Sua principal obra é *A História Universal,* em 144 volumes, que se perdeu e serviu de fonte para outros historiadores, como Josefo Flávio. Este último, nascido em Jerusalém, participou com funções de mando no levantamento contra os romanos de 66 d. C. Foi capturado e posto em liberdade por Tito, que profetizou sua subida ao trono. Sua primeira obra é *Guerra dos Judeus,* que trata do levantamento dos Macabeus até a intervenção romana de 67. A obra baseia-se essencialmente nas experiências vividas pelo autor e por isso é de grande interesse, já que analisa os fatos do ponto de vista dos vencidos. Sua outra obra, *Antiguidades Judaicas,* tem um tema mais amplo. Trata-se da história dos judeus desde as origens até a época de Nero, inspirada livremente na Bíblia no que se refere à história antiga, mas bem documentada quando trata de fatos contemporâneos. Tiveram também grande difusão nesta área as **obras de geografia,** em que as descrições mais ou menos detalhadas dos lugares misturam-se com divagações de caráter histórico, religioso ou antropológico. É o caso da *Geografia,* de Estrabão, nascido em Amasia, no Ponto, que viveu aproximadamente entre 64 e 231 d. C.

Acima à esquerda: Josefo Flávio, historiador e general judeu (37-95 d. C.). Apesar de ser um admirador do Império Romano, combateu contra ele durante a insurreição judia de 66 d. C. Após a queda de Jerusalém viveu em Roma, onde escreveu os sete livros do De bello judaico. Embaixo, à esquerda: monumento com figura de leão (150-100 a. C.) da cidade de Petra, antiga cidade da Jordânia. Ao lado: laje do stupa de Amaravati, exemplo de arte indiana dos séculos I-II d. C. (Museu Britânico, Londres).

Um dos aspectos culturais mais interessantes foram as escolas de arte oratória (**retórica**), onde estudavam os jovens romanos. Para definir o estilo retórico destes mestres, que tiveram alunos como Júlio César e Cícero, os partidários de um estilo mais sóbrio inspirado nos grandes oradores áticos (aticismo), inventaram o termo depreciativo «asiatismo». As características deste estilo, que teve grande influência na oratória, são a expressão redundante, grandiloqüente e barroca, que procura assombrar o ouvinte, o uso excessivo de neologismos e metáforas ousadas, a busca de uma cadência rítmica do período e a ênfase patética.

Enquanto **Cartago** conservou o controle político sobre a África ocidental, a produção artística seguiu os modelos tradicionais da **arte fenícia,** embora com uma clara influência helênica, mesclada com elementos fenícios, sobretudo na escultura e na ourivesaria. Com a conquista romana não houve qualquer inovação especial, pelo menos durante os primeiros séculos, e a produção artística, em conjunto, foi modesta. Encomendavam-se obras de tipo clássico, e compravam-se ou realizavam-se localmente cópias dos originais gregos mais famosos, como demonstra a atividade colecionista do rei da Mauritânia Juba II. A única exceção foi a arte de **caráter oficial,** não sem uma certa vitalidade, que consistia em estátuas de personagens da aristocracia municipal ou de imperadores e membros de sua família, como podemos apreciar no Fórum velho de Leptis Magna.

No último período da dinastia ptolomaica, a arte egípcia conservou suas formas expressivas tradicionais, embora com alguns elementos, como uma certa tendência à **plasticização,** que refletem claramente a influência da arte helênica. Esta tendência manifestou-se também durante o período da dominação romana, e só em alguns casos podemos notar uma busca de formas expressivas originais, marcada pela evocação das glórias do passado.

Um caso à parte é a **arte alexandrina,** uma produção artística que abarcou vários campos, da pintura à escultura, passando pela ourivesaria e o trabalho do metal. Seu centro foi a cidade de Alexandria. De fato, durante este período a metrópole egípcia foi uma das capitais culturais do mundo, e teve uma notável influência, não só na região mediterrânea, mas também no Oriente e nas regiões ao sul do Egito. Na **escultura,** a partir do século II a. C., as formas tornaram-se suaves e sensuais, com superfícies atenuadas e rostos que frequentemente apresentam expressões patéticas. Um exemplo característico deve ter sido a **estátua do banho de Afrodite,** que se perdeu, embora existam muitas cópias que nos permitem admirar a originalidade de sua criação e a suavidade de suas formas. Entre os séculos II e I a. C. apareceu na escultura alexandrina uma corrente que se inclinou para o realismo, exagerado às vezes até a caricatura, com o qual se representam camponeses e pescadores, e para os **temas de caráter exótico,** como os famosos bronzes de jovens negros. Pertencem também a este período os retratos realistas que, contudo, mostram uma grande influência da tradição escultórica do Egito faraônico.
Em Alexandria também floresceu uma importante escola à qual provavelmente deveu-se a difusão no mundo romano da **pintura compendiária,** técnica em que prevalece o uso da cor, espalhada rapidamente em manchas, sobre o desenho. Também na **decoração das paredes** Alexandria introduziu novas formas expressivas, que não deixaram de influir na arte romana. Trata-se da decoração por áreas, em que se inspirou o chamado primeiro estilo pompeiano, ou mais tarde a técnica ilusionista da «parede aberta» que é a base do segundo estilo. Mas é sobretudo o terceiro estilo – caracterizado pela profusão de motivos de origem egípcia, como as paisagens do Nilo – que revela que no mundo romano tiveram difusão os cartões de origem alexandrina, ou a presença de artistas egípcios trabalhando na Itália.

A produção de vasos artísticos de prata (torêutica) e a lapidação de pedras preciosas foram também muito importantes, e os objetos fabricados nos ateliês de Alexandria tiveram grande aceitação em todo o império e regiões limítrofes, onde chegaram a ser imitados. Assim, foram encontrados vestígios desse artesanato entre os objetos de Boscoreale e de Pompéia e entre os que foram levados por seus donos para as províncias, como os encontrados em Hildesheim (Baixa Saxônia).

***No alto da página:** mosaico nilótico encontrado no templo da Fortuna de Alexandria, datado aproximadamente em 80 a. C. (Museu Prenestrino Barberiniano, Palestrina, Itália). **À esquerda:** estátua da deusa, período ptolomaico (greco-alexandrino, de 330 a 30 a. C.). É uma escultura livre, em diorito, de uns 55 cm de altura. **Abaixo:** vasilha de vidro encontrada nas escavações de Pompéia (Museu Arqueológico Nacional, Nápoles).*

A «TAÇA DE FARNÉSIO»

Na arte alexandrina floresceu de maneira singular a gravura em pedras duras e pedras preciosas (glíptica), que não se limitou à confecção de camafeus com retratos ou cenas alegóricas, chegando a criar grandes obras como a «taça de Farnésio», que se encontra atualmente no Museu Arqueológico Nacional de Nápoles. Este precioso objeto, chamado assim por terem sido os Farnésio seus últimos proprietários, tinha pertencido antes a Lourenço, o Magnífico, que a tinha adquirido junto com outros objetos do tesouro do pontífice Paulo III. Trata-se de uma taça de uns 20 cm de diâmetro, talhada em ônix bicolor com duas camadas e belíssimos veios. Na face côncava há uma representação alegórica do Nilo com várias figuras, em que aparecem o deus fluvial, sentado num tronco de árvore com o corno da abundância na mão; uma figura masculina em pé e uma feminina deitada a seus pés; uma esfinge, que simboliza o Egito; as duas Horas e, na parte superior, os ventos etésios, que segundo a crença eram a causa das inundações periódicas do Nilo, portadoras da fertilidade.

No lado convexo há uma chamativa representação da Medusa, com a face em suave relevo e uma expressão patética que perdeu completamente seu aterrorizante aspecto original, embora conservando os traços típicos de sua representação: as asas no alto da cabeça e as serpentes enroscadas sob o rosto. Os cabelos abrem-se numa massa flutuante que se estende para cobrir harmoniosamente as paredes curvas da taça. Misturadas com eles há pequenas serpentes cobertas de escamas, formando suaves volutas. A obra é atribuída a um grande artista alexandrino anônimo, que provavelmente a produziu na época do imperador Augusto.

Acima: face côncava da chamada «taça de Farnésio», esplêndido exemplo da arte alexandrina. À direita: zodíaco do templo de Dandara, exemplo de arte egípcia dos séculos I e II d. C. Na cidade há um templo da época ptolomaica e romana dedicado à deusa Hathor, perfeitamente conservado, dois santuários, um tanque sagrado, as ruínas de um templo de Ísis e a necrópole.

No reino de Kush, com a mudança da capital de Napata para Méroe, houve uma maior penetração da **influência da arte helênica** na tradição artística local. As estátuas e os relevos começaram a se distanciar dos padrões expressivos da arte egípcia, que até então predominavam, e se aproximaram claramente das formas e tipologia da arte grega. O resultado, sobretudo nos relevos, é bastante singular e um tanto quanto desajeitado, por ser fruto de uma insólita e pouco equilibrada mistura de tradição nativa, influências egípcias e novas experiências helenísticas, abordadas de forma bastante superficial. Mais original é a ourivesaria, sobretudo o trabalho do ouro e das pedras preciosas. Depois de uma primeira fase de imitação dos modelos egípcios, foram elaboradas neste setor formas próprias e originais de grande qualidade.

Na atual **Nigéria,** num período de tempo compreendido entre os séculos IV a. C. e II d. C., floresceu a cultura chamada **nok,** pelo local onde foram encontradas as primeiras amostras. Caracteriza-se por uma vistosa **arte figurativa,** que se exprime sobretudo nas terracotas que representam animais e homens. Os primeiros são feitos com grande naturalismo, enquanto os outros, pelo contrário, são muito estilizados, com rostos angulosos caracterizados por grandes olhos triangulares, narizes com narinas dilatadas, grandes orelhas e lábios grossos. Estas obras foram encontradas em geral fora de um contexto arqueológico preciso, e freqüentemente em estado fragmentário, o que até agora impede ter um conhecimento mais preciso e orgânico deste significativo fenômeno artístico.

No âmbito literário, a região noroeste da África, pelo menos até o século I d. C., inclusive, não se destacou pela presença de centros culturais nem pela atividade de autores importantes. O principal escritor oriundo desta região é provavelmente o célebre dramaturgo cômico **Afro Públio Terêncio,** que, contudo, escreveu e representou suas obras exclusivamente em Roma, durante o período compreendido entre a Segunda e a Terceira Guerra Púnica. Chegou à urbe como escravo do senador Terêncio Lucano, que logo lhe concedeu a liberdade.

Alexandria, capital literária do mundo helênico pelo menos até 145 a. C., quando o rei Ptolomeu VIII Físcon expulsou todos os eruditos gregos, talvez culpados de terem se envolvido numa das muitas guerras de sucessão que assolaram o Egito durante essa época, passou por uma fase de grave decadência, com produções literárias pouco originais. Além disso, os mecenas tinham preferência pela ciência, que se desenvolveu mais que a literatura, o que levou a que muitos homens de letras mudassem para Roma, sobretudo durante a dominação romana. Foi assim que teve difusão e êxito um tipo muito erudito e refinado de poesia, com um estilo rebuscadíssimo, que se servia de um léxico recheado de palavras arcaicas e ousados neologismos. Como se prestava mais atenção à forma que ao conteúdo, havia uma preferência pelas formas métricas mais complicadas, pelos jogos de palavras e pelo virtuosismo na criação de figuras retóricas, freqüentemente extravagantes. Mas os temas continuavam sendo os mesmos: o amor, tanto idealizado como sensual, o elogio da vida campestre em oposição à agitada vida da cidade e a doçura da natureza e das paisagens.

Na época da dinastia Han anterior (206 a. C.-25 d. C.) acentuou-se a tendência ao **naturalismo**, e cada vez teve maior importância a **representação da figura humana.** Deu-se um enfoque educativo à arte, e apareceram ciclos pictóricos com características representações de personagens que simbolizavam os vícios e as virtudes, tirados em geral de lendas antigas. Pelas fontes literárias sabemos que os palácios imperiais e as casas dos dignitários eram decoradas com esplêndidas pinturas, que não chegaram aos nossos dias. O que nos chegou foram alguns exemplos de decoração pictórica de caráter funerário, que nos permitem conhecer pelo menos quais eram os temas preferidos e as técnicas

utilizadas. É significativo o caso da tumba escavada em Wangdu, cujo vestíbulo tem uma decoração com pinturas bem conservadas. A superfície das paredes divide-se em dois setores separados por uma linha horizontal. Na parte de baixo vemos figuras de animais (sobretudo aves) e, na de cima, 24 personagens de corpo inteiro – com indicação escrita da função de cada um deles – próximos do defunto. A pintura é feita com uma técnica simples, delineando primeiro o contorno das figuras em preto sobre o estuque da parede e preenchendo depois com vermelho, verde ou amarelo. Todas as tintas usadas são de origem mineral. Na arte funerária destacam-se também algumas lajes com representações de cenas da vida diária, banquetes, bailes, exibições de malabaristas e caça, feitas em esgrafito ou em relevo pintado. A técnica reflete as tradições artesanais locais. As figuras podem estar completamente entalhadas, destacando sobre o fundo liso, ligeiramente esgrafiadas na laje polida com esmero, ou esculpidas com um relevo muito baixo. Na arte funerária também cabe citar as estatuetas de madeira ou argila que acompanham o defunto na tumba e reproduzem sua casa, seus criados, seus animais domésticos e seus objetos preferidos. Possuem um interesse documental – por proporcionarem informações valiosas sobre a arquitetura, a indumentária e muitos outros aspectos da cultura material – e também artístico, por seu dinamismo e realismo, seu agudo sentido de volume e o uso de cores brilhantes. Um dos exemplos mais interessantes provém de uma sepultura de Cantão, datada no século II a. C., que representa um espetáculo de acrobatas. Sobre uma base de 67 x 47 cm vemos 21 figuras de espectadores e malabaristas em plena exibição, que tocam instrumentos musicais (cítara, gongo, flautas e tambores), apresentados com grande detalhe.

As várias formas de artesanato artístico também atingiram um grande refinamento, sobretudo a cerâmica, a ourivesaria, a laca, a fabricação de pequenos objetos de bronze e o trabalho de pedras duras, em particular o jade. Este último alcança níveis excepcionais, destacando-se sobretudo nas **vestes funerárias** para os membros da família imperial e os nobres. São vestes confeccionadas com milhares de finas plaquetas de jade – geralmente de forma retangular, talhadas de maneira que se adaptem às diferentes partes do corpo –, com orifícios nos quatro cantos e unidas com fios de ouro, prata ou bronze. O exemplo mais interessante deste tipo de trabalho são as vestes de Liu Sheng, irmão do imperador Wu Di, morto em 113 a. C., e os de sua mulher, Du Wan, cuja grande sepultura foi encontrada em 1968. Na elaboração de objetos lacados também foram atingidos níveis expressivos muito significativos. As decorações, que privilegiam o vermelho, o azul, o amarelo e o verde, podem ser puramente ornamentais, como o tema da voluta de nuvem (uma série de curvas das quais saem membros e cabeças de animais), ou formar cenas inspiradas em personagens históricos ou anedotas de conteúdo edificante. No século I d. C., a difusão do papel e da tinta e as melhorias na fabrica-

A TUMBA DA MARQUESA DE DAI, EM MAWANGDUI

Em 1971, em Mawangdui, durante a construção de um hospital, encontrou-se uma sepultura em excelente estado de conservação. A câmara funerária, coberta por um túmulo de 16 m de altura, é de madeira, e foi selada com uma camada de argila branca e outra de carvão, para absorver a humidade. No interior de quatro sarcófagos de madeira, rodeados de compartimentos em que se amontoam muitos objetos do enxoval funerário, jaz a defunta esposa do marquês de Dai, primeiro-ministro do príncipe de Chang Sha. Está envolta em vinte mantos de seda e coberta com duas mantas acolchoadas. Graças ao perfeito estado de conservação de seu corpo, pode-se concluir que a marquesa de Dai morreu entre 168 e 145 a. C., aos cinquenta anos, de um enfarte provocado por litíase, e que além disso sofria de tuberculose e de uma forma de anemia provocada por parasitas. O enxoval, formado por numerosos objetos (todos eles inventariados em 312 tiras de bambu), compreende uma vasilha e caixas de toucador lacadas, grandes quantidades de presentes de cores vivas, como agasalhos, camisas, luvas, calças, quatro pares de sapatos, pentes e leques. São de particular interesse os instrumentos musicais: um órgão com 22 tubos colocados em duas filas e uma cítara de mais de um metro de comprimento, com 25 cordas. Num dos compartimentos há algumas caixas em cujo interior encontram-se rolos de seda, alimentos e ervas medicinais. Também fazem parte do enxoval 162 figuras de madeira de pessegueiro pintada, que representam criados e músicos. Mas o objeto mais singular é, sem dúvida, o estandarte de seda que cobre o ataúde da marquesa. É obra de um excelente pintor, e nele aparecem algumas figuras refinadas. A cena principal mostra a defunta ajudada por várias criadas, enquanto a parte superior representa o céu e a inferior o mundo subterrâneo.

***Acima:** figura de madeira de um eunuco com veste de seda, encontrada junto com outras esculturas na tumba da marquesa de Dai, que viveu no século I a. C. **À esquerda:** estandarte de seda pintada, que também fazia parte do enxoval funerário da marquesa de Dai. **Abaixo:** revestimento do corpo de Tou Wang, esposa de Liu Shang, irmão do imperador Wu, que viveu no século II a. C.*

Ao lado: jarra de vinho (chamada hu) de bronze, enfeitada com incrustações de ouro e prata. No enxoval da tumba do príncipe Lui Shang e sua esposa, Tou Wang, foram encontrados numerosos hu. Embaixo: vasilha com decoração gravada em ziguezague, procedente de Mien Ken (Museu Nacional, Tóquio). À direita: pequenas bacias e caixinha de laca negra e vermelha de uso diário como objetos de toucador entre os séculos III e II a. C.

ção de pincéis deram um impulso notável à **arte da caligrafia** que se converteu numa das principais ocupações dos intelectuais.

No norte e no centro do Japão continuaram as manifestações artísticas da cultura **jomon,** que revelam a influência chinesa. Permaneceu a tendência para a **representação estilizada da figura humana,** enquanto na cerâmica reafirmou-se o gosto por uma rica decoração, com desenhos estilizados de animais reais ou fantásticos. Por outro lado, no sul do Japão floresceu a cultura **yayoi,** muito influenciada pela importação de objetos manufaturados da China. Entre a produção local destacam-se os **objetos ornamentais e instrumentos relacionados com os rituais religiosos,** como o típico sino de forma troncocônica, decorado com motivos geométricos, que foi aumentando de tamanho e com o tempo perdeu sua função primitiva tornando-se um objeto simbólico. A cerâmica também sofreu influência chinesa, com grande variedade de formas e a tendência para imitar a vasilha de bronze, com técnicas especiais.

A partir de 191 a. C., com a queda dos Qin, que proibia as obras de história e filosofia, os eruditos dedicaram-se a **reconstruir as grandes obras do passado,** que em muitos casos tinham sido guardadas na memória para evitar sua perda. Foi assim que se recuperou o célebre *Clássico das poesias* de Mao Chang, conhecido também com o título de *Poesias de Mao.* Voltaram a circular as obras antigas que tinham sido escondidas, como o *Clássico dos documentos,* que segundo a tradição foi descoberto por um descendente de Confúcio, Kuong Anguo. Estabeleceu-se também o texto definitivo de uma obra tão fundamental como *Os cinco clássicos.* Esta intensa **atividade filológica,** animada por uma profunda veneração pela palavra escrita, tornou possível que os textos antigos passassem para a posteridade. Às vezes, para torná-los mais compreensíveis, foram publicados com exaustivos comentários que serviram aos intelectuais chineses até épocas recentes. O **estudo da língua** esteve relacionado com esta atividade. Redigiram-se vocabulários completos e detalhados, como a *Explicação da escrita,* compilado por volta do século I d. C., com um sistema de classificação que ainda está em uso. Neste período apareceu uma nova forma de expressão poética, chamada ***fu,*** caracterizada por extensas composições numa linguagem áulica cheia de figuras retóricas e em versos muito longos, com métrica e rima irregulares. Os temas preferidos são a descrição das paisagens e as grandes cidades imperiais ou episódios da vida na corte, como a caça. Teve um enorme êxito na corte imperial, sobretudo durante o reinado de Wu Di, e Sima Xiangru foi seu mestre indiscutível.

A **historiografia** também teve um auge importante durante o reinado de Wu Di. Existia a convicção de que o passado podia proporcionar exemplos a seguir no presente. O historiador mais importante deste período foi Sima Qian, homem de grande cultura, que ocupava o cargo de astrólogo da corte. Sua obra, *Memórias históricas,* chegou-nos de forma fragmentária, com acréscimos posteriores. É uma obra ambiciosa, com pretensões de história universal. Nos doze primeiros capítulos, chamados *Anais fundamentais,* expõem-se os fatos das principais dinastias chinesas, desde a época mítica até Wu Di. Depois há dez capítulos dedicados a complicadas tábuas cronológicas, oito monografias sobre religião, música, astro-

logia, rios e problemas econômicos e mais trinta capítulos sobre as linhagens principescas e seus nobres Han. A última parte inclui as *Biografias,* dedicadas a homens importantes e personagens menores, como favoritas imperiais, poetas e bandidos. Sima Qian expõe os fatos de maneira concisa e sempre cita escrupulosamente as fontes que considera mais fiáveis. Este trabalho foi facilitado pelo acesso aos arquivos imperiais, graças a seu cargo oficial. Outra grande obra histórica do período Han é a *História dos Han anteriores,* iniciada por Pan Piao e completada por seu filho Ban Gu e sua filha Ban Zhao – o primeiro exemplo de escritora – em finais do século I d. C. Neste trabalho são expostos detalhadamente todos os acontecimentos da primeira dinastia Han, e juntam-se ensaios econômicos, jurídicos e literários. Esta fórmula torna-o um modelo para as posteriores históricas dinásticas.

Durante o domínio dos Sunga houve um momento importante na arte budista. Suas manifestações mais destacadas pertencem ao campo da **escultura,** em particular à **decoração dos *stupa*.** Neles, as representações das reencarnações de Buda e de sua última existência mostram-se de uma forma bastante rígida e esquemática, sem o sentido de volume que procedia diretamente dos padrões expressivos da arte maurya. As únicas exceções são as esculturas que representam Yaski – versão feminina de Yaska, espírito da natureza associado à fecundidade –, que freqüentemente são livres e possuem certo dinamismo, como acontece nas arquitraves dos pórticos do *stupa* de Sanchi. Neste período continua-se a não representar Buda com formas humanas, mas apenas com elementos simbólicos, como o trono vazio, a marca dos pés, a sombrinha, a cruz gamada, a árvore cósmica ou a roda da lei; a própria estrutura do *stupa,* com sua complexa articulação, representa o Mestre. Da **pintura** da época só nos chegaram alguns restos dos ciclos pictóricos que decoram as paredes de duas grutas dedicadas a santuário no complexo religioso de **Ajanta.** A figura humana, elemento central das pinturas, é representada com formas suaves e sinuosas, cores delicadas e certa tendência ao naturalismo.

No século I d. C., nas regiões norte, centro e leste da Índia floresceu uma arte de caráter quase exclusivamente religioso, aberta às influências das culturas helênica, iraniana, parta e também romana, neste último caso durante o reinado de Kusana, nos primórdios dos contatos econômicos com o Império Romano. Neste período tiveram grande desenvolvimento duas escolas artísticas, a de Gandhara e a de Mathura. Com a expressão **arte de Gandhara** denomina-se convencionalmente uma corrente artística que expressa temas e conteúdos budistas através de modelos expressivos procedentes da cultura helênica e romana. Trata-se de uma arte religiosa que procura mostrar aos fiéis os principais aspectos da doutrina budista, representando os fatos significativos da vida de **Buda.** Também aparecem as estátuas isoladas de Buda, representado com forma humana. Seus traços físicos, pelo seu caráter simbólico, tornam-no facilmente reconhecível; por exemplo, a «urna» circular no meio da frente, os lóbulos das orelhas, bem alongados, ou a trança no cabelo. Veste um hábito de monge, está em pé, com a mão direita levantada num gesto tranquilizador, ou sentado num trono com as pernas cruzadas e as mãos em gesto de ensino (sobre o peito) ou de meditação (no colo). A estas imagens juntam-se as das divindades indianas maiores, como Brama e Indra, ou menores, como os Yaksa e as Yaksi ou os Naga. São também muito freqüentes os deuses gregos, como Atena, Harpócrates e Sileno, que se representam seja imitando os padrões típicos da arte clássica, seja adaptando seus aspectos característicos à sensibilidade e gosto indiano. Outra iconografia

À esquerda: Buda sentado, baixo-relevo em pedra calcária rosa; arte kusana do século I d. C. (Museu Arqueológico, Mathura). Nas plantas dos pés de Buda estão gravados alguns dos sinais que permitem reconhecê-lo como tal. Buda senta-se com a mão direita em abhayamudra (atitude de proteção), sob a árvore dos bodhi; a seu lado estão representados dois yaksa. No alto: alguns medalhões e uma yaksi; baixos-relevos em pedra calcária (século II a. C.) esculpidos numa pilastra que fazia parte do stupa de Bharbul; arte ufga (Museu Indiano, Calcutá).

que se renovou profundamente na arte de Gandhara, estimulada por uma vertente do budismo chamada Grande Veículo *(Mahayana),* é a dos **Bodhisattva,** personagens cujo nome significa «aspirante à sabedoria», que se sacrificam a si mesmos pelo bem da humanidade. Freqüentemente são representados como príncipes, com ricos adornos e complicados colares, com o torso nu ou vestindo hábito de monge.

O centro artístico de **Mathura,** conhecido desde o século II a. C., recebeu um grande impulso sob a dinastia Kusana. Sua produção tinha caráter religioso e profano, e inspirava-se nas formas artísticas tradicionais indianas, incorporando as influências das culturas estrangeiras, sobretudo a cito-parta. Na **escultura** destaca-se a plenitude das formas, o movimento, a tendência para o adorno. Deve-se a esta escola, como à de Gandhara, a elaboração de uma iconografia de Buda com formas humanas, mas representado com rosto sorridente, mais corpulento e vestido com roupagem de drapejado esquemático. Nas representações de tipo profano há uma notável predileção pelo nu feminino, em particular de Yaksi e as cortesãs, e pelas representações de reis e dignitários. O exemplo mais célebre é a da estátua do rei Kaniska, representado em pé, com pesadas vestes e botas altas de tipo cita, empunhando com firmeza a espada e a clava, símbolo do poder.

Na época dos Sunga o ressurgimento do bramanismo facilitou a **difusão do sânscrito,** de língua reservada às classes cultas passou a ser uma língua popular falada, o que pressupõe um estímulo para as obras literárias. A redação do ***Kamasutra*** *(Ensinamentos de amor),* de Vatsyayana, é datada do século II a. C. Na obra aparece um vistoso painel da vida urbana, cheia de devaneios, com ricos senhores, cortesãs belas e refinadas, parasitas e bobos. É também ambientado na cidade o *Mrcchakatika (O carrinho de argila),* um drama de fundo histórico e político caracterizado pela trepidante sucessão de acontecimentos e pela variedade dos personagens, que provavelmente foi escrito entre os séculos I a. C. e I d. C. e se atribui a Sudraka. Nele narram-se as vicissitudes de um pobre brâmane caído em desgraça, seguidor do hinduísmo e do budismo e apaixonado por uma bela cortesã, que o seduziu com sua graça e seus dotes morais. Depois de muitas peripécias e turbulências políticas os protagonistas ficam ricos. Desconhece-se quando foi escrito o ***Milindapanha*** *(As perguntas de Milinda),* obra que refere o diálogo filosófico entre o rei indo-grego Menandro (Milinda) e o monge Nagasena, que trata de o converter ao budismo. Acredita-se atualmente que a primeira redação remonta, pelo menos, a começos do século I d. C., mais de um século e meio após o reinado de Menandro (155-130 a. C.). Na corte de Kaniska, durante o século I d. C., viveu **Asvaghosa,** filólogo e filósofo, considerado o primeiro poeta clássico indiano. Além de muitos hinos e cantos religiosos, escreveu algumas obras de grande nível artístico. Atribui-se-lhe o *Buddhacarita,* primeiro poema épico dedicado à vida de Buda. Nele, a ardente intensidade religiosa, inspirada nos ensinamentos do budismo maayana, fundem-se harmoniosamente com a expressão poética e a capacidade para representar com vivacidade personagens e situações. Outra de suas famosas obras é o *Saundaranandakavya,* em que o poeta representa a si próprio no personagem de Nanda, que abandona sua mulher para seguir a doutrina budista.

À esquerda: Kubera, escultura em areisco vermelho (século I d. C.) procedente de Ahichatra; arte kusana (Museu Nacional da Índia, Nova Deli). Kubera, rei dos yaksa, era o deus da riqueza, e costumava-se representá-lo com um grande ventre, segundo a iconografia elaborada precisamente em época kusana. Abaixo, à direita: relevos procedentes de Gandhara (Museu Nacional de Arte Oriental, Roma). A forte acentuação dos caracteres heleno-românicos determina definições decididamente ocidentais no estilo composto da arte de Gandhara (séculos I-V d. C.), também denominada arte greco-budista.

As expressões artísticas das primeiras culturas da **América do Norte** limitam-se, em geral, à confecção de **objetos artesanais** para as atividades cotidianas. No Alasca, além de uma produção limitada de cerâmica – delicadamente decorada com motivos geométricos, entre os quais predominam os quadrados –, encontramos pequenos utensílios cuja funcionalidade é embelezada, dando-lhes formas de animais estilizados. Aparecem também minúsculas estátuas de seres humanos ou animais, de marfim ou, como na **cultura de Thule,** de pedra polida.

À direita: cerâmica zoomorfa que representa um jaguar. Arte olmeca. Os olmecas consideravam que o jaguar era seu antepassado, e em sua arte são típicas as figuras com o lábio superior levantado, mostrando dentes que lembram os deste animal. Abaixo: cabeça olmeca conservada no Museu Arqueológico de Japala, México. Os olmecas são merecidamente famosos por suas esculturas de pedra, entre as quais se destacam as cabeças colossais de basalto, cujas faces têm feições negróides, com um adorno de cabeça semelhante a um capacete.

Na era dos bosques orientais da **América do Norte,** os povos da **cultura Hopewell** fazem objetos artesanais que às vezes atingem um bom nível artístico. São significativas as chamadas **pedras-pássaro,** esculturas aladas de difícil interpretação (peças para propulsores, partes de cetros, objetos rituais?) talhadas em **pedras duras,** ressaltando a variedade cromática de seus veios. Trabalha-se também a **mica,** reduzida a lâminas muito finas em que se recortam silhuetas de mãos muito longas, garras de animais e estilizadas figuras antropomorfas, que depois são costuradas nos vestidos. Destinam-se também a esta utilização as **placas de cobre** com formas de peixes ou pássaros, ou as **conchas** com a superfície decorada com finas gravuras, em que aparecem figuras humanas estilizadas ou elementos geométricos. Mas a manifestação artística mais notável são os cachimbos para fumar tabaco durante os ritos mágicos e as cerimônias religiosas. São de pedra, em geral pedra-sabão ou quartzito, e o fornilho situa-se na parte superior de detalhadas figuras viris, ou de cabeças ou corpos inteiros de animais, modelados com grande sentido plástico e muita força expressiva. As primeiras fases da **cultura dos cesteiros,** que se pode considerar uma autêntica manifestação artística, denotam uma notável capacidade para combinar a funcionalidade do objeto e a variedade das formas com um gosto refinado na escolha das decorações cromáticas. Com uma refinada técnica de trançado, jamais igualada, e usando diferentes tipos de fibras vegetais, fabricam-se esteiras, chapéus, calçados, cestos e recipientes de todo tipo, decorados com desenhos geométricos policromos, obtidos com tintas ou entrelaçando entre as fibras ervas ou raízes coloridas, plumas, conchas e espinhos de porco-espinho. Os estudos mais recentes atribuem às primeiras fases desta cultura formas de expressão propriamente artísticas, como alguns grupos das numerosas gravações que decoram as superfícies rochosas da região habitada por estes povos. São figuras de animais, ou também ciclos mais completos de fundo narrativo, como nas cenas de caça. Em outros casos, aparecem nas rochas figuras humanas pintadas de forma muito esquemática, ou mãos, que provavelmente tinham um significado cultual.

Na região da América Central as manifestações artísticas mais significativas deste período são as **estelas de pedra** erigidas na região de Izapá. São grandes monólitos arredondados por cima, longos, esculpidos em baixo-relevo com sinais geométricos, máscaras, seres alados, figuras humanas, personagens fantásticos e animais mitológicos em que se reúnem partes de outros animais, como o jaguar, a serpente ou as aves. É uma arte influenciada pela anterior tradição olmeca, sobretudo nas técnicas utilizadas para representar os personagens e suas atitudes, mas com sua força expressiva possui traços de grande

OS TECIDOS BORDADOS DE PARACAS

Na costa peruana do Pacífico, cerca de 250 km ao sul de Lima, encontra-se a pequena península de Paracas, uma estreita língua de terra árida e desértica. Aqui, em 1925, J. Tello e R. Carrión Cachot exploraram as jazidas arqueológicas denominadas Paracas Cavernas e Paracas Necrópole. Sobretudo esta última, que graças às análises com o carbono 14 foi possível datar com certa margem de precisão num período compreendido entre 300 e 100 a. C., proporcionou grande quantidade de tecidos coloridos e bordados com grande perícia. Os tecidos, graças ao clima extraordinariamente seco do local, conservaram-se perfeitamente. Formavam o sudário que envolvia um indivíduo do sexo masculino, talvez um chefe ou um sacerdote, com o corpo mumificado colocado em posição fetal dentro de uma canastra. Os presentes, de lã e algodão, não tinham sido usados, sendo confeccionados especialmente para um uso funerário. Trata-se de 150 peças de tecido, colocadas ao redor do defunto, cuidadosamente dobradas. São grandes mantos de 2,50 m de comprimento por 1,30 m de altura, capas retangulares semelhantes a ponchos, com uma abertura no centro, camisas curtas e compridas. Uma característica destes tecidos é a grande variedade de cores, pelo menos 290, que foram utilizadas nos bordados. Estes, com desenhos repetidos, são minuciosos, feitos com esmero e, às vezes, em relevo. Representam personagens mitológicos, como os monstros marinhos com corpo de homem ou de peixe, ou felinos de aspecto humano, ou ainda seres alados com mãos de macaco. Embora a composição pareça seguir um esquema preestabelecido, o efeito final é muito chamativo, dada a conjugação das cores e a originalidade dos temas.

***Acima:** fragmento de tecido de passamanaria que formava a borda de um manto fúnebre do primeiro período intermédio, estilo necrópole de Paracas, 400-100 a. C. **À direita:** figura viril de pedra conhecida como O Lutador, da civilização olmeca. Procede de Santa Maria de Uxpanapan (Museu Nacional de Antropologia, Cidade do México).*

originalidade, que influenciarão a arte maia do período clássico. Na região de Oaxaca, perto do importante centro residencial e cultural zapoteca de Monte Albán, que a partir de 200 a. C. entra num período de excepcional desenvolvimento, as formas mais interessantes de expressão artística relacionam-se com a inclinação destes povos para o **culto dos mortos.** Na extensa necrópole situada nos arredores da povoação abundam as tumbas com uma elaborada estrutura arquitetônica. Em algumas delas as paredes são decoradas com pinturas murais, nas quais aparecem personagens ricamente ataviados, de frente ou de perfil. As cores que predominam são o azul, o amarelo e o vermelho-terroso. Foram também encontradas muitas urnas funerárias de terracota pintada, que constituem um dos elementos típicos da **cultura zapoteca.** Podem ter a forma de animais relacionados com o mundo religioso, como o morcego ou o jaguar, ou mais freqüentemente de deuses com o rosto bem caracterizado e expressão austera, sentados com as pernas cruzadas e as mãos nos joelhos. Têm na cabeça vistosos adornos com altos penachos, e seu corpo é enfeitado com refinados colares, pendentes e peitorais.

Na **região andina** o auge da **cultura mochica** coincide com a fase inicial de produção de uma série de cerâmicas confeccionadas com técnicas muito avançadas, que são próprias destes povos. A cerâmica mochica, colorida (pelo menos neste período) com as diferentes graduações e matizes de duas únicas cores básicas, o vermelho e o branco, pode ser classificada em dois grupos de peças. Os **vasos-retrato,** habitualmente feitos com molde, reproduzem de forma realista o rosto de personagens importantes, ou os de uma grande variedade de tipos humanos, com intenção irônica e caricatural. Por outro lado, os **vasos temáticos** são praticamente representações escultóricas da vida diária, com seus personagens e aspectos mais significativos. O aguçado realismo não evita a crua representação de doenças e deformidades. Há ainda vasilhas com formas de animais ou plantas e reproduções de casas, embarcações e elementos da paisagem. Seguindo a costa meridional do Peru, a **civilização nasca,** que também está nos seus primórdios, distingue-se pela produção de vasilhas de barro com paredes finas, pintadas com uma rica gama de cores brilhantes: amarelo, preto, violeta, vermelho e branco. As figuras pintadas nas superfícies são contornadas por linhas pretas. Os temas costumam estar muito estilizados, pelo que nem sempre é fácil sua interpretação. Segundo alguns investigadores, podem ter um significado mágico. Aparecem sobretudo aves, peixes, plantas e figuras humanas. Há também representações de seres divinos e monstros, entre os quais se encontra o chamado demônio-gato.

Em Roma o culto primitivo que fazia distinção entre os deuses indígenas *(dii indigetes)* e deuses adquiridos de outros povos *(dii novensides)* evoluiu no século II a. C., por influência da cultura grega, até chegar ao **culto aos doze deuses,** que por suas características e campo de ação eram bastante semelhantes às divindades análogas do Olimpo grego. Trata-se de Júpiter (Zeus), Juno (Hera), Netuno (Posídon), Minerva (Atena), Apolo, Diana (Ártemis), Marte (Ares), Vênus (Afrodite), Vulcano (Hefesto), Vesta (Héstia), Mercúrio (Hermes) e Ceres (Deméter). Fica excluído um dos deuses mais venerados pelas classes humildes, Baco (Dioniso), cujo culto foi eliminado em 186 a. C. a partir de uma deliberação do Senado que proibiu toda associação de cidadãos que tivesse por finalidade celebrar cultos báquicos. A proibição devia-se não só ao caráter orgiástico das cerimônias, mas ao segredo com que eram celebradas e, sobretudo, ao fato de nelas participarem principalmente pessoas de condição social humilde e escravos, pelo que se temia que desembocassem em manifestações violentas de protesto popular. Este temor fica claro em algumas passagens da deliberação do Senado, em que se estabelece que «[...] ninguém, em público ou em privado, nem sequer fora da cidade de Roma, celebrará ritos sagrados em segredo sem ter antes se dirigido ao pretor urbano, tendo obtido sua autorização e a aprovação do Senado [...] Ninguém, homem ou mulher, celebrará os ritos sagrados em grupos superiores a cinco pessoas, e neles não deve haver mais de dois homens ou mais de três mulheres [...]»

Acima: procissão cerimonial, detalhe do Ara Pacis Augustea, Roma (139 a. C.). À esquerda: restos do templo de Cibele, na colina do Palatino. À direita: afresco procedente de Herculano com cenas do culto a Ísis (Museu Nacional, Nápoles).

Neste mesmo período introduziu-se pela primeira vez em Roma um **culto de origem oriental:** em 204 a. C., seguindo a orientação dos *Livros sibilinos,* antiga coleção de profecias consultada oficialmente por um colégio sacerdotal nos momentos de grande perigo, levou-se a Roma a **pedra negra** meteorítica de Pesinonte (cidade da Frígia), venerada como imagem totêmica da deusa **Cibele,** a quem foi dedicado um templo no Palatino em 191 a. C. Cibele, junto com seu companheiro Átis, representava a força vital da natureza e sua capacidade de regeneração. Seu culto ficou a cargo de sacerdotes de origem frígia, chamados «galos» (do nome do rio Galo, na Frígia) – os cidadãos romanos ficaram excluídos por lei –, que durante um determinado rito castravam-se para favorecer o despertar da natureza e enfeitavam-se como mulheres.
Durante as guerras contra Mitridates foi trazido do Oriente o culto à deusa Ma, que também era uma personificação da natureza fértil, assimilada a Belona, divindade guerreira de origem itálica. O êxito de seu culto em Roma relacionou-se sobretudo com o fato de que Lúcio Cornélio Sila a considerou sua divindade protetora e causadora de sua fortuna.

As relações dos mercadores itálicos com o Egito favoreceram a difusão, primeiro no sul da Itália e depois em Roma, do culto aos deuses egípcios (Ísis, Osíris e Serápis). Já no século II a. C. erigiram-se os primeiros templos dedicados a estas divindades nas cidades do golfo de Nápoles. A adoração destes deuses, que prometiam a seus seguidores um destino de salvação depois da morte sem ter em conta sua condição social, estendeu-se rapidamente entre a população, sobretudo entre as camadas mais humildes. Por isso, durante o último período da república, seu culto gerou direta ou indiretamente algumas tensões sociais, de modo que o Senado ordenou em várias ocasiões a destruição dos templos, altares e estátuas de Ísis. Entre os romanos de todas as classes sociais, mas sobretudo entre as mais humildes, as **práticas de magia,** entendidas como um modo de dominar as forças da natureza e do destino, também tiveram um grande prestígio. Foram praticados os dois gêneros fundamentais de magia: a magia imitativa ou homeopática, que se baseia no princípio de que o semelhante atua sobre o semelhante, e a contagiosa ou simpática, baseada no princípio de que o ato mágico realizado sobre uma parte de uma pessoa ou de uma coisa produz o mesmo efeito no todo. Além disso, algumas cerimônias religiosas públicas conservavam em seu ritual o antigo caráter mágico. Por exemplo, durante a celebração dos *Argei* (14 ou 15 de maio) as vestais atiravam no Tibre, na presença de pontífices e magistrados, vinte e sete bonecos de palha (símbolo substitutivo de seres humanos, que antigamente eram sacrificados) para

invocar a chuva. Com esse mesmo objetivo, mas só em épocas de grande seca, praticava-se o antigo rito do *Acqaelicium:* os pontífices e magistrados, com roupas humildes, precedidos pelos lictores com as fasces invertidas, dirigiam-se ao templo de Marte, fora da Porta Capena, e ali recolhiam uma pedra cilíndrica chamada *lapis manalis* e a levavam até o Capitólio, com um séquito de matronas descalças e com os cabelos soltos. Chegando ao Capitólio, salpicavam a pedra com água para invocar a chuva a Júpiter Elício (produtor da chuva). Mas na vida diária da população a prática da magia contagiosa era mais difundida. Queimavam-se, enterravam-se ou atiravam-se à água objetos (armas, vestidos) pertencentes à pessoa cuja vontade se queria dominar ou a quem se quisesse prejudicar, embora o mais indicado fossem partes de seu corpo, como unhas, mechas de cabelo ou sangue. Outras vezes faziam-se figurinhas de cera ou barro que reproduziam seus traços. O poeta Horácio, numa de suas *Sátiras,* faz uma viva descrição de um rito mágico deste tipo realizado por duas bruxas, Canídia e Ságana: «As duas eram horríveis, por sua lividez; começaram a cavar a terra com as unhas e a esquartejar a dentadas uma ovelha negra, cujo sangue foi parar à cova para propiciar os Manes (espíritos dos mortos), que deviam pronunciar o responso. Tinham também dois bonecos, um de lã e outro de cera. O de lã era maior, para poder castigar o outro, mais fraco. Este último, em atitude de súplica, estava destinado a morrer dentro de pouco tempo de forma vergonhosa» (I, 8, vv. 25-33). Também os numerosos **tabus** referentes a pessoas ou coisas tinham sua origem remota nas antigas práticas de magia. Os estrangeiros, por exemplo, considerados inimigos potenciais e suspeitos de exercer influência negativa, estavam excluídos de todos os ritos sagrados. O mesmo acontecia com os criminosos, que eram considerados impuros, porque o delito sempre viola alguma prescrição religiosa. As mulheres estavam excluídas de algumas cerimônias, como os sacrifícios em louvor de Marte Silvano ou Hércules, assim como os escravos. A proibição também podia estender-se ao uso de determinados objetos. Acreditava-se, por exemplo, que os objetos de ferro estavam impregnados de uma força maligna e nos ritos só eram utilizados instrumentos de cobre ou de bronze. A **superstição** encontrava-se estreitamente relacionada com a magia. Existia a convicção de que certos indivíduos podiam ter, consciente ou inconscientemente, uma influência maléfica sobre as pessoas. Como se pensava que o olho era o órgão principal para a transmissão dessa influência, os romanos o chamavam *invidia* (do verbo *invidere,* «olhar contra»). Como remédio, além de realizar certos ritos, usavam-se sobretudo os amuletos, que podiam ser de ouro, coral ou âmbar e costumavam ter formas especiais (ervas e plantas, como a arruda, a verbena e o ásaro; bonecos, órgãos genitais, sinos e crescentes lunares). Era muito comum o costume de guardar esses amuletos numa custódia chamada *bulla,* que as crianças usavam pendurada no pescoço até a maioridade.

Acima: cabeça de Sêneca, século I a. C., encontrada na Vila dos Pisões ou dos Papiros, em Herculano (Museu Nacional, Herculano). Ao lado: detalhe de um afresco encontrado em Pompéia, com um enviado que oferece um presente a uma feiticeira em troca de um oráculo (Museu Arqueológico Nacional, Pompéia). No centro da página: decoração da parede de uma vila de Pompéia, com grupo dionisíaco (Museu Arqueológico Nacional, Pompéia).

A grave crise por que passou o sistema político romano a partir do século I a. C., com lutas e confrontos constantes que às vezes degeneravam em verdadeiras guerras civis, levou a que os homens cultos buscassem consolo na filosofia, mais que na religião. O **estoicismo**, que tinha sido introduzido em Roma no século II a. C. pelo filósofo **Panécio** de Rodes (c. 185 a. C.-c.110 a. C.), membro do círculo dos Cipiões, teve uma difusão secreta. Eram particularmente apreciados seus preceitos éticos, que obrigavam ao cumprimento de um dever, assim como a intenção de atribuir à filosofia a função de guiar o homem até a virtude e a sabedoria. A doutrina de Epicuro, ao contrário, foi acolhida mais friamente, embora seus ensinamentos estivessem compilados numa obra de extraordinário valor artístico, o poema *De rerum natura,* de Lucrécio. Esta desconfiança baseava-se sobretudo na suspeita de que esta filosofia, que livrava homem do medo do castigo divino e considerava que a religião não era mais que uma série de práticas supersticiosas, podia debilitar um dos pilares do ordenamento político e social do estado romano.

ruínas – 82, segundo escreveu o próprio imperador em suas memórias *Res Gestae* – e construiu outros, como o templo do Marte Ultor (o vingador), no Fórum de Augusto, e o de Apolo, no Palatino, que dispunha de duas bibliotecas de livros gregos e latinos, onde se conservaram os *Libri sibillini.* A renovação também afetou os colégios de sacerdotes, que o imperador se encarregou de completar, designando todas as vagas a pessoas de sua confiança, embora com isso tenha mudado substancialmente o seu papel. Com efeito, os colégios perderam grande parte de sua importância política. Deixaram de influir de forma decisiva nas opções políticas para se converterem, de fato, em instituições cuja função principal era organizar as celebrações sagradas em honra a Augusto e sua família. Entre as cerimônias que se restabeleceram, uma das mais importantes foi a festa dos lares (deuses domésticos) compitais, dedicada aos espíritos protetores das encruzilhadas, aos quais se deu um novo nome, *Lares Augusti,* depois de se ter aumentado o seu número com a incorporação do nume pessoal do imperador. Algumas divindades foram alvo de especial veneração, e entre elas destaca-se **Apolo,** que tinha perdido quase completamente sua antiga função curativa para se converter em protetor da paz e do progresso, e o nume do imperador. Expandiu-se também bastante o culto a Vênus, deusa de origem grega, venerada como mãe de Enéias e, como tal, progenitora da *gens Iulia,* a família de Augusto. Começou também a formar-se o culto à pessoa do imperador, que no Ocidente se associou ao culto a Roma, para conseguir a aprovação política dos súditos sem suscitar a hostilidade da aristocracia, contrária à supremacia de Augusto. Nas cidades do Império surgiram associações (augustais) dedicadas a propagar o culto ao imperador. Na verdade, os imperadores que se sucederam ao longo do século I d. C. não foram adorados como deuses em vida, apesar de que em algumas regiões do Império, sobretudo nas orientais, a população os considerasse como seres divinos ou semidivinos. A **apoteose** (termo grego que significa «deificação») ocorria habitualmente após a morte – quando o imperador era proclamado oficialmente *divus,* deus. Esta prática teve sua origem nos louvores divinos rendidos a César, a

À direita: o altar de culto do Colégio dos Augustais de Herculano. À esquerda: detalhe do afresco da Vila dos Mistérios, em Pompéia, com cabeça de sacerdotisa. Embaixo: larário procedente da Vila Cormiano, de Estábias (Antiquarium, Castellamare).

Durante as guerras civis, que perturbaram profundamente a sociedade romana na segunda metade do século I a. C., **os cultos tradicionais e os ritos antigos foram descuidados** e se propagou entre o povo a idéia de que a difícil situação política era uma consequência direta da ira dos deuses, que queriam castigar a negligência religiosa dos romanos. Nota-se claramente esse estado de ânimo em alguns famosos versos do poeta Horácio, que numa de suas *Odes* (III, 6, vv. 1-4) exclama: «Tu, ó romano, ainda que sejas inocente, não poderás desfazer os erros de teus antepassados até que tenhas restaurado os templos dos deuses, hoje em decadência, e tenhas erguido de novo as estátuas tisnadas pela negra fumaça.» Além disso, a profunda sensação de insegurança que oprimia o ânimo dos romanos criou um ambiente de espera messiânica, com a esperança de que a um período tão atroz e sanguinário se seguisse uma época de paz e harmonia, quase uma segunda «idade de ouro». Por esta razão, quando **Augusto** (63 a. C.-14 d. C.) subiu ao trono, **empreendeu uma profunda renovação no terreno religioso,** tentando recuperar cultos e ritos da primitiva religião camponesa dos romanos. Restaurou muitos templos que estavam em

Acima: sarcófago do século I a. C. com relevo de cortejo fúnebre (Museu Nacional de Abruzzo, L'Aquila). À direita: relevo procedente de Aquiléia com os apóstolos Pedro e Paulo. Exemplo de arte peleocristã do século IV d. C. (Museu da Civilização Romana, Roma).

quem Augusto dedicou um templo no Fórum, no local de sua incineração.

Durante os reinados de Cláudio e de Nero houve um auge da **filosofia estóica,** graças às obras de **Lúcio Aneu Sêneca** (5 a. C.-65 d. C.), que propôs o desprezo pelas paixões, sobretudo a ambição, e pelos cruéis espetáculos do anfiteatro, defendendo a tolerância e a compreensão para com os escravos, que mereciam ser encarados como pessoas, e não como coisas.

Durante o reinado de Calígula ou Cláudio, o apóstolo Pedro pregou em Roma a **doutrina de Jesus Cristo,** o profeta crucificado na Palestina na época em que reinava Tibério. No ano 60 chegou a Roma outro apóstolo, Paulo de Tarso, para ser processado como cidadão romano. Os romanos, que a princípio não percebiam a diferença entre judeus e cristãos, tiveram uma atitude muito desconfiada face à nova religião. Não compreendiam alguns aspectos do ritual cristão, como a eucaristia, que acreditavam serem práticas supersticiosas e mágicas que implicavam o sacrifício humano. Além disso, o forte sentido de pertença a uma comunidade, que mantinha os seguidores do cristianismo estreitamente unidos, e sua recusa em reconhecer as divindades do imperador levantaram a suspeita de que se tratava de uma seita secreta, cuja finalidade era subverter a ordem estabelecida. A nova religião, graças à sua mensagem de igualdade e salvação, propagou-se com rapidez entre os setores mais humildes da sociedade, embora não faltassem adeptos pertencentes à aristocracia. Provavelmente foi o caso da nobre Pompônia Grecina, que foi processada em 57 por praticar uma superstição estrangeira. O ódio aos cristãos que uma parte do povo de Roma sentia, alimentado por sentimentos xenófobos, agravou-se durante a primeira **perseguição de Nero,** que conseguiu desviar para eles o descontentamento causado pelo devastador incêndio de 64, que destruiu grande parte da cidade. Segundo a tradição, nesta ocasião foram martirizados, entre outros, os apóstolos Pedro e Paulo. Nesta época fizeram-se **mudanças no culto aos mortos,** e a incineração, que já tinha se generalizado no século II a. C., continuou sendo o rito principal durante o século I a. C. As cinzas do defunto eram guardadas numa urna, que era colocada na tumba familiar, acompanhada do enxoval funerário. Entre as classes mais poderosas expandiu-se também o costume de honrar os defuntos com suntuosos sepulcros, decorados com baixos-relevos em que se representavam momentos significativos de sua vida e, sobretudo, de sua atividade profissional. Cabe citar, a este respeito, a tumba do padeiro Virgílio Eurisaces, adornada com um friso em que aparecem as fases da fabricação do pão. Continuaram sendo celebradas as festas em louvor dos mortos, como os *Parentalia,* de 13 a 21 de fevereiro, em memória dos defuntos familiares, os *Rosalia* e os *Violaria,* que consistiam em levar rosas e violetas às tumbas, e os *Lemuria,* uma festa singular que se celebrava em 9, 11 e 13 de maio, cuja finalidade era aplacar os *Lemures,* fantasmas dos defuntos sem parentes que vagavam inquietos e famélicos pelas casas.

AS LÂMINAS MÁGICAS DE CHUMBO

Também no mundo romano foi muito difundido o costume de recorrer à magia negra para provocar a doença ou a morte de rivais no amor, antagonistas em pleitos judiciais, caluniadores, gladiadores ou aurigas, e às vezes também para conseguir o amor de um homem ou uma mulher renitente. A prática mais comum era gravar pessoalmente ou encarregar um mago de gravar certas fórmulas de sortilégio em finas lâminas de chumbo (tabellae defixiones), que depois de dobradas eram introduzidas em tumbas, preferivelmente de pessoas mortas de forma violenta ou em plena juventude. Também eram atiradas ao mar, em poços ou rios para que os espíritos inquietos transmitissem a prece às divindades infernais. Em geral as lâminas eram atravessadas por pregos, aos quais se atribuía a virtude mágica de unir indissoluvelmente a pessoa escolhida ao próprio destino. Em alguns casos, além da fórmula mágica, gravavam-se esquematicamente traços da pessoa em questão ou das divindades invocadas, acompanhados de seus nomes secretos. Considerava-se que este rito tinha uma eficácia extraordinária. As leis romanas castigavam com penas muito severas aqueles que eram surpreendidos praticando-o, que podiam ser atirados às feras ou crucificados. Uma lâmina encontrada em Roma revela a natureza destes sortilégios. Tem a seguinte inscrição: «Assim como o morto que está aqui sepultado não pode falar nem caminhar, que Rhodine encontre a morte às mãos de Marco Licínio Fausto e não possa falar nem caminhar. Assim como o morto não é grato aos deuses nem aos homens, que Rhodine não seja grata a Marco Licínio e que diante dele tenha o mesmo valor que este morto que está aqui sepultado. Oh, Padre Dite, te encomendo Rodhine, para que sempre tenha o ódio de Marco Licínio Fausto. E o mesmo suceda com Marco Hedio Anflon, Caio Popílio Apolônio, Venônia Hermíon e Sérgia Glicínia.»

As noções mais importantes sobre a religião procedem dos historiadores romanos, entre os quais se destaca César, cujas fontes parecem bastante fiáveis. César assimila o deuses nativos aos romanos, baseando-se nas analogias mais evidentes, e afirma que o deus mais venerado na Gália é Mercúrio, protetor das artes, das viagens e do comércio; há também um deus de cura (Apolo), um deus guerreiro (Marte), outro do céu (Júpiter) e outra das artes e ofícios (Minerva). Há também um deus ligado a Dite Padre (Plutão), do qual teria descendido a nação gaulesa. Além destes deuses, cujos nomes romanos escondem os deuses locais, conhecemos outras divindades graças aos testemunhos epigráficos. Entre eles cabe citar **Cernumnos,** deus com corno de cervo, **Epona,** protetora dos eqüinos, ou as personificações de entidades geográficas, como **Sequana** (o Sena), **Vosegus** (a cordilheira dos Vosgos) e **Arduinna** (as Ardenas).

A religião celta era dirigida pela classe sacerdotal dos druidas, pelo menos até a primeira época imperial. Na estrutura social dos celtas os druidas formavam o segmento culto. As outras duas classes eram os guerreiros e os camponeses e artesãos. Acreditou-se que seu nome estava relacionado com o carvalho (*drys,* em grego), uma planta muito importante nos rituais celtas. Mas atualmente considera-se que provém de um termo, *dru-vid,* que significa «muito sábio». Embora os antigos historiadores, e César em particular, os chamassem genericamente druidas, dentro da classe sacerdotal existiam três graus hierárquicos: o druida propriamente dito, sacerdote dedicado a determinados rituais; o adivinho, encarregado de interpretar os sinais dos deuses; e o bardo, poeta e músico que acompanhava os chefes na paz e na guerra, celebrando suas façanhas. A função principal destes sacerdotes era fazer de intermediários entre o homem e a divindade. Ocupavam-se, assim, dos sacrifícios públicos e privados e de outras práticas religiosas e divinatórias. Eram também encarregados de administrar justiça e arbitrar conflitos entre tribos. Como depositários de todo o saber, que era transmitido oralmente graças a um noviciado muito prolongado, ocupavam-se também da educação dos jovens e das ciências, em especial a medicina. Além disso, eram muito hábeis na colheita e uso das plantas medicinais, sobretudo o agárico do carvalho, que se usava como remédio para muitos males. Reuniam-se anualmente no país dos carnutos, na Gália, para escolher um chefe e ditar suas sentenças jurídicas. Acreditavam na imortalidade da alma e na reencarnação, doutrinas de inspiração pitagórica, que provavelmente tinham chegado à Gália provenientes do mundo grego através da colônia grega de Massília (Marselha). Estes sacerdotes exerceram uma grande influência na vida política. Opuseram-se à penetração romana e possivelmente foram os instigadores do grande levantamento encabeçado por Vercingétorix. Essa hostilidade e o temor da influência que exerciam sobre a população e os governantes locais fizeram com

Acima: estátua celta de divindade masculina, século I a. C. (Museu das Antiguidades Nacionais, Saint Germain-en-Loye). Esquerda: civilização de La Tène, estatueta votiva de bronze, século I a. C. (Sarka, Boêmia) (Museu Nacional, Praga). Abaixo: detalhe do caldeiro de Gunaestrup, século I a. C. (Museu Nacional, Copenhague).

CÉSAR E A RELIGIÃO DOS GAULESES

«Toda a nação dos gauleses dedica-se às práticas supersticiosas e, assim, os que padecem de graves doenças ou se encontram nos perigos da guerra sacrificam vítimas humanas ou prometem em voto imolarem-se a si mesmos e se servem dos druidas como ministros, porque estão convencidos de que só entregando uma vida humana em troca da vida de outro homem se pode aplacar a vontade dos deuses imortais; estes sacrifícios também são realizados para o bem da comunidade [...] Adoram sobretudo o deus Mercúrio, do qual existem muitas estátuas. É considerado o inventor de todas as artes e guia nos caminhos e durante as viagens. Os gauleses acreditam que possui um grande poder para proporcionar lucros no comércio. Depois dele, veneram Apolo, Marte, Júpiter e Minerva, e têm a mesma idéia deles que os outros povos. Com efeito, Apolo livra das doenças, Minerva inspira os princípios das artes e ofícios, Júpiter reina no céu e Marte é o senhor da guerra. Quando decidem declarar uma guerra, fazem o voto de entregar a este último os despojos conquistados. Se alcançam a vitória, sacrificam-lhe os animais capturados e reúnem o restante do que apresaram num único lugar. Em muitas povoações, pode-se ver os túmulos formados por essas oferendas, erigidos em lugares consagrados, e quase nunca se dá o caso de alguém, esquecendo os escrúpulos religiosos, esconder para si uma parte dos despojos ou retirar as oferendas depositadas nesses lugares. Este delito é castigado com a pena capital, acompanhada de tortura. Os gauleses sustentam que descendem de Dite Padre, tal como lhes foi transmitido pelos druidas. Por este motivo, não medem o tempo de acordo com o número dos dias, mas o das noites, e contam os dias natalícios e o começo dos meses e dos anos como se o dia seguisse à noite.»

Júlio César, De Bello gallico, VI, 16-17.

que Tibério primeiro e Cláudio depois proibissem o druidismo na Gália e na Britânia, pelo que os druidas foram perseguidos e passaram à clandestinidade, ou buscaram refúgio entre outros povos, como os pictos da atual Escócia.

Por falta de fontes escritas desconhecemos quais eram as divindades e crenças na Britânia antes da romanização. Mas a arqueologia tem trazido à luz imagens de divindades masculinas e femininas, como as figuras de madeira encontradas em Dagenham e Ballaculish, ou as de bronze de animais que eram considerados sagrados, como o touro e o javali, reflexo do importante papel atribuído à fertilidade e à força, próprio das sociedades rurais. Havia também o costume de deixar objetos votivos nos cursos de água, fontes ou lagos, reflexo da existência de um **culto às águas.** A penetração romana provocou um fenômeno de mistura entre as antigas crenças locais e a religião levada pelos conquistadores. Aqui, como em outras regiões, os romanos puseram nomes latinos às divindades locais, o que contribuiu para facilitar sua assimilação e sobrevivência. Alguns exemplos deste processo são divindades como **Minerva Sulis,** venerada sobretudo em Bath. Sulis era uma deusa de origem celta, com poder de cura, cujo culto está ligado às águas termais. Os romanos a converteram em Minerva. Marte, o deus romano da guerra, também foi identificado com divindades guerreiras celtas, como **Belatucadrus** ou **Cocidius** e às vezes aparece representado, numa forma desconhecida no mundo clássico, como um guerreiro a cavalo (**Marte Coroziaco**). Em alguns casos o deus guerreiro converte-se numa divindade curativa, como **Marte Leno Ocelo Vallauno.** Outras divindades locais de origem celta, cujo culto continuou vivo durante a ocupação romana, foram as **deusas-mães,** representadas em geral como um grupo de três mulheres, em pé ou sentadas. São as deusas da fertilidade dos campos e das mulheres, assim como da saúde e da prosperidade. Outras vezes o deus pré-romano conservou seu nome original, que simplesmente foi transcrito em língua latina. É o caso de **Sucelos** e sua companheira **Nantosuelta** ou **Nodens,** com um edifício de culto em Lydney. Na Britânia também está bem documentado o culto ao imperador: em Colchester (atual condado de Essex), segundo o historiador Tácito, havia um templo dedicado ao imperador Cláudio. Em fins do século I d. C., introduzidos por mercadores e soldados, começaram a se propagar os cultos orientais, em particular à Grande Mãe e a Mitra, e os cultos egípcios. As escavações arqueológicas trouxeram à luz alguns lugares consagrados ao culto a Mitra.

Quanto aos germanos, dois historiadores latinos nos proporcionam dados detalhados de sua religião: César e Tácito. O primeiro, depois de sublinhar a inexistência de uma casta sacerdotal organizada, afirma que adoram a três deuses, aos quais com nomes latinos chama Sol, Vulcanus e Lua. Embora não sejam as divindades germânicas mais importantes, o historiador latino refere um dado fundamental, que foi confirmado pelos estudos modernos: a presença de uma tríade formada por um deus rei (Sol), um deus guerreiro (Vulcano) e uma deusa da fertilidade (Lua), cujos nomes (**Odhinn, Thorr, Donar, Freyr** e outros) variam segundo as áreas geográficas. Tácito recorda, além disso, a importância dos mitos na religião germânica, e menciona também a saga de **Tuisto,** deus nascido da terra, de quem descende Manno, o progenitor das tribos germânicas. Eram bastante freqüentes os **sacrifícios humanos,** que consistiam sobretudo na imolação dos prisioneiros de guerra. Antes do combate, o chefe prometia aos deuses o sacrifício dos inimigos, tanto os que morreriam durante a batalha como os prisioneiros.

***À esquerda:** divindade chamada deus de Bouray, procedente de Ferlé Alois, exemplo de arte celta do século I a. C. (Museu das Antiguidades Nacionais, Saint Germain-en-Loye). Na arte celta encontramos uma constante falta de naturalismo que o distingue da mediterrânica. **À direita:** deus estrangeiro de pedra calcária, procedente de Mont Saint-Jean (Sarthe), que se pode considerar uma mostra da arte galo-românica (Museu das Antiguidades Nacionais, Saint Germain-en-Loye).*

Na **península anatólica** eram veneradas muitas divindades, relacionadas com os ciclos das estações, que em geral protegiam a vegetação e a fecundidade. Quando os romanos ocuparam a região, algumas delas passaram a fazer parte dos deuses adorados em Roma, e em primeiro lugar **Cibele,** a Grande Mãe, venerada na Frígia com vários nomes e sob diferentes formas. Era representada pela pedra negra, uma rocha vulcânica ou um meteorito. O centro de seu culto era Pesinonte, no reino de Pérgamo, onde era venerada em companhia de Átis, o homem que sacrificou sua virilidade por amor à deusa.

Também era venerada em Pérgamo, onde os sacerdotes da dinastia dos Atálidas erigiram em sua honra um templo, o Metroon, onde se conservou a pedra negra. Em 204 a. C., interpretando o desígnio do oráculo sibilino, a pedra foi transportada para Roma, onde foi guardada num santuário do Palatino. Outra divindade muito parecida com Cibele era **Ma,** Belona entre os romanos, deusa guerreira cuja origem se encontra na região da Capadócia e cujo culto de caráter orgiástico estendeu-se rapidamente pelo Mediterrâneo. **Sabácio,** deus da agricultura e da vida, protetor das parturientes, que tinha o poder de purificar e libertar o homem das culpas, foi assimilado a Júpiter. Seu culto estava reservado aos iniciados, e seu atributo característico era a mão que abençoa, adornada com vários símbolos. Por último, **Men** era um deus da cura, profético e protetor das tumbas. Esta divindade da Frígia foi freqüentemente identificada com Átis e, como ele, aparece representado com um gorro frígio e o crescente lunar.

Oriunda da **Síria,** onde tinha seu santuário na cidade de Heliópolis (Baalbek), a deusa Atárgatis era conhecida no mundo romano com o nome de deusa Síria. Era representada sentada num trono flanqueado por leões, ao lado de seu marido, Adad (Júpiter Heliopolitano), ou como um ser metade mulher metade peixe. Embora às vezes apareça representada com a cornucópia e o timão, como a Fortuna, é antes de tudo uma deusa da fertilidade, pelo que é identificada com Vênus. Seu culto caracterizava-se por ritos orgiásticos e a presença de sacerdotes eunucos. Na **região fenícia,** e sobretudo em Biblos, adorava-se a **Adónis,** o jovem amado por Afrodite e morto por uma divindade ciumenta, Hefesto ou Ares, durante uma caçada. Adónis era um deus afim ao Tamuz babilônico, e, assim como ele e como as outras divindades da região, é o deus da vegetação e da fertilidade. A cada ano, no aniversário da sua morte, que coincide com o tempo da seca, as águas do rio Adónis, que passa perto de Biblos, ficavam avermelhadas. Então celebrava-se a cerimônia fúnebre, e havia um período de luto, que terminava no dia de sua ressurreição do mundo dos mortos. É muito provável que o culto a Adónis incluísse práticas reservadas aos iniciados (mistérios). Nos santuários fenícios de Afaca e Biblos, provavelmente as sacerdotisas consagradas a ele praticavam a **prostituição sagrada,** que representava alegoricamente a união de Adónis com Afrodite. O culto a este deus espalhou-se rapidamente por toda a bacia mediterrânica e houve um eco especial na Grécia e em Roma, sobretudo entre as mulheres.

Ao lado: cabeça da deusa-mãe Cibele (Museu Nacional Romano, Roma). O culto de Cibele, que aqui tem o característico adorno de cabeça chamado polos, chegou a Roma proveniente da Frígia (Ásia Menor) no século II a. C. À esquerda: Antíoco I de Comagenes com o deus Mitra num relevo de Nimrud Dag, no Irã (século I a. C.). O culto de Mitra, divindade indo-iraniana da luz, aliada de Aura-Masda na luta contra o mal, gozou de grande popularidade na península da Anatólia a partir do século I a. C. Abaixo: relevo de um altar romano que representa o pacto entre o Sol e Mitra (Museu da Civilização Romana, Roma).

A partir do século I a. C., na região sudeste da península anatólica, houve um momento de apogeu do culto ao deus **Mitra,** reservado exclusivamente aos homens. Trata-se de uma divindade indo-iraniana da luz, aliada a Aura-Masda, o princípio do bem, e em luta contra o mal. A reforma de Zoroastro (Zaratustra) tentou, em vão, eliminá-lo. Seu culto, procedente da Pérsia, propagou-se sobretudo pelas regiões de Comagene, Armênia e Capadócia, onde Mitra era adorado como protetor das armas. Na península anatólica, ao entrar em contato com a cultura grega, o culto a Mitra helenizou-se progressivamente, embora conservando algumas de suas características originais. Assumiu aspectos sectários que prescreviam aos fiéis várias fases de iniciação, e a divindade se converteu num símbolo do triunfo do bem sobre o mal, assimilada ainda ao deus Sol. Mitra, representado com indumentária persa, calções e gorro frígio, era venerado em alguns lugares de culto *(mithraea)* situados em cavernas naturais ou escavadas no subsolo, provavelmente perto de nascentes ou cursos de água,

À esquerda: grupo escultórico com o deus Mitra matando um touro. Acima: desenho de um sinete paleocristão com Orfeu crucificado, singular documento da fusão de diversas correntes religiosas. À direita: «igreja da gruta» de Antioquia, a segunda cidade das origens do cristianismo. Abaixo: templo de Jerusalém, concluído durante o governo de Albino e arrasado pelos romanos em 70 d. C., durante a rebelião judaica.

indispensáveis para a purificação. Ali juntavam-se os iniciados para os banquetes rituais e as cerimônias sagradas. A mais significativa destas cerimônias era a **matança do touro**, símbolo da força vital e reprodutora, cujo sangue proporcionava imortalidade aos seguidores do deus. Este culto propagou-se rapidamente por todo o Ocidente romano, levado provavelmente pelos piratas da Cilícia deportados para a Grécia em 67 a. C. por Pompeu, e se tornou o principal antagonista do cristianismo.

Também pelas regiões da Ásia Menor difundiu-se o culto às divindades egípcias, sobretudo a **Ísis** e **Serápis,** que encontraram receptividade nas cidades portuárias, onde havia uma classe mercantil que mantinha estreitos contatos com Alexandria. A partir daí irradiava para as regiões, às vezes distantes, do interior. Algumas características das duas divindades, ligadas aos ciclos das estações e à fertilidade da vegetação, facilitaram sua assimilação a outras divindades anatólicas de caráter agro-pastoril. Este fato, unido ao aspecto sectário e aos rituais especialmente faustosos de seu culto, favoreceu sua difusão entre as classes baixas.

Na Palestina as lutas internas pelo poder e a crescente pressão dos romanos propiciaram o surgimento de movimentos opostos, tanto no terreno religioso como no político. Contra os que eram favoráveis à presença dos romanos na região, na esperança de que pudessem garantir certa autonomia ao país, se não a sua independência, encontravam-se as facções que se opunham a toda presença estrangeira e que, além disso, defendiam uma estrita observância da religião de Javé. Segundo o historiador Josefo Flávio, judeu que foi escravo dos romanos após a queda de Jerusalém em 70 d. C. e depois libertado, na Palestina havia quatro seitas (ou filosofias, para usar suas palavras): fariseus, saduceus, essênios e zelotes.

Os **fariseus** (do hebreu *pâras,* «separar», nome com que foram designados pelo povo devido a sua tendência a distinguir-se por sua estrita observância dos preceitos religiosos) consideravam-se o partido da **ortodoxia** e da **tradição.**

Afirmavam que a religião judaica estava não somente no Pentateuco, mas também no conjunto das tradições orais, que também eram fruto de revelações, e permitiam adaptar as regras antigas aos novos tempos. Acreditavam no livre-arbítrio, na intervenção da Providência Divina, na ressurreição dos mortos, no Juízo Final e na vinda de

um Messias. Estavam ainda convencidos de que era preciso observar de forma estrita e escrupulosa todos os preceitos em qualquer situação.

No início do século I a. C., os fariseus formavam um movimento numeroso e poderoso, nacionalista em política, ainda que entre eles houvesse correntes mais ou menos integristas. Exerceram grande influência não apenas sobre o povo, mas também

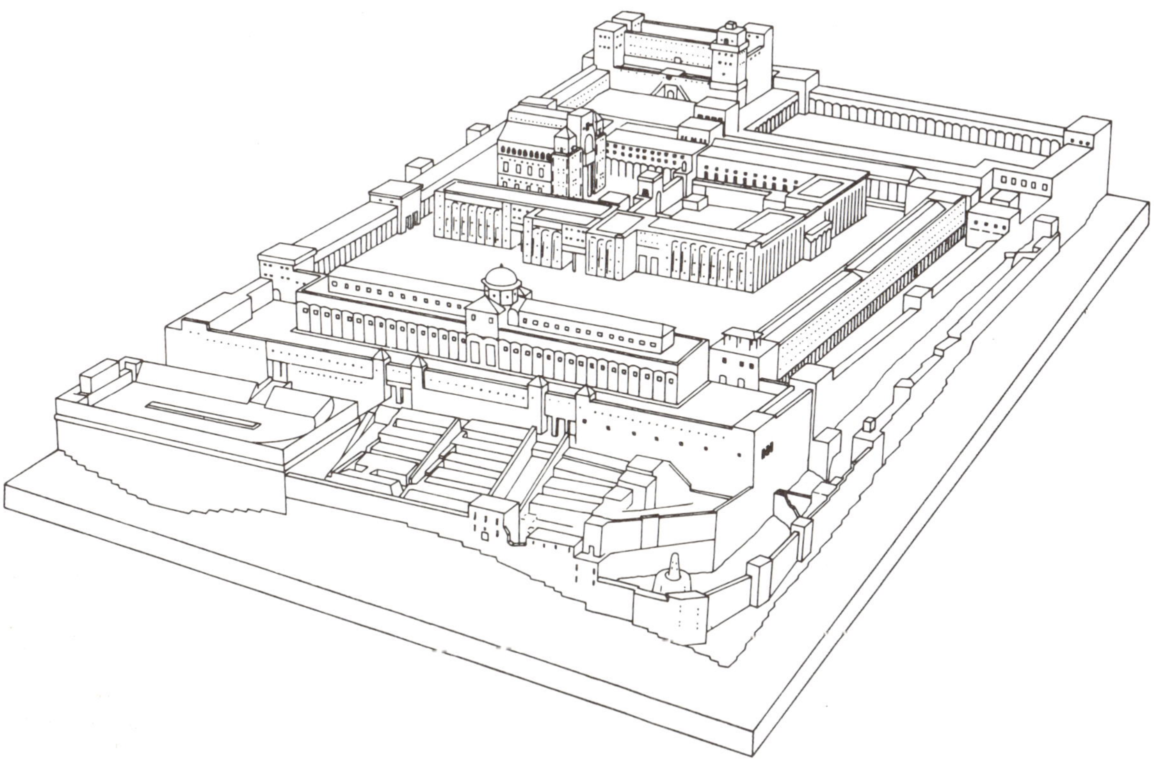

sobre a conduta política dos governantes. Opuseram-se a João Batista e a Jesus por medo de que sua popularidade lhes tirasse prestígio. Graças à influência e prestígio de que gozavam, conseguiram sobreviver aos outros movimentos religiosos e, depois da queda de Jerusalém, a intervenção do rabino Yohanan den Zakkaj junto ao imperador Tito conseguiu salvar o sinédrio.

Os **saduceus** (de Sadoq, chefe dos sacerdotes de Jerusalém) eram, por outro lado, a expressão da classe sacerdotal. No terreno religioso rechaçavam tudo o que não estivesse citado explicitamente na Lei. Assim, não aceitavam a crença na ressurreição dos mortos, na importância das tradições orais e, sobretudo, no anúncio da chegada do Messias. No campo político, defendiam uma concentração do poder nas mãos dos sacerdotes, que se concretizou sobretudo no controle do templo de Jerusalém, e eram de tendência filorromana. A destruição do templo (70 d. C.) e a consequente diáspora foi a causa do seu desaparecimento.

No século II a. C. nasceu a seita dos **essênios** (em aramaico, «os puros»), caracterizada por um forte nacionalismo com muitas conotações xenófobas e tendências ascéticas. Viviam em comunidades organizadas hierarquicamente, às quais se acedia através de um noviciado de três anos, e nas quais o celibato era obrigatório. Nelas os sacerdotes tinham uma posição proeminente. Todos os bens, inclusive os que resultavam do trabalho individual, eram compartilhados e administrados pela autoridade central. As refeições eram coletivas e tinham um caráter sagrado, assim como as abluções, convertidas em ritos de purificação. Os essênios, curiosamente, seguiam um calendário solar, diferentemente dos outros judeus, que seguiam um lunar. Suas posturas religiosas eram integristas, em aberta oposição à classe sacerdotal, à qual censuravam a atitude muito condescendente com os pagãos. Estavam convencidos da chegada do Messias libertador, que esperavam com ansiedade. Provavelmente há que atribuir a esta seita os manuscritos encontrados a partir de 1947 na localidade de Qumran, nas margens do mar Morto, onde havia um mosteiro da ordem que foi destruído em 68 d. C., durante a guerra contra os romanos. No cristianismo judaico encontram-se traços do movimento essênio, do qual estiveram muito próximos tanto João Batista como Jesus.

No ano 6 d. C., quando Herodes Antipas reinava na Galiléia e Peréia, Judas, *o Galileu,* filho de Ezequias, encabeçou um novo movimento que também era de caráter integrista. Seus membros foram chamados **zelotes,** termo grego que significa tanto «cumpridor» como «exaltado». Queriam aplicar estritamente os ensinamentos da lei hebréia, convencidos de que só Deus podia ser seu rei. Negavam-se a obedecer aos romanos, a quem consideravam idólatras, e se mantinham à margem do censo e do pagamento de tributos. À espera de que um Messias guerreiro os guiasse em sua luta, sua tendência fanática fez com que passassem de algumas posturas de desobediência civil à rebelião declarada, utilizando o terrorismo mesmo contra os seus compatriotas, caso não rejeitassem a ingerência romana. Alguns membros da seita, chamados «sicários» pelo curto punhal que usavam escondido na roupa *(sica),* matavam traiçoeiramente seus oponentes e inimigos. Sua ação culminou com a grande rebelião de 66-70 d. C., duramente reprimida pelos

À esquerda: fragmento de inscrição em pedra procedente do templo de Jerusalém. Segundo Josefo Flávio, o texto dizia: «Nenhum estrangeiro deve ultrapassar a balaustrada do recinto do templo. Se alguém for surpreendido no interior, será responsável por sua morte, que será imediata.» Abaixo: mosaico da igreja de El Tabgha, de Israel, testemunho da importância do pão e do peixe no simbolismo cristão. Página seguinte, à direita: mosaico do século V, do batistério dos arianos de Ravena, com o batismo de Jesus. Abaixo: São Paulo, graffito paleocristão do início do século I (65 d. C.).

OS MANUSCRITOS DO MAR MORTO

A partir de 1947, em algumas grutas perto de Qumran, não longe da costa noroeste do mar Morto, foi descoberta uma grande quantidade de manuscritos religiosos (cerca de 600), cuja interpretação ainda hoje é difícil e controvertida. Trata-se de escritos dos mais variados gêneros, que incluem textos, às vezes apócrifos, da Bíblia, obras de astrologia, comentários bíblicos e obras de especial interesse histórico que expõem as regras e concepções da comunidade de ascetas que vivia neste lugar. Os manuscritos são atribuídos a um período compreendido entre os séculos I a. C. e I d. C. Sua importância é enorme, porque esclarecem algumas questões da história religiosa e social da Palestina, e além disso permitem conhecer mais a fundo algumas questões relacionadas com a origem do cristianismo. Ainda que não se tenha identificado com certeza a seita a que pertencia esta comunidade, o fato de que nos manuscritos se fale dos «filhos de Sadoq» fez pensar que podia se tratar dos saduceus, mas apesar de certas dificuldades outros estudiosos os atribuíram aos essênios. Do ponto de vista histórico, o documento mais importante é um comentário ao texto do profeta Habacuc, cheio de referências históricas pontuais. Neste manuscrito, com uma linguagem freqüentemente alegórica, fala-se das lutas pelo poder que assolaram a Palestina entre 63 e 37 a. C. São mencionados povos como os kittim e os javan, identificados com os romanos e os partos, e personagens como o «homem da mentira», o «sacerdote ímpio» e o «mestre da justiça», que para a crítica moderna podem ser Herodes, o Grande, Hircano II e o galileu Ezequias, líder do levantamento de 47 a. C.

romanos, que acabou com a queda de Jerusalém. Cerca de mil zelotes resistiram até à morte em Masada, e preferiram matar-se a cair nas mãos dos romanos quando esta cidadela foi expugnada, em 73. O movimento dos zelotes teve uma grande popularidade. Um dos apóstolos de Jesus, Simão, recebe o nome de zelote no *Novo Testamento*.

Foi também durante o reinado de Herodes que **João Batista** iniciou sua pregação em Peréia. Para ele, o rito da purificação através do batismo era um meio de confirmar a aliança entre Deus e seu povo, pois estava convencido de que as formas da lei antiga já não eram suficientes. Em torno de 29 d. C. este pregador, que se opunha abertamente ao poder criticando sua corrupção, foi condenado por Herodes, talvez por intervenção de sua esposa, Herodíade, e de Salomé, filha desta. A predicação de João Batista esteve em parte relacionada com outro movimento religioso surgido na Galiléia, devido aos ensinamentos de Jesus Cristo. Este anunciava o advento do Reino de Deus, e seus ensinamentos incluíam preceitos totalmente novos, que, segundo suas afirmações, eram destinados a completar a religião hebraica. Seguido por um grande número de fiéis, utilizou uma linguagem simples, com exemplos tirados da vida diária, e predicou sobretudo princípios de amor e perdão. Condenou toda forma de violência física ou moral, exaltou os pobres, os fracos e os perseguidos, aos quais assegurou o acesso ao Reino dos Céus. Outros aspectos significativos de sua pregação foram o amor ao próximo, o desprezo pelas riquezas materiais e honrarias e a interpretação da dor como meio de purificação e aproximação a Deus. Jesus passou da Galiléia à Judéia e chegou a Jerusalém, onde foi recebido triunfalmente pela população, mas deparou-se com a hostilidade dos sacerdotes judeus, que viam na sua mensagem elementos subversivos para a ordem política e social. Foi detido e processado pelo sinédrio entre 27 e 30 d. C. e condenado à morte. A sentença, depois de algumas hesitações, foi ratificada e executada mediante crucificação por Pôncio Pilatos, o procurador romano da região, que não quis se ver envolvido no que considerava ser uma questão interna do povo judeu. Após a morte de Jesus Cristo (30 d. C.) seus ensinamentos propagaram-se rapidamente pela Palestina graças à obra dos apóstolos, que criaram uma seita cujos seguidores receberam inicialmente o nome de **nazarenos** (de Jesus Nazareno, quer dizer, de Nazaré) e mais tarde, a partir de 36 d. C., de cristãos (de Cristo, título de Jesus, que em grego significa «o ungido, o consagrado pelo Senhor»). O mais importante foi Saulo (nome semita correspondente ao romano Paulo), que nasceu em Tarso, Cilícia, na primeira década da era cristã, filho de hebreus, mas cidadão romano. Após sua conversão

foi pregar na Arábia e depois em Damasco, que naqueles anos (33-36) estava sob o controlo do rei árabe Aretas IV. Paulo, que era cidadão romano, não foi bem recebido pelo rei nem pelos judeus contrários aos romanos e teve que fugir precipitadamente da cidade. Durante os anos seguintes, junto com apóstolos como Tiago e Barnabé, pregou o cristianismo por toda a Ásia Menor. Sua doutrina da conversão ao cristianismo sem passar previamente pelo judaísmo (sem a obrigação da circuncisão) facilitou a propagação da mensagem de Cristo entre os seguidores de outras religiões, embora chocando-se com a forte oposição dos judeus. Em 58 d. C., durante o reinado de Nero, Paulo foi preso em Jerusalém e, como cidadão romano, apelou ao imperador, sendo conduzido a Roma para ser julgado. Foi posto em liberdade pouco depois, mas detido novamente em 67 e condenado à decapitação.

Durante a fase de romanização na **África norte-ocidental**, produziu-se nos cultos locais o fenômeno que o historiador latino Tácito chamou ***interpretatio.*** Trata-se da assimilação das divindades locais às do panteão romano cujas características ou campo de ação eram análogas, às vezes inclusive no nome. Assim, a antiga deusa púnica da fertilidade Tanit, venerada em Cartago, converteu-se em Juno Celeste, enquanto o deus Baal, que na religião fenícia e púnica protegia e propiciava a fertilidade dos campos, foi identificado com Saturno. E este deus, devido à grande importância da agricultura na economia africana, foi muito venerado em toda a região, sobretudo nas zonas rurais e periféricas. Trata-se de um dos muitos exemplos da *interpretatio.* Nos monumentos africanos, o deus Saturno é representado de um modo totalmente distinto do de Saturno-Cronos da tradição helenística e romana. Numa primeira fase, era representado com figuras simbólicas, a mais frequente das quais é o triângulo rodeado pelo disco do sol, a meia-lua e uma estrela, assim como as mãos cruzadas. Mais tarde aparece com aspecto humano, torso nu, um véu na cabeça, barba e cabelos soltos, sentado num touro, que simboliza a fecundidade. Apesar de tudo, a religião local conservava intactas as suas principais características e tradições, que afloram em algumas variantes originais da iconografia dos deuses romanos, no formulário das dedicatórias votivas e em alguns ritos que são recordados nas fontes literárias. Além da religião popular, praticava-se a religião oficial. Nos centros urbanos, erigiu-se um capitólio, templo dedicado à tríade capitolina (Júpiter, Juno e Minerva), que representava o culto estatal, e eram ainda venerados outros deuses típicos da tradição religiosa romana, como Vênus, Apolo e Mercúrio. Na época imperial foram também construídos altares e templos para o culto a divindades abstratas, como a Paz, a Concórdia, a Lealdade ou a Fortuna. O culto ao imperador foi ganhando importância e, como em outras regiões do Império, criaram-se em torno deste culto colégios sacerdotais e organizações culturais. A partir, sobretudo, de finais do século I a. C., os marinheiros e mercadores, que mantinham constantes relações com os portos do Mediterrâneo oriental, introduziram nesta região o culto a deuses orientais, especialmente Ísis e Cibele. Mas talvez pela resistência da população local, este culto não conseguiu implantar-se como se verificara em outras regiões.

À esquerda: Serápis com o cálathos; mostra da arte do período romano (Museu de Ismaília). Acima: cabeça do deus Bes; pedra calcária esmaltada (período saítico tardio) (Museu Greco-Romano, Alexandria, Egito). Bes, muito popular mesmo na época helenístico-romana, é geralmente representado com um semblante grotesco: olhos enormes, orelhas salientes e a língua de fora.

O **cristianismo**, ao contrário, teve uma difusão e consolidação muito mais rápida que em outras províncias. Talvez a explicação deste fenômeno esteja na presença de comunidades importantes de judeus nas cidades do litoral, em muitas das quais se formaram comunidades cristãs que em pouco tempo se converteram em focos muito ativos.

Abaixo, em ambas as páginas: a estátua de Ceres (35-36 d. C.) entre os restos do templo que domina a arquibancada do teatro de Leptis Magna. Ao lado: templo de Haroeris e Sobk en Kom Ombo; detalhe dos relevos que adornam as paredes do vestíbulo (século I a. C.); o rei Ptolomeu XIII coroado pelas deusas Nekhbet (padroeira do Alto Egito) e Buto (padroeira do Baixo Egito). À direita: detalhe dos relevos (século I a. C.) que decoram os muros do templo de Mandulis, deus local com corpo de falcão e cabeça humana, em Kalabshah (Talmis).

No **Egito,** o Serapeion de Alexandria, mandado construir pelo rei Ptolomeu I Sóter no século III a. C., teve cada vez maior importância como centro de propagação, na região mediterrânica, do culto à tríade formada por **Serápis,** deus pai, **Ísis,** deusa mãe, e **Apócrates,** deus filho. Esta religião, impulsionada pelos Ptolomeus, que assim esperavam realizar com êxito a difícil operação de integrar os componentes egípcio e grego da população, encontrou eco sobretudo entre os estrangeiros, porque se caracterizava por uma mensagem de liberação e salvação, acompanhada por sugestivos rituais. Apesar disso, a população egípcia, principalmente a que habitava as zonas rurais, tanto na época dos últimos ptolomeus como sob o domínio de Roma, não abandonou o culto tradicional a Ámon e a Hórus.
A única exceção a esta tendência conservadora foi o **culto a Ísis.** Apesar de a deusa conservar algumas características peculiares das divindades femininas da religião egípcia mais antiga, como Hathor, deusa do amor, ou Renenuthet, deusa das colheitas, ao mesmo tempo, por influência da religião grega, foi assimilada algumas vezes a Tyche, outras a Deméter e outras a Afrodite. Assim, era cultuada como protetora da mulher em suas funções de esposa e mãe, do casamento e da fecundidade, e por isso foi também associada à fertilidade do campo. No Egito havia também grandes **comunidades de judeus,** que em Alexandria, por exemplo, ocupavam um bairro inteiro da cidade, e eram governadas por um magistrado chamado etnarca. Conservavam seus ritos e construíam suas sinagogas. Esta situação de relativa autonomia provocou atritos com outros habitantes da cidade, que às vezes desembocaram em lutas violentas, apesar do trabalho de filósofos como **Fílon** de Alexandria (c. 20 a. C.-c.50 d. C.), que procuraram conciliar a teologia hebréia com o pensamento filosófico grego. É possível, além disso, que estas comunidades judaicas servissem de base para a expansão do **cristianismo.** Com efeito, foi precisamente em Alexandria onde, já no século I d. C., fundou-se a primeira comunidade eclesial, possivelmente com a intervenção do evangelista Marcos. Em pouco tempo alcançou grande desenvolvimento, e a partir daí difundiu o cristianismo entre a população de língua grega, até chegar a Tebaida e à Líbia.

A religião dos habitantes do **reino de Kush** foi também afetada pelos contatos com o vizinho Egito. Introduziu-se o culto aos **deuses egípcios** Ísis, Thoth, Hórus e, sobretudo, Ámon, a quem os reis rendiam um culto especial. O clero, apesar da desaprovação do rei Ergamenes, que no século III a. C. tinha tentado limitar seu poder pela força, sempre gozou de um enorme prestígio e uma grande influência, e os templos consagrados a Ámon distinguiam-se por suas riquezas. O auge da cidade de Méroe e a expansão do reino de Kush em direção ao norte provocaram uma gradual perda de importância das divindades egípcias em relação a alguns **deuses locais,** como Sebenwyemeker, o deus criador, e sobretudo Apedemak. Este último era um deus guerreiro, representado com cabeça de leão. Havia muitos lugares de culto consagrados a ele, com estruturas arquitetônicas características comumente chamadas «templos dos leões» pela presença de esculturas ou relevos destes animais. Recentemente, contudo, um exame minucioso destes templos sagrados, em que há uma disposição peculiar das salas destinadas aos vários rituais, levou os estudiosos a formularem a hipótese de que deve ter havido, de forma bastante rápida, uma singular fusão entre os cultos de origem local e o culto a Ámon, que talvez nem sequer fosse notada pelos fiéis. No que diz respeito à difusão do **cristianismo,** pelo menos neste período, esta não é muito clara e a notícia da conversão de «um etíope, eunuco, ministro da religião de Etiópia Candace», conseguida pelo diácono Filipe (*Actos dos Apóstolos,* 8, 28-39) não é aceita por todos.

Durante a dinastia Han (206 a. C.-220 d. C.), a população ainda praticava os cultos tradicionais. Continuava vigente a religião dos antepassados e das divindades da natureza. Também sobreviviam os cultos antigos da classe aristocrática, tanto que o imperador Wu Di, entre 110 e 98 a. C., celebrou três vezes, com uma cerimônia luxuosa, o sacrifício *feng* ao Céu no cume da montanha sagrada em Shandong, Taishang, e o sacrifício *shan* à Terra ao pé da mesma montanha. Também prosseguiram as concepções naturalistas que haviam caracterizado o período anterior, como o dualismo entre *yin* e *yang* e a doutrina dos cinco elementos. Ademais, considerava-se que os fenômenos naturais anômalos eram sinais premonitórios, dos quais se podia retirar previsões para o futuro, e como tal eram interpretados. Isto favoreceu o trabalho dos magos e astrólogos, que com suas interpretações, freqüentemente manipuladas de propósito, tentavam influenciar o soberano em seu favor. A magia era muito popular, tanto entre os nobres como entre as pessoas comuns, e as bruxas e bruxos, ainda que não gozassem de muito prestígio, eram temidos pela influência maléfica que pudessem ter. Recorria-se a eles pelos mais variados motivos: para garantir a fertilidade das terras ou provocar chuvas, para evocar o espírito dos mortos e pedir os seus favores, para interpretar os sonhos, para livrar-se das influências negativas causadas pela inveja dos inimigos ou para curar os homens e animais das doenças. No período Han também continuou o costume de prever o futuro ou pedir conselho aos antepassados para tomar decisões difíceis. Os métodos utilizados eram muito variados e todos recorriam às tradições antigas praticadas pelos sacerdotes oficiais, como a de utilizar carapaças de tartaruga ou pauzinhos. No primeiro caso, faziam-se orifícios em vários pontos de uma carapaça de tartaruga, que era colocada sobre o fogo; depois se realçavam com tinta as fendas produzidas pelo calor e se interpretavam os desenhos formados. O outro método, que também teve muito sucesso nos séculos posteriores, inclusive em regiões muito afastadas da China, baseava-se no exame dos desenhos obtidos jogando-se várias vezes uns pauzinhos, que tinham sido divididos em dois grupos. O significado era interpretado pelo adivinho comparando o desenho com um prontuário onde estavam as explicações das 64 combinações possíveis. Um destes livros, intitulado *I Ching,* chegou até nós. Na corte imperial também sobreviveu, contra ventos e marés, a antiga tradição taoísta, com seus aspectos mágicos e esotéricos, sobretudo os métodos para prolongar a vida ou atingir a imortalidade mediante o uso de poções ou elixires, ou também com dietas especiais e técnicas de relaxamento e respiração similares às da ioga. Os magos taoístas tiveram um grande prestígio na corte.

***Direita:** resto de um altar, casa dos antepassados, do século* II *a. C., conservado no Museu Chinês de Parma. **Esquerda:** estatueta de barro de xamã, pertencente ao período Han e conservada no Museu Cernuschi de Paris. O xamanismo é um fenômeno cultural relacionado com certas idéias religiosas que surgiram entre os povos siberianos e se estendeu, com traços muito variados, a outras culturas. A figura central do culto é, claramente, o xamã, que os chineses chamavam shamen, uma espécie de profeta-sacerdote capaz de colocar-se em contato com o além e obter ajuda dos espíritos benignos da natureza, neutralizando os malignos. Graças a esta faculdade pode conseguir benefícios para sua tribo, descobrir novas formas de cura, acompanhar a alma dos mortos, conseguir caça abundante e trazer a chuva durante o período da seca.*

Apesar da presença dessas concepções tão variadas, às vezes contraditórias, o confucianismo, que tinha sido condenado pela dinastia Qin em 213 a. C., converteu-se em pouco tempo, graças ao seu conteúdo ético, na filosofia dominante na corte. Durante todo o período Han foi evoluindo, assimilando e elaborando tradições religiosas mais antigas, até dar origem a um sistema substancialmente diferente dos ensinamentos originais de Confúcio e Mêncio. Esta tendência ao sincretismo aparece nitidamente em obras como o *Memorial dos ritos,* onde as concepções claramente inspiradas no pensamento de Confúcio se misturam com ensinamentos para a previsão do futuro, elementos de numerologia e noções de astrologia.

Junto a estas linhas: estatuetas funerárias Ming-Ki, com figura de cão e coruja. Dinastia Han, século I d. C. (Museu Cernuschi, Paris).
Abaixo: ânfora ritual para vinho da classe chamada hu, com decoração pintada. Dinastia Han (Nelson Gallery of Art, Kansas City).
Direita: estatueta funerária datada de 200 d. C., dinastia Han. Atualmente conservada no Museu de Arte Oriental de Roma.

Assim, o confucianismo se instalou como doutrina oficial do império, sobretudo graças ao trabalho de Dong Zhongshu e à influência que exerceu sobre o imperador Wu Di na qualidade de seu conselheiro. Em 8 a. C. os descendentes de Confúcio desfrutavam de uma renda anual paga pelo estado para o culto do seu antepassado, e em 58 d. C. foi ordenado a todas as escolas que realizassem sacrifícios públicos a Confúcio. Confirmando a importância que o confucianismo chegou a ter durante a dinastia Han, em 51 a. C. e 79 d. C., por iniciativa do imperador e com o seu patrocínio, celebraram-se reuniões de eruditos para chegar a uma autêntica interpretação do pensamento e obra de Confúcio.

O principal pensador do período Han foi Wang Chong, que viveu no século I d. C. Na sua obra *Disquisições* adverte-se nitidamente esta tendência ao ecletismo. Apesar de se declarar seguidor de Confúcio, procura levantar as contradições do pensamento confuciano e condena a confiança cega nas profecias e presságios, típica do seu tempo.

A importância que o confucianismo chegou a ter foi tal que logo os literatos confucianos tiveram nomeações importantes na corte. Isto se nota claramente na proclamação feita por Gao Zu em 126 a. C., convidando-os a se colocarem à disposição do imperador, e nas iniciativas dos seus sucessores, que estabeleceram uma série de exames escritos para a seleção dos candidatos. Durante o reinado de Wu Di, o confucianismo converteu-se na corrente principal. Em 135 a. C., o imperador formou um grupo de eruditos partidários desta doutrina filosófica e os nomeou literatos oficiais da corte. Entre eles se destacaram Gongsong Hong e Dong Zhongshu, hábeis intérpretes de profecias e prodígios, cujas obras são uma curiosa mistura de noções de cosmologia e arte da adivinhação com elementos de ciência e história. Por iniciativa destes dois prestigiosos intelectuais, em 124 a. C. foi fundada uma universidade imperial, onde 50 alunos que aspiravam entrar na burocracia foram educados de acordo com os ensinamentos de Confúcio.

Em 64 d. C., segundo um relato tradicional carente de confirmação histórica, devido a um sonho do imperador Ming Di, a partir da Índia foi introduzido o budismo maaiana. Deixando de lado esse relato fantástico, o que se sabe com certeza é que na corte de um irmão desse imperador existia um grupo budista e que, a partir dessa época, provavelmente levada pelos mercadores, esta doutrina começou a penetrar na China desde o norte do Vietnã e, principalmente, através da Ásia central. Não encontrou muitos obstáculos, seja pela tolerância que caracterizava a atitude dos chineses diante de outras religiões, seja porque, pelo menos no princípio, apresentou-se sob a forma de uma seita taoísta e difundiu-se, sobretudo, entre as classes altas.

Neste período também prosseguiu o fenômeno que havia se manifestado alguns séculos antes: a forte hostilidade para com as práticas religiosas dos brâmanes e suas especulações teológicas místicas, cuja causa se localiza na difusão dos ensinamentos de Buda e Mahavira, o fundador do jainismo. Por outro lado, entre as pessoas comuns teve um importante eco o culto a duas divindades védicas, Rudra (assimilado a Xiva) e Vixnu. Com a chegada da dinastia dos Sunga, regressou o **bramanismo,** talvez como reação ao budismo, que tinha gozado dos favores dos reis anteriores.
Segundo a tradição, o primeiro rei Sunga, Pusyamitra (c. 185–149 a. C.), recuperou o rito védico do sacrifício do cavalo. Algumas escavações arqueológicas realizadas na cidade de Kausambi levam a

crer que também foram celebrados sacrifícios humanos. Mas, isso não significa que o jainismo ou o budismo fossem proibidos. Pelo contrário, durante a dinastia Sunga foram ampliados os mosteiros e os *stûpas,* típicos relicários budistas, e construídos outros novos. Além disso, o budismo arraigou-se nas populações indo-gregas que tentavam penetrar na Índia a partir do norte. O principal rei indo-grego, Milinda (citado por Plutarco com o nome de Menandro), que viveu no século II a. C., apesar de pouco sabermos dele, converteu-se ao budismo depois de um diálogo com o monge Nagasena, que está mencionado no primeiro livro de filosofia que chegou até nós, o *Milindapanha (Perguntas de Milinda).* O rei faz numerosas e precisas perguntas a seu interlocutor, que sempre apresenta respostas exatas, demonstrando a sua notável capacidade dialética. Ao que parece, esta obra, que remonta ao século II ou I a. C., foi tirada de algum manual de doutrina budista destinado aos povos de cultura grega. Nesses manuais, a doutrina religiosa era exposta na forma de perguntas e respostas para facilitar a sua aprendizagem.
Neste período também teve uma grande difusão, principalmente entre as castas mais humildes e os estrangeiros, o **bhagavatismo** ou bhagavata, uma forma de vixnuísmo baseado no culto teísta vinculado às figuras de Xiva e Vasudeva Krsna, já identificado como Vixnu. Um exemplo interessante da penetração destas práticas religiosas entre as populações estrangeiras é a coluna que o embaixador grego Heliodoro, enviado do rei Antálcidas à corte do rei Bhagabhadra, mandou erigir em Besnager (junto à Vidisa), em honra a Vasudeva. Na inscrição do monumento se exaltam como princípios eternos o autocontrole, a vigilância e a caridade. Além disso, nela Heliodoro se proclama bhagavata e na coluna aparece a imagem do pássaro mitológico «Garuda de Vasudeva, deus dos deuses». O êxito do bhagavatismo se deveu, principalmente, à reação frente às práticas ascéticas e de renúncia próprias de doutrinas como o jainismo e o budismo, às quais se contrapõem os deveres com a família e a sociedade.

Quando, no século II a. C. as tribos nômades saka penetraram no continente indiano, assumiram cultos e divindades hindus como Buda, Mahavira e Xiva, erguendo templos e fazendo donativos

Sobre estas linhas: detalhe de uma yakshi do recinto do stûpa de Bharbut, segunda metade do século II a. C. (Museu Hindu, Calcutá).
Esquerda: estátua de Buda, arte de Gandhara (região histórica do Paquistão). Na palma da mão direita, levantada em sinal de proteção, aparece a Roda da Lei. Com a esquerda segura a vasilha da ambrosia celestial. Na fronte tem a urna (lunar ou terceiro olho) e seus cabelos estão presos formando o usbnisha (coque).
Junto destas linhas: antiqüíssimo altar do fogo de Sarnath, no centro da Índia, junto a Benarés, onde Buda pregou pela primeira vez no Parque das Gazelas.

aos brâmanes, o que facilitou a assimilação e integração destas tribos na sociedade indiana.
As estreitas relações comerciais com as populações vizinhas e regiões afastadas propiciaram a **penetração** na Índia de **cultos e crenças estrangeiros.** Entre eles, o culto ao deus Sol, que às vezes era representado por um carro puxado por quatro cavalos, teve uma difusão importante. Certos reis, como Kaniska, da dinastia Kusana, foram identificados com ele. Em outros casos, ocorreu um autêntico sincretismo religioso, aberto às contribuições mais diversas. Nas moedas cunhadas pelo rei Kanish (144-168 d. C., segundo uma cronologia provável, mas sem verificação) aparecem várias divindades (gregas, sumérias, hindus, persas e budistas) veneradas em seu enorme império. O **cristianismo** também penetrou no continente indiano, principalmente no sul, e surgiram algumas idéias locais. Segundo a tradição, São Tomé, um dos doze apóstolos, esteve na corte do rei Guduphara (conhecido nos textos cristãos como Gaspar, um dos três Reis Magos) para realizar o seu trabalho de conversão. Daí dirigiu-se para o oriente para continuar a pregação, mas em Calamina, talvez nas proximidades de Mailapur, o rei Misdai mandou matá-lo e seus seguidores levaram seus ossos para Edessa, na Síria. Esta história, transmitida não só pelos *Feitos apócrifos de Tomé*, como também pelos Padres da Igreja, como Santo Ambrósio e São Jerônimo, continua sendo uma fonte de discussão e polêmica. O que parece certo é que, já no século I d. C., as relações entre a Índia e o mundo mediterrânico (sobretudo com a área sírio-palestina por via terrestre e com o Egito por via marítima) eram particularmente intensas. Por este motivo, *a priori* não se pode descartar a possibilidade, se não de uma autêntica missão apostólica, pelo menos da chegada e presença de pessoas de fé cristã procedentes do Mediterrâneo oriental.

Durante o reinado de Kaniska (em chinês Chia-Ni-Se-Chia, século I d. C.) ocorreu um fato de grande transcendência para a história religiosa da Índia e do Oriente; o soberano convocou mais de **500 monges para um concílio** para esclarecer a doutrina budista, interpretada de diferentes maneiras pelas seitas. Neste quarto concílio, celebrado em Caxemira, foram elaborados e gravados em lâminas de cobre os comentários autorizados do cânone budista, os quais só se conservaram em traduções e adaptações chinesas. Foi assim que começou a fase do budismo normalmente chamada de **maaiana** (grande veículo), de caráter universal, ao contrário do budismo antigo, chamado **hinaiana** (pequeno veículo), que só aspira à salvação pessoal. O budismo maaiana oferece a salvação a todos os seres através do amor, da devoção e do conhecimento. Nas questões religiosas, existe liberdade total de opinião porque todas as religiões apresentam algum fragmento da verdade. A salvação do mundo é obra dos budas, seres dotados do mais alto grau de amor e inteligência, que são a manifestação, durante um curto período, do Ser Supremo. A finalidade de todo indivíduo é chegar a ser um Buda.

A arte de Gandhara, que vai buscar seu nome na antiga província do Paquistão, é uma corrente estilística que se desenvolveu devido ao encontro entre a civilização budista e a helenístico-romana. Esta corrente teve um papel decisivo na evolução estilística da arte do budismo, sobretudo porque contribuiu para a introdução na iconografia de semblantes humanos do Buda histórico, que até então tinha sido representado com símbolos. Uma expressão típica desta arte são as imagens esculpidas de Buda e de cenas da sua vida. Direita: escultura que representa a morte de Buda. Abaixo: cena da vida de Buda. Relevo do século I-V d. C. (Museu Nacional de Arte Oriental, Roma).

O budismo maaiana se caracteriza pela doutrina dos três *kaya*, que são os três corpos ou manifestações de Buda: o *darma-kaya*, a essência ideal e indivisível comum a todos os budas; o *sambhoga-kaya*, a manifestação da bem-aventurança, e o *nirmana-kaya*, o buda humano serviçal, encarnação de Buda. Os aspectos éticos desta doutrina, que culminam com o ideal do bodisatva, também são interessantes. Esse termo, utilizado em princípio para designar o homem destinado a converter-se em buda, indica aqueles que, levados por seu amor aos que sofrem, se detêm antes de chegar ao nirvana e preferem conduzir os seres débeis e doentes, que necessitam um guia, pelo caminho do conhecimento verdadeiro. Os princípios da vida moral são a força, a caridade, a moralidade, a paciência e a meditação. Mas, ao contrário do budismo hinaiana, não considera indispensável a prática do ascetismo e a pobreza. Além disso, todos podem salvar-se com o exercício da virtude e da devoção, inclusive as pessoas das castas inferiores. Esta abertura, unida à capacidade de acolher elementos de outras religiões, explica a rápida e importante difusão desta doutrina, que se implantou não só no norte da Índia, como também em todo o Extremo Oriente, incluindo Japão e Filipinas.

A religião dos povos que viveram no continente norte-americano entre os séculos II a. C. e I d. C. não é muito conhecida. As esculturas de pedra dura que representam seres alados, chamadas «pedras-pássaro», têm uma interpretação difícil. O mesmo acontece com as figuras antropomorfas gravadas nas conchas que foram encontradas nas sepulturas da cultura de Hopewell, que se desenvolveu na região sudeste (bacia do Ohio) ou com as imagens que aparecem nas gravações rupestres de Utah, realizadas pelos povos da cultura dos cesteiros *(basketmakers)*. Os chamados **terraplenos** *(mounds)* com **efígie** devem ter tido uma função religiosa, talvez relacionada com o culto de alguma comunidade local a uma divindade com forma animal. Trata-se de grandes estruturas de até 400 m de comprimento que reproduzem no solo a figura de um pássaro voando, com as asas abertas, ou de serpentes com espirais sinuosas.

Direita: máscara do deus Morcego, procedente do Monte Albán (200 a. C.-200 d. C.); as peças, em jade verde-azulado, estão separadas e ligadas através de orifícios por segmentos metálicos (Museu Nacional de Antropologia, Cidade do México). O deus Morcego está associado aos conceitos de escuridão, noite e morte.
Esquerda: vaso cerimonial em terracota com pássaro estilizado, procedente de Ross County, em Ohio; cultura de Hopewell (300 a. C.-500 d. C.) (Ohio State Museum, Columbus).
Abaixo: vaso em terracota com gargalos, encontrado na costa meridional do Peru; cultura nasca (100-700 d. C.). Estão representados os demônios da fertilidade e cabeças de inimigos sacrificados, fonte de força para os deuses e para os homens.

Por outro lado, na área oriental há numerosos testemunhos de **culto aos mortos.** Também se trata de *mounds* de terra e pedras, com cobertura em forma cônica ou semiesférica. Medem mais de 20 m de altura e no seu interior há sepulturas múltiplas, dentro das quais foram encontrados enxovais com uma incrível quantidade de objetos de grande valor. Os túmulos funerários mais importantes estão divididos em três partes, todas com restos de defuntos do sexo masculino, sepultados com os objetos que serviam para indicar o seu nível social. Esta divisão poderia ser, exatamente, o reflexo da correspondente divisão de classes da sociedade.

As diferentes culturas que se desenvolveram na área **mesoamericana** possuem aspectos próprios e originais, relacionados com as linhas seguidas na sua evolução, mas também apresentam algumas analogias que poderiam ser o reflexo de uma antiga comunidade de crenças e ritos. Concebiam o mundo como uma realidade instável, no passado várias vezes destruída e recriada, e destinada a ser aniquilada de novo por um grande **cataclismo cósmico.** Tinha também uma grande importância a crença de que o destino de cada homem estava rigorosamente marcado no momento do seu nascimento. Era possível conhecer o destino examinando calendários astrais, elaborados com sistemas muito engenhosos. Por isso, consideravam que o tempo era sagrado, enquanto árbitro dos destinos humanos. As religiões mesoamericanas são **politeístas.** Em geral, existe um par principal de divindades, ao qual se somam outros deuses (da vegetação, dos astros, da terra, da água e do céu). Outras vezes, os deuses são os protetores de uma determinada população ou de algumas atividades humanas, como o comércio, a caça ou a guerra. Uma característica de muitas destas divindades é o seu aspecto ambíguo; podem ser benignas e positivas, se são adoradas seguindo os ritos preestabelecidos, ou terríveis vingadoras, se se cometem negligências no seu culto. Estas religiões também têm em comum a variedade e complexidade dos seus rituais. Os sacerdotes ocupavam um lugar muito influente na sociedade.

Os dados fornecidos pela enorme quantidade de objetos de cerâmica e utensílios de madeira, tecidos, etc., que foram encontrados na **região andina central** (Peru), onde floresceu a **cultura mochica,** trazem luz sobre as crenças deste povo. Para eles, todo o universo era habitado por demônios monstruosos, vestidos e armados como os homens. Tinham forma de répteis, peixes ou pássaros, com algum elemento humano – rosto, pernas ou braços – ou então eram seres híbridos, com partes de vários animais. Neste farto olimpo, parece que havia duas divindades principais. O **deus da Lua,** cujo culto, vinculado à água e à fertilidade vegetal, estendeu-se mais entre os habitantes das regiões desérticas do que o culto ao Sol, temido por seu ardor implacável. Era caracterizado pela presença de raios que aparecem numa liteira, numa balsa de juncos ou, com menos freqüência, em cenas de sacrifícios de prisioneiros amarrados. Nas representações iconográficas, a outra divindade aparece sempre com um cinturão de serpentes, lutando vitoriosamente com outros demônios ou realizando atividades humanas como a pesca, a caça ou a agricultura. A grande quantidade de cerâmica encontrada nas escavações arqueológicas também proporciona dados muito valiosos acerca da religião dos **nascas,** o outro povo que, a partir do século II d. C., se estabeleceu na costa meridional do Peru. Nos vasos pintados com cores vivas vemos deuses agrestes que oferecem os frutos da terra; estranhos seres híbridos de homem e inseto e, principalmente, uma feroz divindade mítica chamada, convencionalmente, **demônio gato.** Sua cabeça possui traços humanos e felinos, tem corpo de inseto e braços que sustentam uma arma ou uma cabeça humana. As imagens de proporções gigantescas (centenas de metros e, em alguns casos, vários quilômetros) desenhadas no terreno com motivos basicamente geométricos, provavelmente, remontam à fase clássica da cultura nasca. É quase certo que têm um significado religioso astronômico. Em relação ao **culto aos mortos,** nesta zona o exemplo mais significativo e, em alguns aspectos, enigmático, é o das sepulturas encontradas na **península de Paracas,** datadas deste período. Numa área desértica e desabitada, ao ponto de alguns pesquisadores falarem de «país dos mortos», encontrou-se uma necrópole para onde eram levados os corpos das pessoas importantes de uma extensa região, talvez até as zonas andinas. Nela há mais de 400 «fardos» (sudários de algodão formados por várias camadas) que envolvem os restos mumificados de defuntos do sexo masculino, encolhidos em posição fetal dentro de um canastro. Junto a eles, além de objetos de cerâmica e adornos de ouro, foram encontrados muitos tecidos novos, dobrados com esmero e bordados com figuras de felinos antropomorfos, monstros marinhos e seres alados.

Abaixo: o antigo deus do fogo, terracota procedente do monte das Mesas; arte pós-olmeca de Veracruz (séculos I-III d. C.) (Museu Nacional de Antropologia, Cidade do México). A figura, de dimensões notáveis (84 cm), é o antigo deus do fogo; o personagem sentado, com as mãos nos joelhos e as pernas cruzadas, apresenta um rosto enrugado, seios flácidos e ventre proeminente; como é característico nos deuses do fogo, tem na cabeça um braseiro para queimar incenso.

O XAMANISMO ENTRE AS POPULAÇÕES ÁRTICAS

A magia se reveste de grande importância entre as populações árticas. Estas habitam um mundo cheio de angústia, de frustração, incomodidade e vulnerabilidade, em que os espíritos controlam tudo o que a razão não pode explicar. Portanto, a magia serve para ajudar os indivíduos neste estado de perene insegurança. Assim, entre esse povo, alguns personagens adquirem absoluto relevo e são denominados xamãs, nome derivado de um vocábulo da linguagem dos tunguses siberianos. Estes xamãs se movem comodamente no reino do sobrenatural e batalham com os espíritos no seu próprio terreno, convictos de que estes poderão e serão obrigados a atuar através de uma firme vontade. Os xamãs não gozam de privilégios particulares e vivem como todos os demais. Sua única identificação é um tambor de pele, aberto numa extremidade, empregado para acompanhar os seus cantos. Trata-se, com freqüência, de indivíduos com alguma deficiência psíquica e física, que desde a sua tenra infância manifestam alguns sintomas particulares: são introvertidos, pensativos, padecem de convulsões ou de desfalecimentos, têm pesadelos, alucinações ou ataques histéricos. Segundo alguns antropólogos, o xamã absorve a agressividade, a inveja e a hostilidade que, ainda que em estado latente, estão presentes em todos os membros do grupo. Além disso, pode desafogar livremente a sua malevolência, invocando a desgraça ou a doença para as pessoas que a coletividade detesta. Por exemplo, se um caçador hábil de repente não consegue arranjar caça, não atribui o fato à casualidade, mas sim à influência maléfica de algum xamã, e recorre a outro xamã para que, com seus ritos, afaste a nefasta situação. Desta experiência sai menos arrogante e mais disposto a ajudar os demais. Assim, tanto o xamã como toda a coletividade têm a satisfação de ver humilhado um indivíduo com uma reputação superior. Mesmo recorrendo a diversos truques, à hipnose, à ventriloquia, à prestidigitação, para tornar mais espetaculares os efeitos dos seus trabalhos, os xamãs estão firmemente convencidos dos seus poderes sobrenaturais. Quando entram em transe, trata-se de um transe real. Quando sofrem um ataque de convulsões, trata-se de um verdadeiro ataque. O recurso à astúcia é considerado como um modo lícito e honesto de se obter mais rapidamente aqueles resultados que, de qualquer maneira, seriam obtidos.

O IMPÉRIO ROMANO

- OBRAS GERAIS

AA.VV., *Cambridge Ancient History*, vols. VI, VII e VIII, Cambridge, Cambridge University Press, 1972.
AA.VV., *Archeologia*, vol. II, roma-Bari, Laerza, 1981.
AA.VV., *Storia di Roma*, Turim, Einaudi, 1990 (vol. II), 1991 (vol. III)
AA.VV., *Civiltà dei romani*, Turim, Einaudi, 1992.
Clemente, G., *Guida alla storia romana*, Milão, Mondadori, 1977.
Levi, M. A., *L'impero romano*, vol. I, Roma-Bari, Laterza, 1973.
Temporini, H.-Haase, W. e outros, *Aufstieg und Niedergang der romische Welt*, Berlim-Nova Iorque, De Gruyter, 1972.
Wells, C. M., *L'impero romano*, Bolonha, Il Mulino, 1984.

- ACONTECIMENTOS

Europa mediterrânea
AA.VV., *Hispania Romana*, Roma, Accademia Nazionale dei Lincei, 1974.
AA.VV., *La Gallia Romana*, Roma, Accademia Nazionale dei Lincei, 1973.
AA.VV., *Renania Romana*, Roma, Accademia Nazionale dei Lincei, 1976.
Duval, P. M., *Os Celtas*, Milão, Rizzoli, 1977.
Filip, J., *I Celti: alle origini dell'Europa*, Roma, Newton Compton, 1980.
Harmand, L., *L'Occident romain*. Gaule, Bretagne, Afrique du Nord, 31 av. J.C.-235 apr. J.C., Paris, 1970.
Hatt, J. J., *Los celtas y los galoromanos*, Barcelona, Juventud, 1976.
Kruta, V.-Forman, W., *Los celtas*, Madri, EDAF 1981.

Oriente Médio
AA.VV., *La Persia e il mondo greco-romano*, Roma, Accademia Nazionale dei Lincei, 1966.
Beloch, G., *Le monarchie ellenistiche e la reppublica romana*, Bari, Laterza, 1933.
Ghirshman, R. *Arte persiana. Parti e Sassanidi*, Milão, Mondadori, 1962.
Giuliano, A., *Le città dell'Apocalisse*, Roma, Newton Compton, 1980.
Magie, D., *Roman Rule in Asia Minor*, Princeton, 1950.
Rostovzev, M., *Città carovaniere*, Roma-Bari, Laterza, 1971.

África
Breccia, A. E., *Egitto greco-romano*. Pisa, Nistri-Lischi, 1957.
Fage, Y., *Storia dell'Africa*, Turim, SEI, 1985.
Laureano, P., *Sabara, giardino sconosciuto*, Florença, Giunti Barbera
Ki-zerbo, J., *Historia del África negra*, Madri, Alianza, 1979.
Picard, G.-Ch., *La civilisation de l'Afrique romaine*, Paris, Colin, 1965.
Romanelli, P., *Storia delle province romane d'Africa*, Roma, L'Erma, 1959.

Extremo Oriente
Herman, A., *An historical atlas of China*, Edimburgo-Chicago, Ginsburg, 1966.
Reischauer, E. D.-Fairbank, J. K., *Storia dell'Asia Orientale, I. La grande tradizione*, Turim, Einaudi, 1974.
Watson, W., *Cultural frontiers of Ancien East Asia*, Edimburgo-Totowa, 1972.

Índia
Kulke, H.-Rothermund, D., *Storia dell'India*, Milão, Garzanti, 1991.
Narain, a. K., *The Indo-Greecks*, Oxford, Oxford University Press, 1957.
Taddei, M., *India*, Barcelona, Juventud, 1974.
Tarn, W., *The Greecks in Baktria and India*, Cambridge, Cambridge University Press, 1951.

América
Drucker, Ph., *Indians of the Northwest Coasts*, Nova Iorque, McGraw Hill, 1975.
Gonzáes Licón, E., *Tremila anni di civiltà precolombiana*, Milão, Jaca Book, 1991.
Lavallée, D.-Lumbreras, L. G., *Le Ande dalla preistoria agli Incas*, Milão, Rizzoli, 1986.
Soustelle, J., *L'Amérique précolombienne em Histoire Universelle*, vol. Ii, Encyclopédie de la Pléiade, Paris, Galimard, 1957.
Von Hagen, V., *Antichi imperi del sole*, Milão, Mondadori, 1974.
Von Hagen, V., *Gli imperi del deserto del Perú precolombiano*, Roma, Newton Compton, 1976.

- ECONOMIA E SOCIEDADE

Alfoeldy, G., *Historia social de Roma*, Madri, Alianza, 1988.
D'Arms, J. H.-Kopff, E. C. e outros, *The Seaborne Commerce of Ancient Rome: Studies in Archaelogy and History*, Roma, American Academy in Rome, 1980.
De Martino, F., *Storia economica di Roma antica*, vol. I, Florença, La Nuova Italia, 1980.
Finley, M. I., *La economía de la antigüedad*, México, Fondo de Cultura Económica, 1975.
Finzi, C., *Ai confini del mondo*, Roma, Newton, Compton, 1979.
Heichelheim, F. M., *Historia social y económica de Roma*, Madri, Rialp, 1982.
Kolendo, J., *L'agricoltura nell'Italia romana*, Roma, Editore Riuniti, 1980.
Levi, M. A., *Roma antica. Società e costume*, Turim, UTET, 1976.
Meslin, M., *L'uomo romano*, Milão, Mondadori, 1981.
Miller, J. I., *Roma e la via delle spezie*, Turim, Einaudi, 1985.
Nicolet, C., *Roma y la conquista del mundo mediterráneo*, Barcelona, Labor, 1984.
Paoli, U. E., Urbs. *La vida en la Roma antigua*, Madri, Iberia, 1973.
Polanyi, K. e outros, *Comercio y mercado en los imperios antiguos*, Barcelona, Labor, 1984.
Rostovzez, M., *Historia económica y social del mundo helenístico*, 3 vols., Madri, Espasa-Calpe, 1981.
Rostovzez, M., *Città carovaniere*, Roma-Bari, Laterza, 1971.
Toutain, J., *L'economia antica*, Milão, Il Saggiatore, 1968.
Tung Tsu Ch'y, *Han Social Structure*, Seattle, University of Washington Press, 1972.
Von Hagen, V., *Antichi imperi del sole*, Milão, Mondadori, 1974.
Von Hagen, V., *Gli imperi del deserto del Perú precolombiano*, Roma, Newton Compton, 1976.
Warmington, E. H., *Commerce between the Roman Empire and India*, Cambridge. Cambridge University Press, 1974.
Weber, M., *Historia agraria romana*, Madri, Akal, 1982.
Wheeler, R., *La civiltà romana oltre i confini dell'impero*, Turim, Einaudi, 1963.

- CIÊNCIA E TÉCNICA

AA.VV., *Roma antica. Religiones, filosifa, scienza*, Roma, Jouvence, 1980.
Brown, D.-Chapman, H., *Roman Technology*, Oxford, Clarendon Press, 1977.
Bushnell, G. H. S.-Digby, A., *Ancient American Pottery*, Londres, Faber & Faber, 1955.
Cordano, F., *La geografia degli antichi*, Roma-Bari, Laterza, 1992.
Dwyer, J. P., *Paracas and Nasca Textiles*, Boston, Museum of Fine Arts, 1973.
Farrington, B., *Ciencia y política en el mundo antiguo*, Madri, Ayuso, 1980.
Marsden, E. W. *Greeck and Roman Artillery*, Oxford, Clarendon Press, 1969.
Penso, G., *La medicina romana. L'arte di Esculapio nell'antica Roma*, Milão. Ciga-Geigy, 1989.
Singer, Ch.-Holmyrad, E. J.-Hall, A. R.-Williams, T. I. e outros, *Storia della tecnologia*, vol. I, Turim, Boringhieri, 1981.
Stahl, W. H., *La scienza dei Romani*, Roma-Bari, Laterza, 1974.

- ARQUITETURA E URBANISMO

AA.VV., *Enciclopedia dell'arte antica, classica ed orientale*, Roma, Instituto della Enciclopedia italiana, 1958.
AA.VV., *Enciclopedia universale dell'arte*, 15 vols., Veneza-Roma, Instituto per la collaborazione culturale, 1958.
AA.VV., *La cina*, Turim, UTET, 1989.

Boissellier, J., *Historia ilustrada de las formas artísticas*, Madri, Alianza, 1988.
Bussagli, M., *L'arte dell'Asia centrale e della Corea*, Turim, UTET, 1986.
Bussagli, M., *L'arte del Gandhara* em *Storia universale dell'arte*, Turim, UTET, 1986.
Coarelli, F., *Roma*, Milão, Mondadori, 1971.
Dilke, O. A. W., *Gli agrimensori di Roma antica. Teoria e pratica della divisione e dell'organizzaziones del territorio nel mondo antico*, Bolonha, Edgricole, 1979.
Frova, A., *Arte di Roma e del mondo romano* em *Storia universale dell'arte*, vol. II, Turim, UTET, 1961.
Giuliano, A., *Le città dell'Apocalisse*, Roma, Newton Compton, 1978.
Gros, P.-Torelli, M., *Storia dell'urbanistica. Il mondo romano*, Roma-Bari. Laterza, 1989.
Kubler, G. *Arte de América precolonial*, Madri, Cátedra, 1986.
Mansuelli, G., *Roma e il mondo romano* em *Storia universale dell'arte*, 2 vols.. Turim, UTET. 1981.
Romanelli, P., *Topografia e archeologia dell'Africa romana*, Turim, SEI, 1970.
Sickmann, L.-Soper, A.. *L'arte e l'architettura cinese*, Turim, Einaudi, 1984.
Von Hagen, V., *Antichi imperi del sole*, Milão, Mondadori, 1974.
Wacher, J., The towns of Roman Britain, Londres, Thames & Hudson, 1975.

- ARTE E LITERATURA

AA.VV., *Settemila anni di Cina. Arte e architettura cinese dal neolitico alla dinastia degli Han*, Milano, Silvana, 1983.
AA.VV., *La Cina*, Turim, UTET, 1989.
Barret, D. E.-Gray, B., *La peinture indienne*, Genebra, Skira, 1963.
Bassani, E., *Arte in Africa*, Modena, Panini, 1986.
Bertuccioli, L., *La letteratura cinese*, Florença-Milão, Sansoni/Accademia, 1971.
Bianchi Bardinelli. R., Roma, centro del poder, Madri, Aguilar, 1970.
Boissellier, J., *Historia ilustrada de las formas artísticas. Asia*, Madri, Alianza, 1988.
Borda, M., *La pittura romana*, Milão, Vallardi, 1958.
Bussagli, M., *Arquitectura oriental*, Madri, Aguilar, 1974.
Bussagli, M., *L'arte del Gandhara* em *Storia universale dell'arte*, Turim, UTET, 1986.
Cantarella, R., *La letteratura greca dell'età ellenistica e imperiale*, Milão, Accademia, 1968.
Chevalier, R., *L'artiste le collectionneur et la faussaire. Pour une sociologie de l'art romain*, Paris, Colin, 1991.
Dockstader, F. J., *Indian Art in America*, Londres, Studio Book, 1961.
Drucker, Ph., *Indians of the Northwest Coasts*, Nova Iorque, McGraw Hill, 1975.
Frova, A., *Arte di Roma e del mondo romano* em *Storia universale dell'arte*, vol, II, Turim, UTET, 1961.
Garcia Bellido, A., *Esculturas romanas de España y Portugal*, Madri, CSIC, 1949.
Grabar, A., *El primer arte cristiano*, Madri, Aguilar, 1967.
Grottanelli Vinigi. V.-Bernal, I.-Grendop, P., *Le Americhe em Storia universalle dell'arte*, Turim, UTET, 1983.
Kubler, G., *Arte de América precolonial*, Madri, Cátedra, 1986.
Lee, S. E., *Storia dell'arte orientale*, Milão, Garzanti, 1965.
Lesky, A., *Historia de la literatura griega*, Madri, Gredos, 1976.
Mansuelli, G., *Roma e il mondo romano* em *Storia universale dell'arte*, 2 vols., Turim, UTET, 1981.
Mansuelli, G.-Laurenzi, L.-Lagona, S., *Arte romana. Pittura, arti minori*, Roma, Jouvence, 1979.
Murase, M., Il Giappone, Turim, UTET, 1990.
Omodeo Salé, M.. *Breve storia dell'arte indiana*, Florença, Giunti-Martelli, 1969.
Picard, G.-Ch., *La civilisation de l'Afrique romaine*, Paris, Colin, 1965.
Pisani, V.-Ticco. G.-Mishra Prasad, L., *Le letterature dell'India com un profilo della letteratura del Tibet*, Milão, Accademia, 1970.
Porada, E., *Il mondo iranico*, Turim, UTET, 1985.
Sickmann, L.-Soper, A., *L'arte e l'architettura cinese*, Turim, Einaudi, 1984.
Siravamamurti, C., *India, Ceylon, Nepa, Tibet* em *Storia universale dell'arte*, vol, XIII, Turim, UTET, 1988.
Williams, L., *Arte della savana. Le pitture rupestri dell'Africa centrale*, Milão, Jaca Book, 1983.

- RELIGIÃO

AA.VV., *Grande dizionario delle religioni*, 2 vols., Asis/Casale Monferrato, Ciudadela/Piemme, 1988.
AA.VV., *Civiltà degli Egizi, II. Le credenze religiose*, pp. 226-237, Milão, Electa, 1989.
Altheim, F., *A history of Roman Religion*, Londres, 1938.
Bihlmayer, K.-Tüchle, H., *Storia della Chiesa*, vol, I, Brescia, Morcelliana, 1973.
Cumont, F., *Astrología y religión en el mundo grecorromano*, Barcelona, Edicomunicación, 1989.
Dal Ponte, R., *La religione dei Romani*, Milão, Rusconi, 1992.
De Vries, J., *I Celti. Etnia, religiosità, visione del mondo*, Milão, Jaca Book, 1991.
Drucker, Ph., *Indians of the Northwest Coasts*, Nova Iorque, McGraw Hill, 1975.
Fung Yu-Ian, *Storia della filosofia cinese*, Milão; Mondadori, 1975.
Lugli, U.-Fasce, S., *La magia a Roma*, Gênova, ECIG, 1989.
Lyttelton, M.-Forman, W., *I romani e loro dei*, Novara, De Agostini, 1984.
Picard, G.-Ch., *Les religions de l'Afrique antique*, Paris, Armand Colin, 1954.
Pincherle, A., *Introduzione al Cristrianesimo antico*, Roma-Bari, Laterza, 1978.
Puech, H. C. e outros, *Historia de las religiones*, Madri, Siglo XXI España, 1982.
Soustelle, J., *L'Amérique précolombienne* em *Histoire Universelle*, vol, II, Encyclopédie de la Pléiade, Paris, Galimard, 1957.
Taddei, M., *India*, Barcelona, Juventud, 1974.
Tucci, G., *Storia della filosofia indiana*, TEA, 1992.
Wacher, J. e outros, *Il mondo de la Roma imperiale, III. Economia, società e religione*, Roma-Bari, Laterza, 1989.

Os números em caracteres normais referem-se ao texto, os que estão em itálico são fotos e os que aparecem em negrito são as imagens.

Fotografias:

AFE, Rom: 32b, 40b, 61b, 70be, 70-71b, 77c, 77b, 92b
Agenzia fotografica Luisa Ricciarini, Mailand: 12be, 13c, 13b, 14e, 14b, 16e, 16m, 16d, 18b, 19d, 21b, 22be, 25b, 25c, 34b, 35cd, 36b, 46-47b, 47d, 48c, 50b, 55, 59e, 59m, 64c, 64b, 65c, 65b, 65d, 66c, 66m, 67c, 67be, 68b, 69ce, 69cd, 75d, 79c, 79b, 80cd, 81c, 82c, 82be, 83e, 85b, 86b, 86bd, 87d, 91cd, 91b, 94m, 94b, 95c, 95m, 95b, 96ce, 96cd, 96b, 97c, 103b, 104e, 104cd, 190b.
Archiv IDGA, Mailand/Ricciarini: 20e, 20b, 20db, 22cd, 23b, 24c, 24b, 31d, 37c, 41c, 49c, 49b, 50cd, 51m, 54bd, 57ce, 60b, 61ce, 82bd, 83d, 97b, 98c, 98b, 99e, 99d, 100b, 107c, 107d.
ASIA/Ricciarini: 29b

Desenho:

Ugo Guidolin/Graffito: 12c, 17b, 18c, 22ce, 26c, 32c, 33c, 38b, 40c, 44c, 46cd, 52c.

Restantes imagens: Arquivo de Arnoldo Mondadori Editore, Mailand